ÊTRE LA FILLE DE SA MÈRE…
et ne plus en souffrir

Patricia Delahaie

• MARABOUT •

Ouvrage dirigé par Bernard Leduc.

Du même auteur chez Marabout :
- *J'aime les livres avant six ans.*
- *Ces amours qui nous font mal.*

À toutes les femmes, mères et filles…
Puissions-nous nous comprendre toujours mieux…

Aux hommes de ma vie : Hubert, Vincent et Sébastien.

Remerciements

Merci à toutes celles qui ont bien voulu témoigner. Et notamment à Georgina Souty-Baum, écrivain et présidente du Mnda (Mouvement pour le droit aux origines). Elle est la seule dont le prénom, à sa demande, n'ait pas été changé.

Merci à Dominique Zyngierman, psychothérapeute, qui, tout au long de cette enquête, m'a aidée à comprendre les filles et leurs mères.

À Christine Fleming, psychanalyste, pour les mêmes raisons.

À Bernard Leduc, éditeur, dont l'aide est toujours nécessaire et précieuse.

Merci aux journalistes qui m'ont adressé plusieurs femmes témoignant dans ce livre : Élisabeth Chaussin, Françoise Devillers, Maryvonne Legleye, Pascale Leprince-Ringuet, Carine Lorenzoni, Katarina de Vaucorbeil, et merci à Maria Maïlat, anthropologue et écrivain, Maïté Albagly, secrétaire générale du Planning familial, Delphine Meillant, psychologue.

Sommaire

Avant-propos

Beaucoup de femmes, sachant à quel point il est difficile d'être mère, sachant à quel point les femmes sont seules pour élever leurs enfants... Beaucoup de femmes, mesurant ce qu'il faut de patience et d'astuces pour mener de front une vie de femme, une vie de couple, une vie professionnelle et l'éducation des enfants... une éducation de plus en plus exigeante d'ailleurs, puisqu'elle porte sur l'épanouissement physique, psychologique, intellectuel, scolaire et même sportif, culturel, amical, des enfants. Beaucoup de femmes donc, comprenant si bien les autres femmes, se sont inquiétées :

- *Vous n'allez pas accabler les mères, j'espère !*

- *Votre livre ne sera pas trop noir, au moins ?*

- *Faudrait aussi rencontrer de bonnes mères, pour faire le pendant...*

Oui, il est difficile d'être mère. Oui, les mères font ce qu'elles peuvent. Oui, elles ont mille excuses ! Oui, toutes les mères dont nous parlerons dans ce livre étaient à plaindre. Huit enfants pour l'une, beaucoup trop ! Ex-enfant battue pour l'autre. Mariées trop jeunes pour beaucoup. Avec un homme qu'elles n'aimaient pas, de surcroît. Une valorisation excessive de leur petit homme pour d'autres encore, mettre au monde *une pisseuse* quelle déception ! Pour une autre, c'était un mari mourant...

Oui mais, dans la même situation, d'autres femmes, d'autres mères ont continué à aimer leurs filles, à les protéger, à se soucier de leur bonheur… C'est un peu comme les névroses, certaines sont nettement moins désagréables que d'autres pour l'entourage. Protéger les mères de nos critiques est un réflexe naturel. Parce que nous venons d'elles. Parce qu'elles sont sacrées. Parce que nous sommes des mères aussi et que les accabler, elles, revient à nous accabler, nous.

Pourtant, si l'on commence à dire : « *Il faut comprendre les mères* », alors, on ne comprend plus les filles ! Délibérément, nous n'avons voulu entendre qu'un son de cloche, celui des filles blessées. D'emblée, nous avons pris le même parti que celui des psychothérapeutes disant à leurs patientes en train de chercher des excuses à leur Maman : « *Ce n'est ni le problème, ni votre problème !* »

Pour se comprendre, pour guérir, il faut écouter sa peine sans craindre d'être injustes, ingrates, sévères. Nous nous sommes senties abandonnées. C'est ce qui compte et cela ne se discute pas. C'est à partir de cette douleur que l'on peut avancer, guérir et transformer la relation en un échange plus positif.

Les filles veulent protéger les mères. Les psys aussi. Voyez tous les livres publiés sur la relation mère-fille, qui serait une relation à trois… Ainsi, ce seraient les mauvais pères qui feraient les mauvaises mères. Ou bien les mères de nos mères qui, manquantes déjà, auraient mal préparé le terrain de leur maternité. Bref, ce n'est pas la faute des mères si elles font mal, mais la faute de leur enfance ou de leur *époque* : une époque sans pilule, sans IVG, sans amour… Ou la faute des spécialistes qui, à la maternité, à la crèche, à l'école n'auraient pas senti, pas vu, pas soutenu, pas compris. Ou encore notre faute à nous, les filles, qui avons dans la tête une mère *imaginaire* contre laquelle nous nous battons. Bref, nos mères ne seraient pas vraiment responsables de nous avoir manqué, de nous avoir blessées. On n'est pas mère dans l'absolu…

Nous sentions que ces raisonnements étaient faussés parce que de nombreuses mères, mal entourées, savent devenir des mamans pour leurs enfants. Mais encore ? Nous cherchions la réponse, quand un soir à la télévision, sur Arte, passe un documentaire sur Auschwitz. Ce sont des Italiennes qui racontent leur séjour dans les camps. Soudain, une voix bouleversante se souvient et nous capte. Elle raconte une scène à laquelle elle a assisté, le soir même de son arrivée au camp. Elle se déroule dans une baraque de femmes, à la tombée de la nuit. Il y a là une toute jeune fille. Elle n'a pas 16 ans. Elle s'appelle Nonarina. Une vieille femme est avec elle, une femme de 40 ans qui en paraît 60. C'est sa mère. Les femmes dorment à dix sur des planchers en bois, en se serrant les unes contre les autres. Chaque jour, chaque nuit sont un peu plus pénibles. Mais, ce soir-là, cette femme, qui raconte à la télévision, et les autres entendent un murmure. C'est la mère de Nonarina qui parle à sa fille, en chuchotant. Elle lui dit cette phrase magnifique :

- *Ici, tu souffres tant que, quand tu sortiras, tu seras reine...*

Pourquoi une phrase magnifique ? Mais parce que cette mère a pu constater sans angoisse, ni culpabilité, que sa fille souffrait. En cela, elle s'est positionnée en adulte, en femme solide et en mère chargée de protéger, même au fond du malheur. Veiller sur leur enfant, première fonction des mères. Constater cette souffrance ne l'a pas démontée. Elle a cherché plutôt à se mettre à sa place. Comprendre leur enfant, deuxième fonction des mères. Elle s'est demandé : qu'est-ce qu'une jeune fille de cet âge, et dans des circonstances pareilles, peut vouloir entendre ? Qu'elle s'en sortira, bien sûr. Oui, mais dans quel état ? Alors, la mère a rempli sa troisième fonction, celle de continuer à élever, à grandir, à ouvrir l'avenir, à donner la vie. Et elle a trouvé cette jolie fin, à la manière des contes de fées : « *Tu seras reine !* » Reine signifiant, ici, fortifiée par l'épreuve...

La plupart des mères auraient eu ce regard et cet élan du cœur. La plupart des mères auraient trouvé un mot, un geste, une idée, enfin quelque chose, signifiant : « *Je te vois, je te comprends, je t'aime et garde espoir...* »

Ce livre s'adresse aux filles qui n'ont pas eu *la plupart des mères.* En effet, qu'auraient dit, qu'auraient fait les nôtres ? Rares sont les mères toxiques qui auraient accusé leur fille d'on ne sait quelle responsabilité dans ce drame. L'une aurait été une femme formidable. Elle aurait réorganisé le baraquement, imaginé des plans d'évasion, soutenu les unes et les autres et même proposé de donner sa vie. Une femme admirable, mais pas une mère. Une autre aurait pris sa fille dans ses bras et pleuré sur leur abominable sort à toutes les deux... Une mère aimante mais déjà morte. Une autre encore se serait accusée de n'avoir pas cru les rumeurs sur la déportation. Elle aurait demandé *pardon, pardon...* Une bonne mère sans aucun doute, mais qui n'aurait pas compris les besoins de sa fille. Une autre aurait pensé à son fils, déporté lui aussi ou pas ? Une bien cruelle angoisse ! Une bonne mère aussi, mais pour son fils... Enfin une femme vivante et optimiste aurait pu dire : « *En sortant, nous serons reines !* » Un *nous* englobant et troublant : où est la mère, où est la fille ?

Cet exemple, situé (qu'on nous le pardonne) dans un contexte extrême, montre combien il est difficile d'être à tous les rendez-vous de la maternité, mais aussi combien les filles, au fond, se plaignent à juste titre.

En entendant la mère de Nonarina, toutes les femmes ont pensé : « *Quelle chance d'avoir sa mère !* » Et puis, au matin, la fille s'est réveillée à côté d'une femme glacée, morte de froid dans la nuit. Une chance d'avoir sa mère, une mère tant aimée, quand il faut la perdre ? Souvent, les filles malheureuses se consolent ainsi : « *Au moins, je n'aurai pas le chagrin de la perdre...* »

Triste consolation car, n'en doutons point, ce fut une sacrée chance pour Nonarina d'avoir sa Maman. Si elle a pu survivre à l'horreur, la petite phrase « tu seras reine » s'est perpétuée comme une lumière, un petit air tragi-comique la faisant rire quand elle n'était pas reine, comme une musique pleine de grâce et d'espoir qui lui rappelait sa Madone et l'ouvrait à la vie. Mais quelle chance pour sa mère aussi d'avoir su être une mère, d'avoir pu la secourir dans un tel dénuement et lui transmettre encore sa chaleur, son affection, ses espoirs...

La relation mère-fille est d'abord une relation à deux. Peu importe le père. Peu importe l'époque. Peu importe la mère de la mère... Il arrive à toutes les petites filles d'être un jour en détresse. Alors, elles ont besoin de leur maman. À partir de là, que se passe-t-il entre elles deux ? Tel est le thème de ce livre.

Introduction

Peut-on guérir de ne pas avoir été soutenue, protégée, aimée ou d'avoir été étouffée, empêchée ? Pour répondre à cette question, nous avons interrogé des femmes qui ont souffert par leur mère et qui tentent d'en souffrir moins. Certaines avec succès. Cette enquête a duré un an. Elle a porté sur cinquante-deux femmes de 19 à 67 ans. Chaque interview a duré environ quatre heures. Quatre heures pendant lesquelles elles ont raconté leur enfance, l'impact de leur mère sur leur vie adulte et les relations aujourd'hui.

Elles l'ont fait sur tous les tons. Certaines avec une sensibilité à vif. D'autres racontaient des histoires terribles, d'un air bizarrement détaché. Une autre a commencé en précisant : « *J'adore ma mère !* » Quelques heures plus tard, elle se demandait s'il n'aurait pas été plus facile pour elle de l'aimer moins. Une autre enfin paraissait une princesse. De sa mère, elle avait tout reçu : tendresse, soins, indépendance, écoute et elle se plaignait :

- *Je n'arrive pas à m'en détacher. Je voudrais qu'elle m'aide...*

Une autre encore constatait :

- *Je suis incapable d'embrasser ma mère, mais j'interdis à quiconque d'en dire du mal...*

Au cœur de leurs différences, toutes ces femmes se posaient la même question : comment trouver la bonne distance avec ma mère ? Comment l'aimer moins ? Comment l'aimer plus ? Et surtout, comment ne plus en souffrir directement ou indirectement ? Nous n'avons cessé les interviews qu'à partir du moment où un consensus a semblé être trouvé. Toutes, en effet, ont fini par dire : il faut accepter sa mère telle qu'elle est. Ne pas espérer la changer. Il faut s'en détacher, parfois en faire son deuil et construire sa vie sans elle, en regardant vers l'avenir : d'ailleurs, avoir un enfant aide beaucoup…

L'idée est bonne mais elle est triste. Elle suppose que nous renoncions à nous entendre. Or, ce livre veut que nos mères, quelles que soient leurs défaillances et à quelques exceptions près, soient capables de comprendre et d'évoluer. Car la donne a changé. Nous ne sommes plus des enfants. Elles seront bientôt de vieilles dames. Leur seul pouvoir aujourd'hui est celui que nous leur prêtons. Elles ont changé comme nous avons changé. En mieux, en pire ? Certaines mères restent nocives. Ce sont des femmes pathologiques qui doivent détruire pour exister. Elles sont à fuir, sans se retourner.

D'autres – comment le nier ? – ont l'art de nous cueillir à froid avec leurs éternelles critiques. Certaines, dans leur égoïsme souverain, ne pensent qu'à elles-mêmes. D'autres sont tellement autoritaires qu'elles nous empêchent d'ouvrir la bouche avec leurs sacro-saintes *vérités*. D'autres encore sont si fragiles que l'idée même de leurs défaillances les rend malades. Et que faire de ces mères astrales qui nous rejettent dans l'ombre, en se prenant pour des étoiles ? Tout imprégnées de leur grandeur, elles ignorent le sens même du mot *maternel*…

Pourtant, ce livre affirme qu'elles peuvent nous apporter quelque chose. Peut-être pas ce que nous avons toujours attendu d'elles, mais autre chose. Et nous verrons quoi. Parce que nous sommes des femmes intelligentes et adultes, nous devons pouvoir passer outre leurs défauts et, surtout, repérer, contourner, dévier les mots, les gestes, les actes qui dans notre enfance nous blessaient tant, afin de recentrer l'échange sur ce que nos mères possèdent en elles de bienfaisant pour nous.

C'est à ce travail qu'invite ce livre, un travail sur soi et sur la relation. Car en fait, ce n'est pas que mères et filles ne s'aiment pas. C'est qu'elles ne se supportent pas. Comme s'il existait, entre elles, une incompatibilité d'humeurs, de besoins, de valeurs. Comme si un bloc infranchissable arrêtait le dialogue et l'amour qui pourraient exister, au-delà. Ce livre se propose d'analyser ce bloc qui fait obstacle à cet échange plus serein.

L'hypothèse de ce livre est la suivante : c'est la partie vivante de nous-mêmes qui se révolte contre nos mères. Cette partie saine qui veut grandir, s'élever, s'affirmer, exister, s'épanouir. Cette part qui veut vivre et que nos mères, sans en avoir conscience, sans le vouloir bien sûr, attaquent, étouffent, empêchent, retiennent et cherchent à détruire parfois.

Comprendre ce qui se joue alors peut aider mères et filles à dépasser leurs réticences. Oh ! bien sûr, le mal qui a été fait ne se rattrape pas. Comment effacer une enfance d'abandon, des années de souffrance ? On ne peut pas, comme le souhaitent certaines mères, *recommencer à zéro*. Souvent, les spectateurs de relations mères-filles difficiles ne comprennent pas. Ils disent : « *Tu as 40 ans. Il devrait y avoir prescription…* »

Non, il n'y a jamais prescription avec une mère. On ne peut pas pardonner. On ne peut pas oublier parce qu'elle nous a construites telles que nous sommes et, en l'occurrence, hypersensibles, douloureuses, abîmées. Dire qu'il devrait y avoir prescription est à peu près aussi subtil que de conseiller : « *Ta mère t'a fabriquée avec une jambe en moins, mais il est temps d'oublier et de passer à autre chose, tu ne crois pas ?* » Impossible ! Mais alors qu'est-ce qui est possible entre mères et filles, aujourd'hui ?

Aujourd'hui, les filles peuvent comprendre qu'elles ont souffert et qu'elles avaient de très bonnes raisons pour cela, quoi qu'en dise leur entourage. Quoi qu'en pense surtout leur propre culpabilité qui les juge très ingrates vis-à-vis de leur mère qui avait aussi, sans doute, des mérites et des qualités.

Les mères, de leur côté, peuvent reconnaître le mal qu'elles ont fait, leurs manques, leurs défaillances, et s'en excuser. À partir de là, une autre relation peut commencer, sur de nouvelles bases. Certes, elle ne ressemblera jamais à celle, si tendre, si libre, si complice et confiante que d'autres mères et filles établissent entre elles quand aucun contentieux ne vient vriller leur lien. Mais ce sera une relation sans colère, sans rejet, sans malheur. Une relation désormais sans reproche et sans haine. Une relation apaisée, enfin.

Première partie

Un mal de mère qui va qui vient…

Au moment de commencer à écrire ce livre, nous repensons à toutes ces femmes interrogées pour cette enquête, et nous ne pouvons nous empêcher de leur trouver des points communs. Il y a certes la difficulté d'avoir eu une enfance… fatigante, mais que de qualités, au final, elles ont développées pour surmonter leurs doutes, leur détresse et leurs contradictions… De ce combat, elles se seraient volontiers passées, mais il leur a donné une puissance de vie qui les rend volontaires et décidées à être heureuses, coûte que coûte. Cela nous rappelle l'anecdote de Marianne, belle femme de 35 ans, orthophoniste, deux enfants, un mari dentiste, une belle maison, des amis… arrivant chez un psy pour qu'il apaise son *intranquillité* :

- *Mais vous avez tout !* s'écrie le praticien distrait…

- *Oui, mais dans quel état !* répond la jeune femme à bout de forces, ce jour-là, de s'être battue toute sa vie pour conquérir tous ses bonheurs…

Nous ne dirons pas que c'est une chance d'avoir eu une enfance difficile. Nous serions certainement plus solides si nous avions été choyées, encouragées et aimées toutes petites, et encore aujourd'hui, par des parents faciles. Néanmoins, sur leurs faiblesses, les femmes interrogées pour ce livre ont réussi à construire des forces qui les rendent intéressantes et, finalement, pleines de ressort et de ressources. D'abord, ce sont des femmes libres qui savent penser par elles-mêmes. Obligées de se démarquer d'une famille, d'une mère qui les faisait souffrir, elles ont pioché ici et là des valeurs, des idées, des exemples variés. Elles ont trouvé *de la doc partout*, dit Michèle, qui leur donne une personnalité originale et composite. Elles savent tracer leur chemin, hors des sentiers battus…

Leur deuxième point commun est leur art de fabriquer du bonheur avec des riens. Elles rappellent ces enfants démunis qui jouent avec leur ombre ou quelque vieille boîte de conserve égarée sur la chaussée. Elles savent goûter un instant de paix, se noyer dans un livre, se transporter dans les étoiles et certaines aiment nager, nager... Mais elles savourent aussi, et pour cause, le simple fait de n'avoir mal nulle part.

Pour les mêmes raisons, ce sont des femmes d'enthousiasme. Des battantes ! Des résistantes ! Des courageuses ! Elles doutent mais elles se décident vite. L'habitude de se prendre en charge et de savoir d'instinct ce qui est bon pour soi. Sauf peut-être pour les premières amours, ce qui leur fait dire parfois :

- J'ai épousé ma mère...

On aime encore leur dignité et leur morale. L'injustice les révolte. La souffrance, surtout celle des enfants, leur est intolérable. Elles sont droites. Elles veulent aider et devenir *juste quelqu'un de bien.* Souvent leur entourage les appelle *les forçats du bonheur, Mère Teresa, Madame Prozac...* En effet, leur troisième point commun est d'être généreuses. Ne croyons pas qu'il ait été facile pour elles de revenir sur une histoire douloureuse. En parler est une manière de la revivre. Si elles l'ont fait, c'est pour nous toutes. Pour que leur expérience serve à d'autres. Pour montrer qu'on peut aller mieux. Et même, par moments, très très bien. Pour prouver que l'enfance n'est jamais tout à fait partie, mais qu'un jour, elle est loin. Merci du fond du cœur à ces belles personnes d'avoir raconté le pire pour que nous puissions en tirer le meilleur. Dans cette première partie, nous parlerons du mal de mère qui va, qui vient. Non pas pour le plaisir de contempler nos plaies, mais pour mieux nous connaître et... donc nous apprécier : car nous leur ressemblons !

CHAPITRE I

Nous l'avons tant aimée...

Elle commence par être une voix reconnaissable entre toutes. Une voix qui traverse des poches et des poches pour nous parvenir étouffée, dès les prémices de la vie. Elle est un rythme qui nous berce, des émotions qui nous secouent, un ventre qui nous expulse. Elle est le premier parfum qui frappe nos narines, le premier visage auquel s'accroche notre regard, le premier peau à peau, la première chaleur humaine...

Elle est encore, la plupart du temps, un beau sourire qui nous élève, des bras qui nous accueillent et les deux jambes que nous suivons à quatre pattes, vite : pas si vite ! La mère est le centre de tout. Elle est à l'origine du monde, à l'origine de nous-mêmes. Elle est notre présent, notre futur, la première image de nous en femmes. Notre lien avec elle est unique. Il ne ressemble à aucun autre. Elle reste longtemps le phare de notre vie, la seule personne au monde que nous puissions appeler *Maman*.

Impossible de l'oublier : nous venons de ce corps, nous sommes de cette femme. Ce lien viscéral empêche tout recul. Ses phrases, ses regards, ses humeurs nous frappent de plein fouet. Elle seule provoque ces émotions extrêmes, de l'amour absolu à la haine totale. Venir de son ventre crée en nous un bouillonnement charnel, vivant, instinctif. C'est fort, c'est beau, c'est terrible : nous vibrons quand elle vibre. Nous rions quand elle rit. Nous tremblons quand elle souffre...

Et elle ?

L'AMOUR D'UNE MÈRE NE VA PAS DE SOI…

L'élan ne va pas de soi. Ce bébé qu'on nous pose sur le ventre… Tout nous étonne, la peau rouge et fripée, cette glaire déconcertante, la taille minuscule. Il ferait presque peur tant il est étranger. Il était nous, il n'est plus nous. En ce sens, la naissance est une perte et une rencontre. L'instinct ? Allons, donc… On sait que s'il n'est pas porté, soutenu par la culture, le milieu, les pères, la société, il risque fort de tomber à l'eau. Il y a un siècle à peine, en France, on noyait les bébés non souhaités comme les chatons surnuméraires.

Actuellement en Chine, 10 % des bébés filles disparaissent des statistiques comme par enchantement. La politique de limitation des naissances n'autorise qu'un enfant par femme et l'on préfère avoir un garçon, plus utile aux travaux des champs. En France jusqu'au XIXe siècle, la plupart des femmes riches se déchargeaient de leurs bébés sur des nourrices. Certaines femmes aimaient leurs enfants. D'autres pas, et alors ? Personne ne songeait à les juger.

Si l'amour maternel est si beau, c'est qu'il participe d'un mouvement commun et qu'il n'a rien à voir avec l'instinct. Au contraire, il puise dans nos réserves de qualités humaines : l'intelligence, la sensibilité, l'empathie, le sens du devoir. Il passe par l'attendrissement :

- *Comme il est petit !*

Par la morale :

- *J'en suis responsable !*

Par l'identification :

- *Qu'est-ce qu'il ferait sans moi ?*

D'un côté, il y a la passion d'un bébé qui s'enivre de sa mère. Il la palpe, la tète, enfouissant son nez dans son sein. De l'autre, il y a une femme d'abord sonnée par la violence de la naissance, qui fait un effort pour mentaliser ce qui lui arrive : « *Elle doit être contente. D'ailleurs, elle est contente. Puisque tout le monde est content…* » Puis une femme qui, plus ou moins vite, prend conscience de sa charge et de son bonheur. Son bébé, elle le découvre, le regarde, le rencontre et, la plupart du temps, réussit à l'aimer, souvent même plus que tout au monde.

En écrivant cela, on comprend déjà que certaines mères ont des difficultés avec l'amour maternel. En effet, aimer suppose des qualités de cœur que toutes les femmes ne possèdent pas. Cela implique d'avoir conscience de ses responsabilités et de vouloir les assumer. Cela suppose de pressentir des besoins autres que les siens et de savoir y répondre. Or, certaines femmes sont bien incapables de se dédoubler pour se mettre à la place de leur bébé.

Bref, il serait dommage de compter sur un instinct qui n'existe pas, quand l'idée de rencontre est si juste et si belle mais parfois si difficile à mettre en place. Ce n'est pas un hasard si, un peu partout en France, se développent des associations de soutien à la parentalité (il serait plus exact de les nommer soutien à la « maternité », les femmes étant bien plus nombreuses à les solliciter). Les professionnels ont compris qu'ils peuvent contribuer à la rencontre, favoriser le lien, servir de passeurs de vie et de bonheurs entre parents et enfants. Comme elles sont touchantes d'ailleurs, ces femmes qui aujourd'hui consultent parce qu'elles n'arrivent pas (notamment) à aimer leur fille autant que leur fils. Moins de patience, moins de tendresse avec elle. Elles se trouvent injustes. Elles savent que la Petite n'y est pour rien. Elles veulent comprendre les racines du déséquilibre et aimer autant. Un souci très maternel, qui les honore.

La maternité est une rencontre qui parfois doit être accompagnée par l'entourage. Voyez les sages-femmes trouver un petit mot charmant pour présenter la mère à l'enfant. Celle de Delphine revient en disant :

- Cette petite Capucine est incroyable. Qu'est-ce qu'elle est drôle ! Elle a déjà une personnalité dingue…

Et sa mère aussitôt d'être fière comme pas possible d'avoir mis au monde un bébé si craquant. Par quoi passe-t-elle, cette rencontre ? Par un regard social, familial, conjugal positif ou négatif : pensons à la honte qui frappa si longtemps les filles-mères. La rencontre passe aussi par le regard d'une maman qui s'émerveille des petits doigts parfaits, des oreilles bien collées, d'une cloque de lait sur une bouche en cœur… Et par les réponses d'un tout-petit hypersensible à la musique des mots, à la pression d'une main, au bonheur que nous prenons à le laver, à le nourrir… Chaque jour, mère et enfant se découvrent dans un ballet d'échanges délicats que les spécialistes appellent « concordance affective ».

Pourtant, une mère n'aime jamais tout à fait comme une fille. Les filles parlent de leur maman en termes si passionnés ! Il faut les entendre :

- *Je l'adore !*

- *Elle me tue !*

Histoires de corps, de sensations, de fusion impossible, d'arrachements qui déchirent, de coups au cœur, d'un ventre qui attire :

- *Quand elle me caresse le dos, je suis comme dans une bulle. Ma mère est mon refuge. Dans ses bras, je suis comme dans son ventre,* explique Adriana, une « bombe » de 25 ans qui se love au creux de sa mère comme une toute petite fille…

Histoires de ventre maternel qui attire ou qui révulse. Parfois s'en approcher passe pour un danger et prononcer le mot qui en rappelle le lien, une impossibilité :

- *Je ne peux pas l'appeler Maman. Elle me dégoûte. Je suis incapable de l'embrasser…*

- *Tout sauf ma mère ! Surtout ne pas lui ressembler !* déclarent les filles déçues.

Les mères en général sont plus raisonnables. Moins de chair, moins d'émotion, moins d'instinct, plus de distance de leur côté. Et tant mieux ! En effet, c'est de sentir que sa mère ne lui est pas viscéralement attachée qui permet à la fille de se libérer d'elle. C'est aussi parce que l'amour maternel n'est pas instinctif mais réfléchi qu'il est structurant. Voici Clémence, 14 ans, rentrant un jour à la maison maquillée comme une p… Agissant par instinct, sa mère pourrait lui donner une gifle : il est si dangereux pour une très jeune fille de se promener le soir dans Paris dans cet accoutrement. L'amour maternel de Michèle (la mère de Clémence) est plus intelligent.

- Je lui ai demandé d'aller se changer et se débarbouiller. Puis, je lui ai dit que, si elle le souhaitait, je pouvais lui apprendre à s'habiller et à se maquiller différemment. Je comprenais qu'elle n'était plus une petite fille. Mais elle n'était pas encore une femme. Elle était une très jeune femme. Et elle pouvait vouloir dire sa féminité, mais la féminité de son âge…

C'est justement parce que l'instinct maternel n'existe pas que les enfants se donnent tant de mal pour se faire comprendre et aimer. Vite, nous apprenons à sourire et à babiller pour attirer l'attention des mamans. À marcher à quatre pattes pour les suivre. À parler pour les appeler. À avoir des bonnes notes pour qu'elles soient fières. Nous développons nos forces sur leurs manques. Voilà pourquoi le pédiatre anglais Winnicott parlait du besoin d'avoir une mère *suffisamment bonne* pour se construire. Une mère qui n'est pas assez bonne décourage. Mais une mère qui l'est trop devance tous nos besoins et empêche la création de cet espace nécessaire, au sein duquel notre personnalité (et l'échange) se construit. Entre les deux, une mère suffisamment bonne est à la fois sensible et touchée par nos efforts passionnés pour l'émouvoir et pour lui plaire. Ainsi apprend-elle à nous connaître, à nous apprécier, à nous aimer terriblement, mais toujours avec la distance d'un amour adulte qui lui permet, par exemple, de nous recadrer comme Michèle recadre Clémence, de nous conseiller, de nous guider…

Maman, dis-moi que tu m'aimes !

Pourquoi la rencontre n'a-t-elle pas eu lieu entre notre mère et nous ? Comment se fait-il qu'elle n'ait pas su – ou pas pu – nous regarder, être touchée ? Était-elle incapable d'aimer ? Avait-elle d'autres urgences, d'autres priorités ? N'a-t-elle pas compris notre amour-passion ou bien lui a-t-il fait peur ? A-t-elle ignoré la dépendance de sa toute petite fille, sa sensibilité extrême à ses humeurs, à son malheur, à ses petites phrases qui résonnent encore en nous ? Que lui a-t-il manqué ? Trop d'enfance, trop de soucis, trop d'angoisse, pas assez d'homme en elle ?

À moins que la rencontre n'ait eu lieu, mais qu'elle ait été gâchée par une succession de rendez-vous manqués dans l'enfance ou plus tard. Car on attend toujours de sa mère qu'elle soit là, près de nous, quand nous avons besoin de chaleur, de conseils ou de réconfort… Ce n'est pas faute d'avoir essayé de nous faire aimer. Nous avons tout essayé pour le déclencher.

Juste un exemple parmi des milliers d'autres, celui de Sylvie, 30 ans, mariée, deux garçons, un frère adulé par sa mère… Elle se souvient à quel point elle *ramait* pour que sa Maman l'aime. Avec les modestes moyens de son jeune âge, elle essayait quantité de petits gestes adorables. Elle lui écrivait des petits mots, lui offrait des dessins en forme de cœur et des cailloux ramassés sur la plage, des galets bien ronds et blancs comme des perles. Elle déposait des bâtons de réglisse sur sa table de nuit. Elle lui faisait les courses et portait même les bouteilles d'eau, si lourdes. Elle sortait sous la pluie ramasser le courrier. Elle préparait le café, en se levant très tôt pour être la première dans la cuisine. Elle l'appelait *Mamouche* parce que des *Maman*, il y en avait partout. Et avec une copine, elle jouait à *dis-moi que tu m'aimes !*

- *Dis-moi que tu m'aimes, le chien !*

- *Dis-moi que tu m'aimes, le chat !*

- *Dis-moi que tu m'aimes, Mamouche !*

- *Mamouche ? Mamouche ! Dis-moi que tu m'aimes…*

Elle devait insister plusieurs fois pour que sa mère finisse par répondre en râlant :

- *Oui, tu m'embêtes !*

Sylvie persistait. Elle frottait, lavait, récurait, travaillait dur à l'école pour que sa mère soit fière. Et celle-ci l'était, mais... de son fils, un *génie* qui avait de mauvaises notes *comme tous les génies…* Sa fille revenait avec un 20. *Mamouche* riait :

- *Et pourquoi pas un 22 !*

Toujours avec la même copine, Sylvie essayait de se

casser une jambe en jouant à se pousser dans l'escalier. L'hiver, elle se promenait dehors pieds nus pour attraper froid. L'été, elle se gavait de noyaux de cerises censées déclencher une appendicite. Son rêve était d'aller à l'hôpital. Là-bas, sa mère prendrait soin d'elle. Peut-être... Mais sa santé est restée bonne. Elle a continué d'aimer sa maman adorée. La nuit, elle allait écouter à la porte de sa chambre pour s'assurer qu'elle respirait bien. Elle avait si peur de la perdre, comme elle avait perdu son Papa quelques années plus tôt ! Sylvie avançait à pas de loup, mais finissait par s'approcher si près qu'elle la réveillait. Alors, sa mère la grondait...

- *Qu'est-ce que tu veux encore !*

Il y avait aussi ce fils adoré qui manquait tant à sa Maman quand il était loin, en vacances par exemple. Sylvie aurait pu être jalouse (et elle l'était sans doute) mais elle aimait sa mère, avant toute chose. Voir *Mamouche* malheureuse la rendait folle. Elle n'avait qu'une hâte : lui rendre son beau sourire lumineux et son visage radieux. Alors, elle téléphonait à son frère pour lui rappeler l'anniversaire de leur mère.

- *Il téléphonait,* se souvient Sylvie, *et Maman s'épanouissait : « Tu te rends compte, avec tout ce qu'il a à faire, il trouve quand même le temps de m'appeler ! »*

Sylvie se taisait. Elle aurait détesté que *Mamouche* se sente coupable ou qu'elle soit embarrassée. Elle cachait les preuves d'amour et les services rendus. Cette ruse lui permettait de croire que si *Mamouche* avait su, elle l'aurait appréciée et aimée peut-être. Fidèle à sa logique, Sylvie continuait d'astiquer en prétendant qu'elle adorait cela. Devant ses amis, sa mère s'en étonnait. Vraiment, elle avait une gamine étrange :

- *Cette passion pour le ménage, c'est bizarre, non ?*

CHAPITRE II

C'est devenu une souffrance…

- Je voudrais, j'aurais voulu l'aimer. Je lui ai donné toutes les chances de venir vers moi, de me connaître et de me reconnaître, mais elle m'en a trop fait…

Peu importe de qui est cette phrase, elle résume bien des témoignages. Comme Sylvie, nous aurions tout donné pour nous blottir dans les bras d'une mère aimante. Elle nous aurait caressé les cheveux. Elle aurait consolé nos chagrins. Elle aurait chanté des chansons et porté sur notre mignonne frimousse un regard attendri. Au lieu de quoi, nos mères ont limé notre tendresse et découragé nos élans. Comment ? Celle d'Annie, par ses critiques constantes à propos de sa manière de dire, d'être et de faire :

- Ma mère était odieuse. Rien n'allait jamais. Elle faisait de moi sa petite bonne. Je m'appliquais pour qu'elle soit contente mais au lieu de me féliciter, elle me faisait remarquer que dans le coin, là, c'était mal fait ! Elle cherchait constamment la faute…

Les enfants ne se découragent pas facilement. Chaque jour, Annie espérait que les choses puissent s'arranger :

- Avec optimisme, je pensais qu'aujourd'hui Maman serait de bonne humeur. J'arrivais vers elle avec des roses et des diamants plein la bouche, comme la mal-aimée du conte de Perrault, et elle me rembarrait en me jugeant stupide ou ridicule.

Une porte qui revient en pleine figure…

À chaque porte qui revient dans la figure (une expression très souvent employée au cours de cette enquête), ce sont des strates de spontanéité, de confiance, de joie de vivre et d'affection, des strates d'amour… qui s'érodent ou se détachent d'un bloc, à mesure que nos mères nous font des coups pendables. Marie Cardinal raconte, dans son magnifique récit *Les mots pour le dire*, comment sa mère cassait des gestes charmants qu'elle ne comprenait pas : « *Je cherchais des cailloux qui ne ressemblaient pas aux autres. J'en remplissais mes poches. Là-dedans, il y avait peut-être des diamants, des émeraudes et des rubis. Quelle surprise alors, quelle surprise elle aurait ! Son visage se détendrait, elle m'embrasserait, elle m'aimerait. Devant ce petit tas de cailloux que je sortais de ma poche, le souffle court, l'esprit en folie, le cœur jubilant à l'idée de la merveille contenue sûrement là-dedans et qui allait illuminer ma vie, elle disait : "Ne laisse pas traîner ces saletés dans la maison."* »

Tous les témoignages concordent : ce sont des preuves et des déclarations d'amour ignorées ou rabrouées. Ce sont des élans d'affection stoppés d'un mot, d'un regard, par la maman de Raphaëlle par exemple, tellement contrariée de devoir être mère encore, alors qu'elle s'occupait depuis l'âge de 10 ans de ses petites sœurs. Raphaëlle avait compris très jeune qu'elle était *la croix* que sa mère avait à porter sur terre, qu'elle était celle par qui un nouveau malheur était arrivé à sa mère adorée. Aussi cherchait-elle à se faire pardonner en donnant un maximum d'amour à sa mère douloureuse. Ayant besoin de câlins, elle croyait que sa Maman en désirait aussi. Elle montait sur ses genoux pour lui faire des bisous et recevait à chaque fois cet accueil glacé :

- Oh ! Ce que tu es collante, la mère la Bizouille ! Tu me tiens chaud !

Dépitée, Raphaëlle s'éloignait en continuant d'adorer sa mère, en secret. Elle la trouvait si belle avec ses yeux *vert vipère* et sa beauté froide qui fascinait les hommes. Quand la mère accusait sa fille d'être d'une *sensiblerie ridicule* (à 4 ans !), la Petite ne comprenait pas très bien les mots, mais elle entendait leur musique. Une musique aigre, mauvaise et répétitive signifiant :

- *Je ne t'aime pas !*

Même son de cloche chez Jeanne qui cherchait vainement à monter sur l'éternel tablier en nylon bleu de sa mère qui répétait :

- *Tu vois bien, ça glisse !*

Chaque fille voudrait aimer sa mère et en être aimée. Cet échange réciproque ferait de nous quelqu'un de bon, d'utile et de bienfaisant. Mais trop souvent, la porte que nous tentons d'ouvrir nous revient au visage. Pour des raisons qui lui sont personnelles, notre mère désamorce le baiser que nous voudrions lui donner ou le compliment que nous allons lui faire. Elle semble incapable de recevoir avec simplicité le soutien, l'affection. L'horreur de se sentir redevable, peut-être. Ou la peur de perdre car aimer c'est risquer de manquer… Bref, certaines mères nous soupçonnent d'en vouloir à leur argent, à leur personne, à leur bien-être. Elles nous considèrent comme des menaces. Quand Jeanne vient aider sa mère à la mort de son père, celle-ci passe derrière elle pour vérifier le contenu des placards et des tiroirs. Elle s'assure que sa fille ne l'a pas dépouillée.

- *Elle se méfiait encore de moi. Elle s'est toujours méfiée de moi…*

À chaque rejet, c'est un peu de spontanéité qui s'enfuit. Peu à peu, la petite fille, et plus tard la femme, apprend à se contenir pour se protéger. Mathilde, 67 ans, qui est la doyenne de nos témoins, raconte qu'elle était la dernière enfant d'une fratrie de onze et qu'après elle, ses parents ont fait lit à part. Sa mère était une maîtresse femme, une sorte de roc contre lequel se cognait son besoin d'affection. Elle en imposait tellement que sa fille cadette ne songeait même pas à escalader ses genoux. Dès qu'elle le pouvait, elle s'échappait et courait dehors s'asseoir sous un arbre. En levant la tête, elle regardait les rayons du soleil jouer entre les feuillages. L'hiver, elle allait au grenier se plonger dans un traité d'astronomie, perdu parmi les livres saints. Penser aux étoiles l'aidait à prendre du recul par rapport à son histoire, qui devenait dérisoire. Elle se caressait aussi pour se donner le plaisir et la douceur qu'on lui refusait :

- *Quand on en arrive là, c'est qu'on franchit un seuil dans la désespérance...*

Elle nous a fait des coups pendables

De son côté, la mère d'Angélique abîmait la confiance que sa petite fille pouvait avoir en elle. Elle l'emmenait en colonie de vacances et la laissait, sans lui dire qu'elle partait. Angélique la cherchait, l'attendait, l'aimait et ne la retrouvait plus. Ou bien elle promettait à sa fille de l'emmener en vacances avec elle et, à la dernière minute, la déposait chez sa grand-mère et s'en allait sans lui dire au revoir. Elle faisait miroiter ce bonheur pour que sa fille reste tranquille mais en sachant qu'elle ne tiendrait jamais ses promesses.

Parmi les coups pendables aussi, ceux des grands départs. Francesca a 4 ans. Sa grand-mère l'emmène un jour sur un quai du Havre. Le paquebot blanc majestueux s'appelle *Le Flandres.* Sa mère arrive, très belle, très élégante, avec ses malles-cabines. Francesca donne la main à sa grand-mère. De l'autre, elle dit *au revoir* à sa maman qui s'en va pour toujours, en Amérique, rejoindre l'homme dont elle est amoureuse...

- *Quelques mois plus tard, elle revenait,* observe Francesca. *Pas parce que nous lui manquions, mais parce que son amant l'avait quittée...*

Dans la série des grands départs, en voici un autre, tragique cette fois. La mère de Cécile a le goût du mélodrame. Elle aime les tragédies, l'opéra, les envolées lyriques. Elle se sent Walkyrie. Sa fille est la première admiratrice de cette grande et forte femme, blonde, élégante et auréolée de parfums capiteux. Son héroïne n'a pas le temps de s'occuper d'elle. Le père ? Pas de père… Cécile habite chez ses grands-parents qui meurent, hélas, dans un accident de voiture. À contrecœur, la mère récupère l'enfant et la Walkyrie se couche. En pleine matinée, un dimanche, elle se sent mourir :

- *Ne t'inquiète pas ! Ce n'est pas grave, la mort* dit-elle à sa fille.

On imagine le coup de poignard porté à la future orpheline totale. Elle n'a que 8 ans, mais elle décide d'être à la hauteur. Elle est au bord du lit et sa mère, au bord de la tombe. L'enfant demande d'une toute petite voix ce qu'elle peut faire. Rien. Sa mère meurt… Ou plutôt si, lui passer le disque qu'elle préfère, du Wagner, la *Mort d'Isolde*…

La poitrine de la petite fille est tellement comprimée qu'elle la sent prête à exploser mais elle tient bon pour accomplir la dernière volonté de sa maman chérie. Un moment, Cécile pense à demander ce qu'il adviendra d'elle. Que fait-on des orphelines ? Où vont-elles ? Qui s'en occupe ? Mais elle s'en voudrait de poser une question si triviale dans une heure si grave. Plus tard, elle pensera à elle plus tard… La priorité est d'assister sa mère et sans pleurer, sans broncher pour ne pas ajouter du malheur au malheur et… La mère semble avoir une idée :

- *Téléphone à Doudou !*

Doudou est un amant, le dernier en date, et il est médecin. Pour un peu, Cécile serait vexée de ne pas suffire : n'est-elle pas comme il faut ? D'un autre côté, elle se réjouit d'avoir du renfort. Vite, elle trouve le numéro, téléphone, joint l'amant qui promet d'arriver au plus vite…

Cécile se retourne, mais sa mère n'est plus là. Elle a sauté du lit, foncé dans la salle de bains, enfilé une chemise de nuit printanière, rosi ses joues, bleui ses paupières, allongé ses cils, recoiffé ses cheveux : la mourante est ravissante.

Ce n'est pas vraiment de la souffrance. C'est comme une amputation qui ne ferait pas mal. Avant ce drame de comédie, Cécile adorait sa mère. Elle aurait fait n'importe quoi pour elle. Elle l'aimait aveuglément. Après, c'est un fossé qui les sépare. Cécile la voit de l'autre côté de la rive. Elle la voit surtout comme elle est. Ses yeux semblent brutalement dessillés.

Son cœur battant, ses larmes refoulées, son ventre noué d'angoisse sont encore là. Mais désormais, ils portent un nom, ils ont une cause : *ma mère.* Deux petits mots qui signifient mascarade, trahison, égoïsme, même si elle est trop jeune pour penser ces mots-là. Un jour, elles en parleront et la mère dira :

- *Tu pourrais comprendre : j'avais perdu mes parents...*

Et Cécile de se sentir coupable en oubliant qu'elle a perdu ses grands-parents et... une mère dans cette morbide comédie. Même quand les filles se croient méchantes, elles sont encore trop gentilles ! Elles se reprochent ce bloc de pierre qui se forme en leur cœur, sans penser qu'à l'origine du désamour des filles se trouve le désamour d'une mère. C'est de l'adulte que viennent le ton et la couleur de la relation ! Toujours ! Les petites filles auxquelles leur maman ne joue pas de vilains tours continuent d'aimer leur mère et d'aimer la vie, avec insouciance. Oh ! bien sûr, il y a des disputes et des ras-le-bol. N'importe quelle mère peut dire à sa fille qu'elle est collante, mais le rejet n'est jamais massif. Ou, s'il l'est, il se répare dans la tendresse qui s'ensuit. Une relation mère-fille de qualité vit sous le règne de l'alternance avec des heurts, des frustrations inévitables et des réparations qui vont de soi. Car la mère n'a pas le cœur de laisser sa fille avec son chagrin, sa colère, sa déception...

La disgrâce de Janie

Comment la mère de Cécile a-t-elle pu faire vivre à sa fille cette mort en direct ? Comment celle de Jeanne a-t-elle pu infliger à sa fille une telle disgrâce ? La mère a huit enfants. Jeanne est la septième. Pendant six ans, elle est une enfant très gâtée. Sa mère, souvent fatiguée, l'invite dans son lit pendant que les aînés récitent leurs leçons. Avec fierté, sa mère raconte qu'à force de les entendre répéter, Jeanne sait lire à 3 ans, connaît l'algèbre à 4, joue à la belote à 6. Pour le goûter, sa maman lui offre toujours une faveur : un petit pain ou un bonbon...

Et puis soudain, fini le bonbon, les moments de complicité dans le lit maternel, la glorification de la petite fille choyée par tous, y compris par ses frères pour qui elle est la petite sœur vedette, le phénomène... Sa mère vient d'avoir son huitième bébé et elle est incapable d'aimer plus d'un enfant à la fois. Le petit dernier, le plus fragile retient toute son attention... Jeanne qui était donc *hyperaimée* se sent abandonnée d'un coup. Elle pleure à longueur de journée. Mais sa mère ne l'aime plus. Pire, elle raille sa détresse et la rebaptise *Jérémie* comme *jérémiades.* Son père la préférait aussi, mais il laisse faire...

Jeanne n'a jamais pu reconquérir sa mère, ni personne d'autre dans la famille. Le plus dur à supporter fut la brutalité du désamour. Heureusement, Jeanne a eu un sursaut ressemblant au coup de pied de survie que l'on donne au fond d'une piscine. Elle décide de se venger, mais sans faire de mal à personne. De se venger en réussissant tout et en devenant une stakhanoviste du bonheur. Son autre chance est de rencontrer des entraîneurs sportifs qui la soumettent à des exigences fortes, mais précises :

- *J'aimais le sport parce que les règles étaient justes et les mêmes pour tout le monde.*

Mathilde avait les étoiles. Jeanne le sport. Angélique et Cécile avaient les livres... D'autres petites filles perdues ont les cabanes, les rêveries, le travail scolaire. Gisèle Halimi raconte dans son beau récit sur le non-amour de sa mère, *Fritna,* qu'elle se régénérait dans la mer en *nageant jusqu'à en perdre le souffle, les cheveux pleins de sel, le nez rouge et pelé...*

JE N'ÉTAIS PAS MALHEUREUSE...

Les enfants sont choqués dans le malheur, mais ils ne se plaignent pas. Comme beaucoup d'adultes, ils sont étrangers à leur douleur. Brigitte se souvient de son étonnement le jour où, à 32 ans, le psychothérapeute qu'elle consultait pour ses angoisses, ses crises de panique, ses phobies, a constaté :

- *Mais vous souffrez !*

Elle est tombée des nues en réalisant que c'était terriblement vrai. Jamais elle ne s'était « pensée » de cette manière.

Aucun désir, aucune joie de vivre, aucun bien-être, aucune confiance ni en elle ni en personne, elle avait senti peser le poids des jours. À regarder vivre les autres, elle se doutait qu'elle allait mal mais sans prononcer le terme « souffrance » pour elle réservé au domaine physique. De même, elle savait que sa mère l'avait rendue parfois malheureuse, mais il aurait fallu qu'elle soit dans une autre peau pour mesurer l'étendue des dégâts maternels sur son équilibre, son psychisme et sa joie de vivre. Jusqu'à cette phrase, elle pensait que tout le monde vivait, plus ou moins, comme elle. Et qu'il fallait se forcer pour vivre, avancer, gagner quelques petites raisons de se réjouir, ici ou là. Se sentir bien dans sa peau, avoir des projets, sauter du lit en ayant hâte de se mettre à ses tâches, s'installer dans une réussite, savourer un moment de bonheur, regarder un film sans arrière-pensée... elle ignorait que cela puisse exister. Elle encaissait la vie. Et elle résistait à la dépression en trouvant des positions psychologiques antalgiques, plus ou moins efficaces selon les moments : le repli sur soi, le rêve, l'évasion dans la lecture, etc. Bref, il faut parfois des années pour identifier son mal et l'appeler mal de mère.

Comme elle, Francesca ne voulait rien savoir de ses douleurs. Qui suis-je ? Où suis-je ? D'où viens-je ? Elle restait dans le flou pour ne pas avoir mal. Laisser aller la protégeait. Elle voyait sa mère avec des yeux de myope et s'est contentée longtemps d'être une femme superbe, occupée à profiter de son charme et de sa jeunesse. Ses chagrins d'enfant se noyaient dans son pouvoir de séduction et un solide sens de l'humour. Pendant des années, elle a oublié *Le Flandres* et le départ pour toujours de sa mère qui l'abandonnait pour l'Amérique de ses amours. Elle-même s'est exilée à Madrid, emportée par un bel hidalgo dans un tourbillon de travail, de passion pour la vie et pour l'art (elle peint). Pendant trente ans, elle a occulté sa mère et les chagrins qui l'accompagnaient. Elle éprouvait même un certain contentement à la recevoir et à présenter cette femme si belle, si parisienne, à toutes ses amies madrilènes :

- *Ma mère !* disait-elle avec fierté...

Hélas, son mariage sombre et Francesca revient en France s'empêtrer dans un amour toxique qui l'occupe nuit et jour. Elle se ronge de passion et d'angoisses pour un homme qui lui fait du mal et la traite avec cette négligence qui en rappelle une autre. Avec un courage fou, elle s'arrache à celui qui fut aussi son premier amour. À celui qui l'enveloppait dans un cocon de mots doux comme l'aurait fait une mère. Sans ce tissage de tendresse, elle a froid. C'est alors que tous ses chagrins reviennent, y compris celui d'avoir été abandonnée...

Consciemment, Angélique ne souffrait pas plus que Brigitte ou Francesca, mais à 28 ans, on lui découvre une polyarthrite rhumatoïde. Elle a des crises de tachycardie et de tétanie. À part cela, tout va bien :

- *Mon corps souffrait à ma place. Je rêvais ma vie. Je n'avais pas de projets pour moi-même. Seulement pour mon mari que je portais, que j'aidais. Rien ne me touchait. Sauf une fois. Quelqu'un m'a traitée de belle plante. C'était un compliment. Je l'ai très mal pris, justement parce que je me sentais comme un végétal. J'avais un côté lisse et impersonnel. J'étais mariée avec un musicien qui avait un charme fou. Il était entouré de groupies et cela m'était égal. En fait, tout m'était égal. Jusqu'au jour où quelqu'un m'a dit : « Tu devrais faire un travail sur toi. » Il m'a paru évident qu'il avait raison...*

Les enfants ne sont pas malheureux, mais ils ont des symptômes. Angélique, 5 ans, se rappelle qu'elle était une enfant très difficile, très nerveuse qui s'agitait et qui faisait beaucoup de bêtises pour être remarquée. Et puis elle parlait beaucoup, très vite, tout le temps. Elle piquait aussi des colères considérables :

- *Je griffais, je mordais, je feulais... Je prenais exemple sur le chat.*

À l'adolescence, elle devient muette, ayant sans doute perdu tout espoir de se faire entendre.

Au cœur du malheur, on se découvre aussi de grandes ressources. Cécile compense en développant un imaginaire considérable et en lisant énormément. Elle imaginait aussi que sa mère n'était pas sa mère et qu'elle avait de vrais parents qui allaient venir la retrouver, qu'ils étaient le roi et la reine ou bien que son père avait épousé en secret une bergère, sa vraie mère… La lecture était aussi un secours magnifique :

- Je lisais tout le temps, sous les draps avec une lampe de poche, en haut des arbres, sur mes genoux en classe. C'était une névrose mais une névrose constructive. Sauf quand ma mère me faisait encore un coup pendable… Alors, je n'arrivais même plus à lire. Je ne pouvais plus que m'angoisser. Je pensais par exemple, de manière obsédante : « Si Maman meurt. Pourvu qu'elle ne meure pas… Si Maman meurt, pourvu qu'elle ne meure pas… »

Cette petite fille sous pression constante était une véritable cocotte-minute qui parfois explosait. Une fois, elle s'empare du stylo à plume de sa voisine de classe et le jette par terre. Une autre fois, elle casse en deux son bracelet en ivoire en tapant sur la tête d'une fille. Contemplant le désastre, elle n'y comprend rien. Elle retourne à sa sagesse et à sa solitude. Maman ? Elle sort toujours indemne de ces tourments. Personne ne l'accuse d'avoir une responsabilité dans ce déséquilibre, et surtout pas sa fille. Elle reste une déesse adorée ou haïe. Cela n'a aucune importance puisque, à cet âge, les sentiments ne portent pas de nom. Du moins, tant que les filles n'ont pas de points de comparaison…

Coincées dans un rôle…

Bien des filles pensent que les relations difficiles qu'elles ont avec leur mère sont banales. Yuki naît au Japon, en pleine campagne. Elle est l'aînée des quatre enfants que sa mère a mis au monde en cinq ans, tout en continuant à travailler. Pour ne pas souffrir, elle est devenue une sorte de roc. Elle sentait confusément que sa mère n'aimait personne. Qu'elle pouvait être d'une grande médisance, tout en étant tout miel devant eux. Dans son village, elle passait pour une femme exemplaire et respectée.

Seule Yuki avait le *privilège* d'assister à son double jeu et de connaître son vrai visage. Devant elle, sa mère déversait sa bile tout en continuant à passer pour un modèle de perfection :

- Je pensais beaucoup de mal de ma mère, sans doute pour m'en défendre. Pour me prémunir du mal qu'elle ne manquerait pas de penser de moi, moi qui ressemblais tant à mon père et qu'elle critiquait à longueur de journée.

Mais la petite fille avait l'instinct de survie, aussi faisait-elle semblant d'être sage et dévouée :

- J'étais rebelle en pensée et docile dans les actes...

Il faut dire que Yuki pensait que toutes les mères étaient comme la sienne. Elle croyait qu'il était normal de n'avoir jamais aucun compliment, pas un cadeau, pas un baiser, pas une marque d'affection depuis l'enfance. Elle se consolait en pensant qu'au Japon, il existe une sorte de pudeur dans l'expression des sentiments expliquant la froideur de sa mère...

- Je pensais aussi que les aînés tenaient une place à part et que les filles devaient être les confidentes ou bien les mères de leur mère ou quelque chose comme cela. C'est ainsi que je justifiais Maman : voilà pourquoi elle est indifférente.

Yuki a épousé un Français. Elle est venue vivre à Paris. Pourtant, elle a continué à téléphoner chaque semaine à sa mère. Elle a même invité ses parents chez elle, offrant le voyage, le restaurant et quantité de présents. De même quand elle allait au Japon. Sa prise de conscience a été tardive :

- Le déclic s'est produit le jour où j'ai appris que mes parents étaient beaucoup plus riches que moi et qu'ils gâtaient mes frères et sœurs. Alors, j'ai fait les comptes : des vêtements dans les boutiques de luxe, les kimonos en soie, une machine à laver, plusieurs appareils photo... Soudain, j'ai eu la révélation du côté anormal de mon enfance et du traitement qui m'avait été réservé. Je me suis aperçue que, dans les autres familles et même dans la mienne, on traitait les enfants autrement. Mes parents gâtaient mes frères et sœurs. Ailleurs, les enfants pouvaient s'exprimer tels qu'ils étaient et dire leurs sentiments. Il existait aussi des mères beaucoup plus affectueuses que la mienne...

Dans une famille heureuse, il y a des bonheurs, des malheurs, des fâcheries, des réconciliations, des drames et des fous rires qui s'oublient dans les mises au point, dans les câlins, dans le château de sable construit ensemble et les parties de cartes. Le pénible se répare et s'évacue à mesure qu'il se vit. Chantal par exemple raconte que sa fille, qui a 10 ans, hurle parfois qu'elle en a marre d'avoir une mère comme ceci, une mère comme cela. Elle veut *changer de Maman…* Mais comment dire cette vérité du moment à une mère qui apparemment aimerait bien… changer de fille ou ne plus en avoir ? Avouer nos mauvais sentiments, laisser paraître la haine, la colère, la déception, risqueraient de provoquer encore plus de rejet, encore plus de sarcasmes, encore plus d'abandon. Impossible d'être soi avec une mère difficile. Ce serait trop dangereux. Il faut plier et tricher…

Pour cette raison, nous nous sentons lâches souvent de ne pas réagir aux coups, aux insultes, aux sarcasmes. Ce n'est pas de la lâcheté, mais de l'instinct de conservation. Un réflexe de survie en somme et le fruit d'un raisonnement : si une mère est capable de maltraiter une enfant sage, que fera-t-elle d'une enfant rebelle ?

C'est ainsi que nous nous glissons dans une autre peau. Très tôt, nous apprenons à jouer le rôle qui convient à Maman, celui de confidente par exemple. Nous l'écoutons raconter ses malheurs, sa déception à l'égard d'un mari médiocre… Elle perd de vue qu'une fille est spongieuse. Qu'elle absorbe, vibre et souffre à l'unisson. Les filles aînées en particulier jouent le rôle du double transparent qu'on ne voit pas et qui peut tout entendre. C'est la place de Yuki. C'est aussi la place de Francine qui a toujours su que son père buvait, qu'il était un amant médiocre, qu'il n'avait apporté du plaisir à sa femme qu'une seule fois et *par hasard…*

- J'ai toujours été la poubelle de ma mère. Elle me racontait tout, mais de préférence ses malheurs. Elle était sur terre pour souffrir, pour porter sa croix. D'ailleurs, je savais comment l'intéresser : il suffisait que je taise mes bonheurs et que je gonfle mes soucis. Dès que quelque chose n'allait pas pour moi, elle revivait. Elle me donnait quantité de conseils, me remontait le moral. Pour elle, j'étais la Pauvre Francine, celle qui n'avait pas de

chance… À 20 ans, j'ai eu un sursaut d'orgueil ou de vie, je ne sais pas. Je suis partie de la maison et j'ai commencé à cultiver le bonheur sous toutes ses formes. De ce jour, ma mère m'a tourné le dos. Je lui racontais que j'avais décroché des diplômes, un travail, un amour… Elle changeait de conversation. Elle est venue à mon mariage… en noir. Ma mère ne demande jamais de nouvelles du bonheur. Heureusement (de son point de vue), j'ai divorcé. Mon mari ne l'avait jamais intéressée. Il est devenu passionnant. Il n'est pas un mois sans qu'elle me demande ce qu'il devient en ajoutant : « Ah ! c'était un type bien, quel dommage qu'il t'ait quittée ! »

Ce serait seulement triste si le rôle joué dans notre enfance ne finissait par nous coller à la peau. Quand tout va mal, Francine se demande si elle n'est pas plus à l'aise dans la douleur que dans la joie… Allez Francine ! Ce n'est pas parce que la vie est parfois contrariante que l'on aime les contrariétés. Et ce n'est pas non plus parce qu'on sait naviguer dans les embêtements, pour en avoir connu depuis toujours, qu'on apprécie quand ils arrivent. Même les mécaniciens préfèrent que leur voiture roule bien…

Être une mère pour sa mère…

Autre rôle coutumier assigné aux petites filles privées d'enfance, celui de l'enfant sage qui ne pose aucun problème à sa fragile maman, tellement angoissée, tellement anxieuse et tellement émouvante. On l'aime bien plus qu'une autre, cette maman-là, car on est sa lumière, son soleil, son bonheur sur terre… Lauriane aime sa mère, là n'est pas la question. Celle-ci s'est consacrée à elle avec un dévouement sans pareil. Elle qui avait été très maltraitée par sa propre mère ne voulait pas recommencer avec sa fille ce que sa mère lui avait fait subir de rejets et d'humiliations. Pour rassurer sa maman sur ses compétences maternelles dont elle doutait tant, Lauriane est devenue la petite fille modèle. Dès le CP, elle a pris ses devoirs en charge et le reste est à l'avenant. Elle est devenue une enfant très sympathique, très autonome, excellente élève. Elle avait 20 sur 20 dans tous les compartiments de l'enfance. Sa mère raconte après coup :

- *On aurait dit qu'elle n'avait aucune angoisse. Elle était la joie de vivre et la réussite incarnées.*

Lauriane essayait seulement de « caser » sa mère avec tous les copains hommes célibataires qui passaient à la maison :

- *Tu ne veux pas l'épouser ?*

- *Euh ! ce n'est pas si simple…* répondaient les interpellés.

Et puis un 7 sur 20 au bac de français a fait voler en éclats tout le système. Des sanglots, une détresse absolue, un découragement que personne ne croyait possibles chez une jeune fille aussi équilibrée… Lauriane s'est écroulée. Elle n'avait plus de repères, plus d'objectifs, plus aucune certitude. Rassurons-nous, depuis, tout s'est arrangé. Parce que sa mère possédait les deux qualités qui lui ont permis de se mettre aussitôt en question : l'intelligence et le cœur. Elle a très vite compris la part de responsabilité qu'elle pouvait avoir dans cette décompression spectaculaire. Elle (la mère) a entrepris une thérapie pour soulager la fille. Pour la décharger, elle a pris en charge ses propres faiblesses qui, croyaient-elle, ne pesaient pas sur Lauriane. Ainsi, elle l'a aidée à trouver sa propre voie, mais quel coup de théâtre !

Souvent, la souffrance couve, ignorée de tous. Elle ressemble à la lave du volcan qui bout en secret, jusqu'à faire sauter le bouchon du cratère.

Une dernière histoire pour montrer les avatars de la souffrance des filles. Éléonore a 40 ans et tout ce l'on peut espérer : la beauté, la jeunesse, la richesse, l'amour depuis quinze ans, trois petites filles magnifiques et un métier de commerciale dans une grande banque d'affaires qu'elle apprécie et où elle réussit. Pourtant, elle est la fille la plus douloureuse de cette enquête. Son visage est étrange, bizarrement maquillé. On pourrait dire *repeint* comme si elle trichait, comme si elle voyait un autre visage que le sien dans le miroir, comme si elle était à côté d'elle-même. Son corps est aussi trop menu par rapport à sa jolie bouille toute ronde, comme celui d'un poupon qui n'aurait pas grandi. De plus, elle se met en danger, s'astreint à des régimes de famine, s'affole quand elle prend trois cents grammes, se dégoûte pour un minuscule bedon, comme si la voix de sa mère lui disait encore qu'elle est trop grosse ou que, si elle ne l'est pas encore, elle ne va pas tarder à l'être.

Éléonore a tout ce dont une femme peut rêver mais, à la mort de sa mère, elle est redevenue une toute petite fille, obsédée par sa maman incarnant sa déesse et son manque. Quand elle en parle, une drôle d'image vient à l'esprit, celle d'une mère siamoise accrochée à sa ceinture, pendant contre son flanc, molle, inanimée comme une poupée de son. Éléonore semble obsédée par cette présence absente. Elle pense sans cesse à cette mère décédée (tragiquement, il est vrai) mais depuis dix ans déjà. Elle se débat avec cette figure haïe, adorée : tantôt elle voudrait l'arracher, la trancher et la laisser là. Tantôt, elle la vénère, l'idolâtre avec la nostalgie d'une relation qui n'a jamais eu lieu, qui aurait pu peut-être devenir une belle rencontre si elle avait vécu.

Cette ambivalence, Éléonore l'éprouvait déjà du vivant de sa mère à laquelle elle portait *un amour mêlé d'exaspérations.* Il faut dire que la jeune fille avait été sommée d'être idéale :

- *Il fallait que je sois la plus belle, la plus intelligente, la plus sage, la première de la classe, la mieux élevée des petites filles, que je rencontre un homme qui lui plaise, que je ne devienne pas enseignante comme elle et que j'aie un garçon, surtout pas de filles et surtout pas trois… Ma fonction dans la vie était d'être sa fille, sa lumière. Le jour de l'enterrement de mon père, j'ai reçu une claque : il n'était pas question que je pleure. Pas de faiblesse ! Il fallait que je tienne.*

Ces exigences nous coincent. Elles nous font pousser de travers. Elles nous empêchent de penser à la longueur de nos cheveux, au sourire de Timothée, ce ravissant voisin qui passe en scooter, et à la prochaine *teuf* chez Olivia, dans trois semaines… *Qu'est-ce que je vais pouvoir mettre ?* Ces obligations d'être n'engendrent pas de souffrances directes. Ce ne sont pas des traumatismes repérables comme la disgrâce de Janie. Elles créent plutôt des symptômes diffus. C'est une gêne insidieuse comme un étau dans la poitrine, une pression qui oblige à se surveiller, à être comme ceci et pas comme cela. C'est un poids qui empêche de se sentir libre, d'éclater de rire, de fomenter des bêtises dans le dos des parents. C'est un malheur qui empêche de vivre sa vie de petite fille et qui entraîne une dépression larvée, des maux de ventre, des problèmes d'anorexie ou de boulimie, un cœur qui s'endurcit méchamment ou un chagrin sans larme :

- *C'est fou ce qu'elle a l'air triste, votre petite jeune fille,* disait une voisine à la mère de Francine…

Nous, les Petites filles aux allumettes

La souffrance identifiée comme telle arrive au contact d'autres mères, d'autres histoires. La souffrance arrive en constatant que des mamans savent aimer leur fille. Alors, on devient la Petite fille aux allumettes qui assiste au bonheur des autres, sans y avoir droit. Nous avons laissé Francesca au pied du *Flandres,* agitant la main pour dire au revoir à sa mère qui s'en va pour toujours. De ce jour, elle ne quitte plus sa grand-mère, car son père n'est pas plus un parent que son ex-femme. Francesca est invitée chez son oncle, sa tante et ses cousins. Beaux, sympathiques, heureux, trois enfants, un chien, un chat, ils sont l'incarnation de la famille idéale que vantent certains catalogues de vêtements par correspondance. Ils accueillent gentiment la petite cousine mais, précisément, ils ne font que l'accueillir, voire la recueillir. Personne ne songe à le lui faire sentir. Seulement, à des riens, cette enfant hypersensible (comme nous le sommes toutes) se rend à l'évidence : cette famille n'est pas véritablement la sienne. Elle n'y a pas tout à fait droit.

Un jour, sur la plage, alors que sa grand-mère prend une photo de tout le monde, on lui dit de se pousser :

- *Non, pas toi, juste la famille !*

La famille, c'est-à-dire les parents et les enfants. Francesca n'est jamais sur la photo. Elle n'est pas non plus dans l'album de sa mère. Ou plutôt si, une fois pour le jour de sa première communion. Celle-ci a fait l'effort de venir, mais elle paraît mal à l'aise, en visite !

- *Quand ma mère joue à la mère, elle devient gauche, empruntée.*

Plus tard, Francesca achète une maison qui ressemble à une maison de famille. Avec ses photos, ses pêle-mêle, ses cadres, ses tableaux chinés un peu partout dans les brocantes, elle a l'air d'avoir toujours été là. Pourtant, aucune photo de sa mère n'apparaît parmi tous ces souvenirs. Un jour, celle-ci s'en étonne :

- *Et moi, je n'y suis pas ?*

Surprise de Francesca. Elle n'y avait même pas pensé.

- *Mais oui au fait, c'est ma mère !*

Quand on n'a pas vraiment le sentiment d'avoir eu une maman, tout ce qui rappelle que les autres en ont une devient douloureux. La fête des mères à l'école. Les cartes postales qui n'arrivent pas en colonie de vacances, quand les autres filles reçoivent des colis bourrés de friandises. Les vêtements démodés, offerts par les amies d'amies de maman parce que celle-ci n'a pas le goût de gâter sa fille. Et toutes ces critiques, ces petites phrases qui reviennent à l'esprit quand les autres filles s'entendent appeler : « *Ma puce* », « *Ma chérie* » ! Et ces vacances que les autres enfants passent sur la plage avec leurs parents, tandis que nous sommes toujours *chez des gens...*

Ce sont les comparaisons qui font souffrir. Angie a vécu une enfance plus qu'abominable. Avec la complicité de sa mère, son père abusait d'elle régulièrement. La jeune fille se débattait, elle était écœurée mais elle croyait que c'était partout pareil et elle plaignait beaucoup les petites filles dont le papa rentrait à la maison tous les soirs. Au moins, le sien voyageait beaucoup.

Et puis il y avait ce mot *Maman !* qui ne voulait rien dire. Isabelle décrit le sentiment d'étrangeté qu'éprouvent les Petites filles aux allumettes en prononçant ce mot que d'autres disent, si facilement, si quotidiennement et avec de l'amour plein le cœur.

- *Pour moi, Maman était un mot qui n'avait pas d'image,*

pas de chair. Il y en avait des tas d'autres comme cela qui ne signifiaient rien : tendresse, baisers, famille, affection, amour, attachement, sentiments… Parce que Maman ne voulait rien dire, les autres liens n'avaient pas de sens. C'était un mot que je répétais sans cesse pour lui donner de la consistance. Pour l'apprivoiser et faire surgir quelqu'un du terme, comme un magicien sortirait un lapin de son chapeau. Les filles qui m'entouraient disaient Maman avec du fondant plein la bouche, pourquoi pas moi ? Mais j'avais beau faire, ma mère restait une silhouette floue, une ombre qui s'échappait quand j'avançais la main…

CHAPITRE III

Peur d'elle, peurs sans elle...

Ce n'est pas exactement de la peur, mais plutôt un nœud compact qui bloque et pèse dans la poitrine sans que l'on sache très bien si c'est de l'angoisse, de la passion, de l'amour fou, de la colère, de la dépendance ou tout cela à la fois. Nous verrons dans la troisième partie de ce livre qu'il s'agit surtout d'une formidable envie de vivre. D'une force vitale qui aimerait s'épanouir mais qui, empêchée par nos mères, se roule en boule dans un coin de soi... À chaque fois qu'elle voulait demander une permission, Annie avait mal au ventre. Elle vivait dans la terreur de mal faire et de mécontenter sa mère. Quand enfin elle osait – non sans avoir puisé dans toutes ses réserves de courage pour demander, à 18 ans, le droit de sortir avec des copains par exemple et que sa mère finissait par dire *oui* –, le stress s'évanouissait aussitôt.

- Ouf ! Elle n'était pas fâchée. Ouf ! Elle ne criait pas. Ouf ! Elle ne me culpabilisait pas ! J'avais devant moi quelques heures de répit...

Pendant cinquante ans, jusqu'à la mort de *La Mère* (comme l'appelle Annie), elle a continué de redouter ses commandements, ses critiques, ses dévalorisations, ses culpabilisations. Et... la sonnerie du téléphone. À chaque fois, elle sursautait :

- Pourvu que ce ne soit pas elle !

Elle... *La Mère*, l'appelant pour lui faire des reproches

ou lui dire des *vacheries* sur son mari ou sur ses filles. Elle avait beau s'y attendre, prévoir les petites phrases assassines, elle n'arrivait pas à endiguer ce flot de bile. Lorsqu'elle raccrochait, Annie se sentait démolie : sa mère avait sali tout ce qu'elle aimait. Elle connaissait ses points faibles. Elle savait appuyer là où cela fait mal. Devant sa mère, Annie, cette femme mûre, autonome, redevenait une petite fille à la fois révoltée et déprimée. Elle n'arrivait pas à comprendre qu'une mère puisse dire et faire tant de mal, sciemment. Elle ressortait en miettes de ces conversations (si l'on peut appeler « conversations » ces monologues venimeux) :

- Je la trouvais choquante, révoltante. À chaque fois, j'en ressortais toute moche et lessivée.

AVEC DES ZONES DE FORCE...

La Mère n'aimait pas sa fille. Elle aimait le pouvoir qu'elle avait sur sa fille. Or le psychanalyste Jung a bien insisté sur ce point : le contraire de l'amour n'est pas la haine mais le pouvoir... *La Mère* pouvait montrer patte blanche. Il lui arrivait d'être gentille, mais toujours pour garder la mainmise sur Annie qui n'y comprenait rien. *La Mère* l'enfonçait pour pouvoir la remonter et la remontait pour pouvoir l'enfoncer. Il fallait qu'elle mène le jeu. Charmante ou odieuse, c'était elle toujours qui donnait le *la* de leur relation. Si Annie semblait prendre quelque place privilégiée dans la discussion, ou dans la maison, ou dans le cœur de sa mère, c'est seulement que la vieille dame tyrannique en avait décidé ainsi. L'abus de pouvoir consiste également à savoir ce qui est bon pour Annie... sans prendre la peine de l'entendre. C'est encore la menacer de rejet si elle s'écarte du droit chemin tracé pour elle par sa mère...

Obéir ou mourir à l'amour de *La Mère,* tel est le chantage exercé. Mais s'agit-il d'amour ? Non, puisqu'il s'agit de pouvoir. Mais qui se donne des airs d'intérêt et d'affection : conseils avisés, expérience, sens de la repartie, etc. On est toujours sur ses gardes avec des femmes du genre de *La Mère.* Même quand elle est pateline, apparemment ouverte et dans de bonnes dispositions d'écoute, Annie se méfie. Elle fait le dos rond et décrit sa constante nervosité :

- Les trapèzes bloqués, les bras noués, la nuque raide. Aux moindres petits soucis de la vie, tous ces nœuds reviennent…

Et cela d'autant plus que sa mère est dans les parages. Si encore les traces de nos mères étaient circonscrites à elles. Si encore elles étaient notre seul problème. Mais l'impact de cette relation première s'étend à de nombreuses liaisons, situations : peur de mal faire, peur de mal dire, peur d'être soi-même, de ne pas être à la hauteur, de n'être pas aimable, peur diffuse qui empêche de prendre la parole et peur de vivre tout simplement.

Jeanne redoute d'avoir perdu ses forces dans la guerre sournoise qu'elle a menée pour exister face à une mère qui lui reprochait par exemple d'être moche quand elle la rendait moche en lui faisant porter des jupes marronnasses et démodées. Elle craint que ses forces ne se soient épuisées dans la bagarre :

- Je me dis quelquefois que je ne pourrai plus rien supporter de grave, de désagréable. Je ne veux même pas que le dentiste me touche. Une maladie et je descends du train tout de suite. Je ne veux plus jamais souffrir, c'était trop dur !

Avoir épuisé toutes leurs forces, c'est ce que craignent les filles douloureuses. Ce n'est pas ce qu'elles vivent. Les ressources sont là, incontestables. Quand les deux frères de son mari meurent dans un accident de voiture, en venant à son mariage, Isabelle tient le choc avec une force de caractère qui laisse tout le monde pantois. Son mari s'écroule, elle le remonte. La famille est en ruine, elle console, assume, réveille en elle-même et chez les autres tout ce qu'elle peut trouver de ressources humaines, religieuses, matérielles. De même quand on lui découvre un cancer. Elle ne s'affole pas une minute. Elle est certaine qu'elle va s'en sortir puisqu'elle a déjà tout surmonté. Et en effet, elle traverse cette épreuve comme le deuil de ses beaux-frères avec ce courage et cette dignité qui se sont forgés dans l'adversité qu'elle connaît depuis toujours.

Francine aussi est blindée. Quand les gens la déçoivent en amour, en amitié, son côté fataliste met à distance ces contrariétés. Tous les quatre mois environ, elle pleure sur son sort puis se reprend, en bourrant son emploi du temps. Alors, plus rien ne la touche… De même, Cécile observe l'effondrement de son mari pour des riens (de son point de vue à elle) : une amende, le cambriolage de son autoradio, un accrochage, deux points de suture sur le front d'un enfant… Elle prend à la légère tous les bobos de la vie. Elle a connu tellement pire :

- *J'adorais une mère qui voulait ma peau ! Depuis, tant qu'il n'y a pas mort d'homme, tout va. On me met un PV, il m'arrive un emmerd…, je rigole. Dans ces cas-là, de l'avis général, je suis « formidable ». Forcément, le drame, les catastrophes… c'est mon rayon. J'y nage depuis toujours…*

En ayant vu de toutes les couleurs, elle se donne aussi :

- … *le droit de choisir dans quelles souffrances je m'investis. Je n'ai pas voulu soigner ma belle-mère jusqu'au bout. J'ai assez peiné pour ne pas avoir l'esprit de sacrifice. Et sans me sentir coupable de vouloir me protéger. J'ai regardé les événements du 11 septembre pour rendre hommage aux gens qui sont morts. Mais j'aurais tout aussi bien pu me blinder…*

En faire trop…

Les filles douloureuses surmontent les drames avec ce sang-froid que donne l'habitude. Non, c'est au quotidien et dans l'amour, l'amitié qu'elles n'ont pas de repères. Pour Georgina, vivre a été *un combat de tous les jours*. Elle s'inquiète sans arrêt et pour tout : elle a eu peur d'avoir des enfants et de ne pas savoir s'en occuper. Elle se demande, à la veille de devenir mamie, si elle va savoir aimer le fils de son fils ? Comme elle est inquiète à l'idée de rencontrer le copain de sa fille !

- *J'ai peur qu'il ne me trouve pas assez bien, qu'il pense du mal…*

Impossible d'accueillir les bonheurs avec simplicité. Pour elle, rien ne va de soi : peur d'être dans la rue. Peur d'aller vers les autres. Peur de recevoir :

- J'ai paniqué quotidiennement. Je lutte en permanence pour les choses les plus simples. Et j'en fais toujours quatre fois trop.

Parce qu'elle a été rejetée, Georgina veut que ses invités soient accueillis. Grand jeu, grandes tablées, fleurs fraîches dans les vases, fruits frais dans des coupes...

- Ce sont sans cesse de petites attentions. Pour moi, l'estime et l'affection des gens ne vont pas de soi. Il faut les mériter par des efforts, des attentions souvent surdimensionnés. C'est effrayant, toute cette énergie dépensée pour ne pas décevoir quand d'autres femmes sont si sûres, avec des riens, de séduire et de conquérir.

Le perfectionnisme est la maladie des filles inquiètes, dans le travail bien sûr, dans le ménage et dans l'éducation des enfants. Georgina, de son propre aveu, *s'empoisonnait la vie.* D'autant que, dans son petit village des Pyrénées, l'éducation donnée faisait l'objet de commentaires. Peu sûre d'elle-même, elle supportait mal l'idée qu'on la désapprouve. Aussi a-t-elle commencé par observer beaucoup. N'ayant pas de modèle auquel se référer, elle ne savait pas comment tenir un bébé, lui donner à manger, comment interpréter ses pleurs : douleurs, caprices, chagrin ? Paradoxalement, personne n'avait le droit de garder ses enfants à sa place, trop fragiles, trop précieux ! Quand ses belles-sœurs voulaient les promener, elle refusait. Quand ils ont dû aller à l'école, une angoisse terrible lui a serré le cœur. Elle avait l'impression de les abandonner. Dès que retentissait la sirène du village pour annoncer un accident ou un incendie, elle fonçait à l'école, arrivait en nage. Elle avait si peur qu'il ne soit arrivé quelque chose à ses petits ! Si peur de les perdre et de ne pas mériter le bonheur de les avoir vivants, en bonne santé, heureux. Naturellement, ils étaient habillés comme des princes...

Devenus adolescents, il a bien fallu qu'ils partent en pension :

- Le week-end, à leur retour, j'étais emmerdante, avoue Georgina.

Elle les couvrait d'attentions, de friandises, d'argent de poche, de cadeaux et les rhabillait de pied en cap. Elle qui avait traîné en guenilles voulait qu'ils soient les plus impeccables du village :

- *Surtout qu'on ne me traite pas de négligente,* pensait-elle.

Le jour de son mariage, ne lui avait-on pas prédit qu'avec un passé pareil, elle serait incapable de garder un homme et d'élever des enfants ? Certains mauvais présages ont le mérite de démultiplier nos forces, pour les prendre à rebrousse-poil :

- *Je m'efforçais de prouver le contraire. J'en faisais trop. J'en rajoutais. Difficile aussi de se mesurer dans le trop d'amour...*

COMMENT J'AI ÉPOUSÉ MA MÈRE !

Les filles qui ont été choyées savent aimer avec discernement, tandis que nous donnons sans compter, surtout quand on nous tient à distance. C'est fou comme ils nous séduisent, ces indifférents, ces personnages autoritaires, ces hommes violents ou pervers qui nous rappellent une situation bien connue. Avec eux, nous avons envie de rejouer le passé pour en faire, cette fois, une belle histoire. Au cœur de ce drame renouvelé, nous nous sentons toujours aussi mal, mais en terrain connu. D'ailleurs, ces amoureux de bonne volonté qui sont tout simplement gentils et généreux ont à nos yeux un petit quelque chose de suspect. Manque d'habitude. Incrédulité, suspicion :

- *Qu'est-ce qu'on me veut ?*

Annie l'explique bien : elle est tombée amoureuse d'un homme qui l'*écrasait un peu* :

- *Sans doute était-ce la condition pour que je puisse avoir confiance. Si mon mari m'avait dit que j'étais une femme intelligente et formidable, j'aurais pensé : « Il se fiche de moi ! »*

De même, le mari de Raphaëlle était le symétrique de sa mère. Toute son enfance, elle a pensé que son père ne valait pas sa mère. Il était petit (sa mère était grande). Il n'était pas brillant (sa mère lui paraissait une star). Il n'était pas bavard, sa mère avait les idées claires... Bref, Raphaëlle enfant s'était juré d'épouser un homme grand et un... grand homme. Son mari correspondait à tous ces critères. Raphaëlle l'admira béatement, comme elle avait admiré sa mère. Il faisait des discours en amphithéâtre en mai 1968. Il offrit à sa femme la première revue féministe : *Le torchon brûle.* Mais s'il était féministe, c'était dans les mots. Moins dans les actes. Raphaëlle demandait à son jeune mari :

- *Tu m'aimes ?*

Il répondait, presque dédaigneux :

- *Qu'est-ce que ça veut dire, aimer ?*

Comme la terrible maman, il était castrateur et incapable de sentiments d'amour. De même, il se méfiait terriblement de ces épouvantables choses que sont le plaisir, la joie de vivre, la sexualité ! L'augure de n'importe quel plaisir déclenchait chez lui (comme chez la mère de Raphaëlle) une réaction de défiance, de recul, presque de dégoût. Son côté bonnet de nuit volait à son secours. Il s'empressait de rabaisser ce qui pouvait donner du bon, du bien. Le bonheur ? Quelle mièvrerie, quelle honte, quelle idiotie ! Il ne devait occuper aucune place dans leur vie. Quand il avait existé, on l'oubliait : n'en parlons plus. Ou bien il entraînait une culpabilité sans fin : ils n'auraient pas dû partir en vacances ! Et tout ce travail qui n'avait pas été fait ! Et l'argent que cela avait coûté ! Et les travaux de la maison qui n'avançaient pas... Peu à peu, Raphaëlle se laissait gagner par ses théories savantes sur la vanité des plaisirs et *ce sentiment imbécile* qu'est l'amour. Elle croyait aimer un génie. Comme elle avait cru aimer une déesse :

- *Je me sentais très inférieure et je me suis évertuée, avec lui comme avec ma mère, à essayer de tirer de l'amour d'une pierre.*

Quant à l'amitié : « *Oh ! là, là... méfiance* », dit Georgina. Une amie, elle n'en a qu'une. Et elle jure qu'elle n'en aura plus jamais d'autre. De même qu'elle n'a eu qu'un seul amour. C'est trop d'investissement affectif ! Trop d'énergie dépensée, trop de doutes ! Elle craint sans cesse d'être trop ou pas assez, d'être exclusive, envahissante, d'être une charge ou de n'être admise dans le sérail de sa célèbre amie que par... pitié. Impossible de se laisser aller à être qui elle est, comme elle est, simplement.

Impossible de s'abandonner tranquillement à un bonheur réjouissant :

- *L'amitié, l'amour, c'est terrible pour moi. C'est de l'énergie, des obligations, de l'effort. Dans mon cas, rien n'est simple avec les autres. Je préfère la solitude et la fuite, pour éviter les tourments, la souffrance et cette impression permanente qu'on ne peut pas m'aimer... qui coexiste avec un besoin fou de l'être.*

Les filles blessées dans l'amour fou qu'elles portaient à leur mère ont surtout envie de prendre la fuite, dès qu'elles se sentent coincées dans une relation affective forte. Isabelle résume :

- *J'avais toujours peur d'être enfermée, prisonnière des autres. Si une phrase devait me caractériser, ce serait : je ne veux pas qu'on m'oblige, moi qui ai si souvent été contrainte de jouer un rôle, d'être comme les autres voulaient que je sois. Pendant des années, j'ai eu peur d'être enfermée. Je souffrais de crises de claustrophobie, de crises de panique et d'angoisse. J'avais l'impression que j'allais me liquéfier, devenir transparente, invisible. La nuit, je rêvais que l'on me transperçait. J'explosais comme du cristal tant j'étais fragile. Dès que quelqu'un commençait à m'aimer, j'avais envie de foutre le camp. Au premier baiser, je regardais vers la sortie...*

Sauf quand le monsieur est méchant, ou indisponible, ou incapable d'aimer. Comme Maman. Alors on ne risque plus d'être coincée et l'on peut s'abandonner délicieusement à la passion. Quand on ne fait pas cruellement souffrir ceux qui ont la malchance de vouloir nous conquérir. Isabelle a 40 ans. Aujourd'hui, elle est heureuse, mariée, enfin capable de recevoir et de donner amitié, amour et affection. Mais, plus jeune :

- *Les copains m'appelaient « la Banquise » parce que, sous des dehors très sociables, j'étais très à distance. Je faisais pleurer. Je déclenchais des passions : l'indifférence attire... J'avais quelque chose d'un peu inhumain. On ne pouvait pas m'atteindre. Je vivais dans les livres, dans une sorte de* Chartreuse de Parme. *Je ne savais pas prendre. Je ne savais que donner... en me refusant.*

Peur d'être invisible…

Angélique ne craint pas de ne plus être aimée : le non-amour lui est familier. Et elle est très entourée :

- Mon passé d'enfant-valise m'a au moins appris à me couler dans tous les milieux, à savoir entrer en relations, à connaître quelques ficelles de diplomatie, à paraître charmante, courtoise, à avoir une bonne écoute, à placer le terrain de la conversation sur les sujets qui passionnent mes interlocuteurs. Je sais séduire…

On peut même dire que l'amitié lui a sauvé la vie en formant autour d'elle une seconde famille qui lui a tenu chaud dans ses pires moments de solitude.

- Si je n'avais pas eu une amie pour m'apporter du lilas un 22 décembre quand ma fille est née, je crois bien que j'aurais eu un baby-blues carabiné. Encore que…

À force de se débrouiller seule, on finit aussi par développer quelque confiance en soi. Cécile par exemple se sait bonne styliste (sa passion). Elle se fait également confiance pour juger les gens. D'un coup d'œil, elle prétend savoir qui ils sont, s'ils sont fiables, si ce sont des gens bien, si on peut leur faire confiance, etc. Et elle ajoute :

- Je ne me suis jamais trompée…

D'autres filles douloureuses ont fini par se convaincre qu'elles étaient aimables, mais il est une chose qu'Angélique, par exemple, ne supporte pas. C'est tout ce qui la renvoie à un sentiment d'invisibilité. À chaque fois que quelqu'un se comporte comme si elle n'existait pas, elle voit rouge ou se délite comme si elle perdait pied. Elle a besoin d'être reconnue, sinon elle devient, selon son propre terme, presque *hystérique.* Par-dessus tout, Angélique redoute le manque de communication, l'absence, le non-dit, craint de ne plus avoir de répondant.

Jeune fille, elle avait entrepris une psychanalyse avec un thérapeute lacanien, c'est-à-dire, pour caricaturer, avec un homme très silencieux. Elle était allongée sur son divan et le médecin, assis derrière elle, ne disait pas un mot. Pendant des semaines, Angélique est restée muette, enveloppée dans son manteau comme dans une couverture, incapable de bouger et de proférer une seule parole. Elle se sentait morte, comme un gisant allongé sur son sarcophage de pierre. Ce silence dans son dos était insupportable. N'était-ce pas ce qu'elle avait toujours vécu avec sa mère ? Elle qui avait été l'enfant invisible revivait en analyse une situation similaire, qui la laissait terriblement angoissée, sans la faire avancer.

Pour les mêmes raisons, Cécile a épousé un homme au caractère impossible. Difficile de trouver personnage plus agressif et réactif (et tendre à la fois) que celui-ci. Elle ne peut pas faire un geste, dire un mot sans qu'il fasse des commentaires et pas toujours des plus aimables. Mais cette brutalité la rassurerait presque. Avec lui, au moins, pas de faux-semblant, de non-dits, de cachotteries ou d'hypocrisies. Encore moins d'invisibilité. Ses critiques prouvent une chose : c'est qu'il ne la quitte pas des yeux...

L'abandon qui menace...

Autre peur souvent tenace, celle de l'abandon. L'amour parfois est si peu présent dans les relations mère-fille que l'on se sent simplement tolérée et acceptée sous conditions. En ce cas, nous sentons bien qu'il suffirait de quelque bêtise ou mot de travers pour être mises à l'écart, abandonnées dans la forêt comme le Petit Poucet et ses frères. D'autre fois, l'abandon n'est pas une menace, mais un fait. Nous parlerons souvent de pension dans ce livre, parce qu'elle est le lieu d'accueil idéal pour les filles gênantes (ceci ne signifiant pas que tous les pensionnaires soient des mal-aimés...).

Cette peur d'être laissée n'importe où, du jour au lendemain, poursuit Cécile qui est régulièrement prise de frayeur à l'idée d'une séparation, d'un voyage... Quand son homme lui annonce qu'il va s'absenter, elle sent son estomac se décrocher brutalement. Comme si elle venait de monter dans un train de la mort, à la foire. De même parfois, quand il l'abandonne quelques secondes au restaurant pour aller se laver les mains, par exemple. Commence alors tout un cinéma : il ne reviendra jamais. Elle l'a vu pour la dernière fois. Il l'a plantée là ! C'est fini. Quand elle rentrera à Marseille, il aura fait ses valises et sera parti. Sans laisser d'adresse. Un voyage professionnel la plonge dans le même genre de terreur. Quelques semaines avant le départ, elle est d'une humeur de chien. Elle grignote, elle dort mal. Le jour de la séparation, elle a hâte que la cérémonie des adieux s'écourte. En fait, elle est pressée de se débarrasser de cet homme, qu'elle cesse d'aimer dans sa peur de le perdre.

Quand il est loin, elle se surprend à porter son tee-shirt d'homme ou son pyjama. Une sorte de doudou pour supporter l'absence. Le temps de la séparation passé, elle se sent mieux. Elle organise sa vie sans lui, sans personne. Quand son mari téléphone, c'est tout juste s'il ne la dérange pas. Elle a tellement l'habitude de gérer l'abandon qu'elle se débrouille fort bien. C'était *l'idée* de l'abandon qui était intolérable.

Pour les mêmes raisons, quantité de filles blessées devancent l'appel. Elles congédient l'homme qu'elles aiment avant qu'il ne le fasse. Ou bien elles ne s'attachent qu'à des hommes indisponibles. De cette façon, l'abandon, le désengagement font partie du contrat. Ce n'est plus un risque à prendre. Être laissées, quittées, reprises, relâchées est un élément constitutif de la relation. Dans ces histoires, personne ne s'engage : ni elles puisque c'est impossible. Ni les hommes pris puisqu'ils sont… pris. Ainsi, le risque d'abandon est nul. Le problème est qu'à partir d'un premier abandon réel se créent quantité d'abandons imaginaires, y compris dans les liens les plus chers et les plus sûrs. Même avec leurs enfants…

Georgina a été frappée de plein fouet par le syndrome du nid vide, vécu par les parents quand les enfants s'en vont. Pour la consoler, si l'on peut dire, son mari lui a offert un chien qu'elle appelle souvent par erreur du prénom de son fils.

- *Heureusement*, précise-t-elle avec humour, *l'inverse n'est pas vrai.*

Avec sa fille, ce fut la même chose. Elle a fantasmé longtemps que celle-ci allait rencontrer un homme qui l'emmènerait loin, si loin qu'elle ne la verrait plus. De même, pour son fils, qu'il allait s'enticher d'une *garce* qui le détournerait de sa maman chérie et l'empêcherait de venir la voir. Aujourd'hui encore, cette peur de perdre la taraude toujours. Les scénarios qu'elle invente sont inépuisables : ses enfants meurent. Ils sont mutés à l'étranger. Ils rencontrent des conjoints qui les éloignent. À moins qu'ils ne se rendent compte soudain de la véritable odieuse personnalité de leur mère et ne s'en détournent…

Pendant ce temps, sa fille habite à quinze kilomètres avec ses deux enfants. Son mari est charmant. De même pour son fils. Tous viennent déjeuner chez Maman chaque dimanche et avec beaucoup de plaisir, semble-t-il. Mais pourquoi cela ? Elle n'arrive pas à croire que ses enfants l'aiment tant. C'est louche, impossible, immérité. Qu'ils soient très famille, très attachés à leur mère (et à leur père aussi) est une source permanente d'étonnement, de joie, d'inquiétude, de sentiments douloureux et contradictoires. Certes, ses enfants l'aiment. Ils s'ennuient d'elle. Ils ont envie de la voir, mais jusqu'à quand ? Georgina est épuisante pour elle, mais pas seulement. Souvent, ses enfants lui disent :

- *Ça suffit, calme-toi ! On t'aime et lâche-nous !*

CHAPITRE IV

Tourmentées, pleines de doutes

On ne peut pas croire qu'une mère fasse du mal. Il y a près de vingt ans, un grand journal de faits divers donnait cette consigne à ses journalistes :

- *Dites-vous bien que, dans un article, les Arabes ont toujours tort et les mères de famille toujours raison !*

Une mère a toujours raison... y compris quand elle reproche à sa fille de lui avoir « volé » sa beauté, sa jeunesse. Y compris quand elle refuse de jouer le rôle d'une maman. Mais on a du mal à y croire. Quand les filles racontent leurs maux, les confidents sont gênés. Ils cherchent à rassurer :

- *Tu te fais des idées.*

- *Tu vois bien qu'elle n'est pas si mauvaise.*

- *La preuve, tu n'as pas si mal réussi.*

Quand une mère est aussi évidemment rejetante que la Folcoche d'Hervé Bazin dans *Vipère au poing*, la fille est assez sûre de son jugement. Mais quand cette mauvaise mère est une femme formidable, ses sentiments se compliquent. Elle n'arrive pas à se dire que cette femme exceptionnelle est une mère difficile. D'autant que beaucoup lui envient sa maman... Ainsi tout le village adore la mère de Sylvie, une institutrice qui défile déguisée en Gargamelle, suivie d'une cohorte de petits Schtroumfs bleus... Cette excellente maîtresse ne ferait pas de mal à une mouche. Encore moins aux enfants. Toutes ses copines trouvent la mère de Sylvie « géniale ». D'ailleurs, elles aussi l'appellent *Mamouche*. De même, toutes les pensionnaires sont fascinées par la mère de Cécile, une mère astrale, très originale et très séductrice :

- *Elle était belle. Les autres mères étaient ternes. Elle était jeune. Les autres mères vieillissaient. Elle était ouverte sur le monde. Les autres mères se repliaient sur leur foyer. J'étais libre quand les autres filles étaient surveillées. Je rencontrais des stars pour de vrai quand elles les voyaient à la télé. Elles rêvaient d'une mère qui soit belle, qui voyage et qui raconte… Moi je rêvais d'une mère qui se laisse appeler Maman. D'une mère qui vienne m'embrasser le soir au bord du lit. D'une mère qui me borde, qui me fasse des crêpes le jour de la Chandeleur. D'une mère qui cesse de poser nue avec moi pour troubler ses amants…*

Face à cet entourage qui nous vante nos mères, nous sommes pleines de doutes. Alors nous ruminons pour rendre notre histoire plus digeste et la façonner à notre convenance. En redistribuant les rôles des méchants, des gentils. Mais qu'est-il arrivé exactement ? Cette scène violente dont nous nous souvenons, s'est-elle réellement passée ? Nos souvenirs disent blanc. Nos mères répondent noir. Qui est dans le vrai ? Elle ou nous ? Nos ruminations balancent entre les deux vérités. Les jours de culpabilité, nous doutons. Les jours de lucidité, nous accusons. Sans cesse, nous oscillons entre ces deux pôles. Comme Olivia :

- *Parfois, je me dis que ma mère ne peut pas être telle que je la vois. Alors je me raconte que c'est moi qui vais mal dans ma tête…*

Il est d'autant plus difficile de trancher que nos frères et sœurs n'ont pas eu forcément la même mère. Elle a pu être critique avec nous et adorer sa délicieuse petite princesse… Laquelle défendra sa *Maman chérie*. Sa mère à elle !

Les filles vont mieux quand elles commencent à faire la distinction entre les deux fonctions : la mère et la femme. Et quand elles se donnent raison, en pensant que les seules personnes capables de juger leur mère en tant que mère, ce sont elles. En effet, personne d'autre ne peut savoir – pas même nos frères et sœurs – quelle maman nous avons eue. On sait bien que l'engagement affectif des parents varie d'un enfant à l'autre. Que la fille n'a pas la même place que le garçon. Que l'aîné est différent du cadet. Et que chaque enfant arrive à un moment particulier de l'histoire de sa mère et de son couple...

Une identité flottante

D'autres doutes portent sur nous-mêmes. Nous nous sentons parfois comme un bateau dans la tempête. Sans port d'attache, sans ancre pour nous amarrer. Le père donne à sa fille conscience de son identité sexuelle. Son regard la rend femme. Tandis que la mère lui donne conscience de son identité tout court. Quand ce regard manque, la fille se cherche. Elle ressemble à ces âmes errantes ignorant pourquoi elles sont là. Pourquoi elles sont faites. Georgina résume cette impression en disant :

- *Ce n'est pas que je sois mal, c'est que ce n'est jamais ça.*

Elle ne se sent jamais vraiment à sa place, jamais vraiment utile. Ce que Raphaëlle exprime aussi en disant :

- *Je n'arrive jamais à croire qu'on ait besoin de moi !*

- *Je me sens comme une pauvre courge,* poursuit Georgina avec ses expressions du Sud. *Je n'ai aucune pensée à mon sujet, ni positive, ni négative. Je suis en trop. Ce que je suis n'est ni bien, ni mal. Je n'y pense pas. Je suis là et c'est dur d'exister.*

Les filles douloureuses se décrivent parfois comme flottant à la dérive, du moins tant qu'elles n'ont pas trouvé que faire de leur personne et de leur vie. Georgina explique qu'elle se sent *très passive, très effacée, sans désir la concernant,* bien qu'elle soit capable de devenir une lionne pour défendre les autres. Et bien qu'elle ait fondé une association pour aider les *« Sans famille »* à retrouver leurs parents. Cette activité intense ne suffit ni à la justifier, ni à l'inscrire dans une identité paisible :

- *Il y a deux femmes en moi : d'un côté Gina la mère,*

l'épouse. Et de l'autre Georgina la présidente d'association, celle qui écrit, qui est active, qui passe à la télévision, qui a même contribué à faire voter une loi… Mais à l'intérieur de moi, je ne peux pas vivre pleinement cette vie, ces succès. Je ne peux pas en profiter. Ce n'est pas moi. Je ne m'y attarde pas. Il me manque du lest, des racines, une ancre. J'ai une identité flottante. Je n'ai jamais la paix.

- *Le doute, chez moi, c'est endémique,* constate Isabelle qui n'a plus jamais été sûre de rien depuis qu'à 6 ans, on lui a dit que sa maman allait venir la voir.

Sa Maman ? Mais, elle en avait déjà une à la maison. Elle l'appelait Maman depuis toujours. Oui, mais ce n'était pas la bonne ! Elle en avait une autre, une vraie, et qu'allait bientôt connaître :

- *Je suis arrivée à l'école très fière en annonçant : j'ai deux mamans ! Pourtant, j'avais l'impression qu'on venait de donner un coup de pied dans ma fourmilière. Mes frères et sœurs n'étaient plus mes frères et sœurs. Ma mère n'était plus ma mère… Dès ce moment, j'ai commencé à éprouver une sorte d'anxiété qui n'a jamais cessé. Mes repères avaient fondu…*

Difficile également d'avoir des certitudes concernant sa valeur personnelle quand notre mère l'apprécie si peu. Nous connaissons Annie, 57 ans, assistante maternelle, divorcée, deux filles. Aujourd'hui, elle pleure encore en parlant des *misères de La Mère qui ne supportait pas de ne pas avoir de dominance. La Mère* était une femme terrible, égocentrique, autoritaire. Elle entendait que chacun soit à sa botte. Si Annie faisait mine de protester, elle était traitée d'idiote, de nulle, d'imbécile… La logique ?

- *Tout ce que je faisais de mal, je le devais à moi-même. Tout ce que je faisais de bien, je le devais à La Mère…*

Sa fille n'avait aucun mérite :

- *Mon frère était pharmacien et moi, je n'étais rien. Même après son suicide, à 30 ans, elle me disait encore : « Ah ! Ce n'est pas Philippe qui aurait fait cela… » Elle voulait me détruire.*

Mais comment s'avouer ce genre de vérité sans frémir : c'est sacrilège ! Comment se l'avouer sans angoisse : une mère est La sécurité, celle qui nous protège. Annie ne s'arrête pas à cette pensée trop lucide, trop douloureuse, trop scandaleuse. Très vite, elle excuse sa mère et justifie l'injustifiable :

- Il faut dire que j'avais la cervelle comme un moineau. Ce qui entrait par une oreille sortait par l'autre. J'ai commencé à aimer l'école quand il a fallu la quitter, à 14 ans.

Elle excuse sa mère, mais se souvient aussi de la fatigue psychique engendrée par ses critiques permanentes :

- La souffrance était qu'il me fallait déployer une énergie considérable pour peser le pour et contre. Pour me convaincre que je n'étais pas si moche, pas si bête. Que ce n'était pas de ma faute si… Je ne vivais pas. Je survivais au prix d'efforts énormes pour ne pas sombrer dans la dépression et le découragement. Pour moi, tout était compliqué : avoir envie d'aller au cinéma, vouloir mettre une robe, souhaiter sortir avec des copains… Alors que c'était si simple pour les autres !

… ET L'ESPRIT EN SURCHAUFFE

Pour conserver son équilibre, Annie devrait reprendre, une à une, les dévalorisations, les critiques, les agressions subies afin de les passer au crible de son propre jugement, de redresser les reproches tordus, les accusations injustes. Mais ce genre de bataille est celle du pot de terre contre le pot de fer. Pour une enfant, quel que soit son âge, sa maman, cette grande personne, est une mère magnifique qui sait tout et qui, forcément, doit avoir raison pour elle et sur elle. Cette image déifiée continue de nous poursuivre longtemps. Surtout quand l'image de soi est si basse et celle de *La Mère* hissée sur un piédestal :

- La Mère avait un sens de la repartie et une intelligence qui clouaient le bec. En un sens, c'était une femme admirable…

Comme il serait simple de pouvoir se dire :

- Ma mère est ainsi faite : elle a besoin de salir ET elle a des qualités…

Mais non, rien n'est facile…

- Quand j'osais penser par moi-même, je me disais que je me

faisais des idées. Que j'étais une imbécile et une mauvaise fille. Et que tout le mal que je pensais de ma mère était faux ou, en tout cas, très exagéré, se souvient Annie.

Tout ce temps et cette énergie passés à se convaincre que l'on est quelqu'un de bien pourraient servir à bâtir ses rêves et… à les réaliser. Quand Annie regarde ses enfants, sa maison, son travail, elle se dit qu'elle *aura au moins réussi cela,* c'est-à-dire en fait, beaucoup de choses :

- *Mais les autres n'ont pas besoin de se dire que c'est bien de faire ceci ou cela. Elles font. C'est bien et un point c'est tout !*

Revient aussi la question du *Qui suis-je vraiment ?* Lorsqu'on est coincé dans un rôle, quand on joue à être une petite fille sage, dynamique, parfaite, intéressée par les confidences de Maman…, on ne sait plus très bien qui est le vrai soi.

- *Je dois aller bien, c'est mon rôle dans ma famille et dans toutes les relations d'ailleurs,* observe Magalie, 38 ans.

Elle n'a plus d'homme, pas d'enfant mais toujours une maman qu'elle aime énormément mais qui lui interdit les coups de blues…

- *À la maison, je suis celle qui va bien quoi qu'il arrive. Pas le droit de faiblir ! Dans la même année, j'ai perdu mon père, j'ai perdu un bébé, je me suis séparée de mon compagnon avec lequel je vivais depuis seize ans et j'ai quitté l'Italie pour revenir en France. Or, pas une fois ma mère ne m'a demandé de mes nouvelles, ni n'est venue chez moi. En revanche, elle a chouchouté mon frère qui venait de subir un choc épouvantable : il était papa pour la première fois ! Auprès de ma mère, j'ai toujours été l'animatrice sociale. Celle qui disait à tout le monde : « On y va, on y va. » Mais qui est le vrai moi ? Suis-je forte ou suis-je faible ? Vraiment forte ou pseudo-forte, parce qu'on l'a toujours exigé ? Je ne sais plus vraiment…*

Les doutes, les tourments, la culpabilité des esprits en surchauffe donnent lieu à des enchaînements de contradictions dont les filles n'ont pas toujours conscience. Dans ce genre, Magalie est une véritable championne. Elle dit blanc puis noir, puis re-blanc et noir en même temps. Ainsi, elle affirme d'une traite que sa mère n'était pas très tendre, mais qu'elle n'a jamais manqué de câlins. Elle dit qu'elle souffre, mais qu'elle n'a pas du tout souffert d'avoir eu cette mère géniale qui n'a jamais été une vraie mère pour elle. D'ailleurs, elle a renoncé à avoir une mère mais si elle, Magalie, s'améliorait, peut-être que sa mère pourrait changer...

S'il est un mot qui caractérise les filles douloureuses, c'est l'intranquillité. Elles ont pourtant des certitudes à avoir : oui, leur mère leur a fait du mal. Oui, c'est une femme formidable. Non, elles n'y sont pour rien : elles étaient des enfants. Oui, la relation peut s'apaiser avec leur mère. Mais elles ont raison de lui en vouloir, car leur Maman n'a pas été assez aimante. Pas assez responsable. Oui, certaines mères avaient des excuses. Mais les excuses des adultes ne concernent pas les enfants vulnérables. Car en raison de leur faiblesse même, ils méritent l'affection et l'attention de leurs parents...

Dernière zone de doutes... Elle concerne nos propres capacités. Francesca n'arrive pas à se lancer. Elle peint depuis toujours, mais ne sort sa palette que dans l'intimité de sa chambre à coucher. Tandis que sa meilleure amie suspend ses « croûtes » avec un aplomb qu'elle envie. Elle en distribue à ses parents, ses amies et barre ses œuvres d'un immense patronyme, digne d'un Van Gogh ou d'un Picasso. Voilà une prétention – ou plutôt une liberté d'être – dont Francesca se sent bien incapable :

- Je n'ai pas la liberté d'exister pour exister. De faire pour le simple bonheur de faire comme ces gens dont l'existence est légitimée depuis toujours. J'envie les femmes comme mon amie : elles font. Elles profitent. Elles avancent sans se poser de questions. Elles vivent, c'est bon, c'est bien, et cela leur suffit.

CHAPITRE V
Coupables de quoi ?

Pour être moins aimées que les autres petites filles... Pour ne pas intéresser nos mamans... Pour qu'elles nous en veuillent..., nous avons fait quelque chose de mal, mais quoi ? Nous nous efforçons pourtant d'être le mieux possible. Mais, rien à faire ! Ce n'est jamais bien quand on passe pour être, comme dit la mère de Raphaëlle à son sujet :

- *Un défaut de fabrique...*

Certaines filles naissent coupables. Coupables d'être nées et d'avoir fait souffrir leur mère en venant au monde. Janie raconte :

- *Ma mère disait souvent que j'avais failli la faire mourir. Après six enfants, elle disait que son utérus était aussi fin que du papier à cigarette et j'étais la septième. Cette culpabilité ressort quand j'ai des scrupules à prendre la place de quelqu'un au travail. Je me sens beaucoup mieux depuis que j'ai créé ma propre entreprise. Là, je ne vole rien à personne.*

Plus tard, quand la jeune femme racontait à sa mère combien elle aimait être enceinte, à quel point elle avait l'impression d'une continuité, entre la manière qu'avaient ses enfants de bouger dans son ventre et leur caractère, une fois nés..., sa mère l'interrompait en disant sèchement :

- *Moi, je vomissais du premier au dernier jour !*

COUPABLES D'ÊTRE NÉES

D'autres mères remontent encore un peu plus dans le temps pour raconter leurs avortements manqués. Celle de Caroline les décrivait d'une manière si crue que sa fille en faisait des cauchemars : les aiguilles à tricoter, le sang dans le lit, les hurlements de la mère qui pensait mourir, les pompiers, la petite fille (elle) qui piquait une crise de nerfs au point que son père était obligé de l'emmener chez sa grand-mère…

Peut-être les mères racontent-elles ces horreurs sans se rendre compte de leur impact. Il est vrai qu'au moment où elles le font, leur fille est adolescente ou adulte. Mais la violence du récit, les interrogations qu'il soulève sur le fait d'avoir été soi-même désirée ou pas existent à tout âge. Une fois encore, les mères n'ont pas toujours conscience de leur résonance. Elles croient parler à une femme. Elles s'adressent à leur fille, au fruit de leurs entrailles… La mère de Maryse est une femme charmante, mais depuis toujours elle appelle sa cadette :

- *Ma fausse couche !*

Elle pense faire de l'humour ! La mère de Camille a souvent réveillé ses enfants en leur répétant cette phrase comique pour elle, ambiguë pour eux :

- *N'ayez jamais d'enfant !*

Et la fatigue des mères ! Comme elle pèse lourd sur les filles qui se sentent responsables de donner du travail, de causer du souci (voyez comme les enfants ont horreur d'inquiéter leurs parents), d'être une gêne et de faire le malheur ou la maladie de leur mère…

Janie ne supportait pas que la sienne soit éternellement couchée. D'année en année, elle la voyait sombrer un peu plus dans la dépression et la démission. Le ménage fut d'abord négligé, puis l'éducation des enfants puis les soins qu'elle se devait à elle-même : elle ne se coiffait plus, se lavait à peine… Et la naissance de Raphaëlle ? Elle était explicitement présentée comme une *tuile*, arrivée par hasard. La petite fille *avait obligé* – comme si l'enfant était responsable des actes de ses parents, et avant même d'être né – , elle avait donc *obligé* sa mère, âgée de 20 ans, à épouser un homme pour lequel elle n'avait ni amour ni estime. *À cause* de sa fille, elle avait donc gâché sa vie. Même drame pour la mère de Yuki au Japon, dont le mariage est arrangé. Yuki est l'aînée. La mère a quatre enfants en cinq ans ! Drame encore sans doute pour la mère de Francine qui est enceinte sans être mariée. La jeune mère célibataire est chassée de sa famille et contrainte, telle la Fantine de Victor Hugo, de confier son enfant pour aller travailler dans une ferme où elle est exploitée.

Quand la naissance n'est pas présentée comme un drame, elle est présentée comme une gêne. Angélique, fille tardive d'un couple déjà quadragénaire sans enfant – et s'en trouvant fort bien –, arrive comme un cheveu sur la soupe dans la vie itinérante et bien remplie de ses parents choristes. Pas question que cette Petite leur mette des bâtons dans les roues. Ils ne pensent qu'à poursuivre leur carrière et leurs tournées. Angélique est un problème dont ils se débarrassent rapidement, en la confiant à droite à gauche et en la plaçant, finalement, dans un orphelinat. Pardon d'enchaîner les exemples, mais ils sont légion. Les filles mal aimées ont souvent commencé par être des filles non désirées. Précisons-le pour montrer à quel point le sort des enfants est lié aux droits des femmes et en particulier au droit à la contraception et à l'interruption volontaire de grossesse…

C'est aussi comme *empêcheuse de vivre* que se présente Magalie :

- Je suis arrivée trop tôt. Il a manqué à ma mère dix ans… Parce qu'elle était enceinte, elle a dû interrompre ses brillantes études littéraires et devenir Maman, un rôle pour lequel elle n'avait aucun goût.

Les enfants sont-ils responsables de la vie ratée de leur maman ? Car c'est bien ainsi que les choses sont dites ? Certes, la maternité représente un poids de travail et de responsabilités important pour les femmes. Mais observons que celles qui s'en plaignent le plus ne sont pas celles qui donnent le plus. La maternité limite, mais n'empêche pas tout. Souvent. l'enfant est pris comme alibi par des femmes incapables de prendre leur vie en main. Elles manquent de courage et de vitalité. Elles se disent entravées ! Mais elles s'empêchent de vivre bien. Avec des enfants et dans des conditions matérielles et psychologiques bien plus pénibles, des femmes parviennent à mener une vie qui leur plaît et à aimer leurs enfants. Citons un seul exemple, celui de Tanbou suivie par Sol en Si, cette association qui aide les familles touchées par le sida. La jeune femme a 28 ans ; elle vit avec son compagnon et son petit garçon de 3 ans quand, enceinte, elle apprend qu'elle est contaminée. De plus, elle attend des jumelles. Courageux, son homme – qui lui a transmis le virus – panique et rentre chez lui, en Côte d'Ivoire. Pour parler clairement, il la laisse tomber. Elle est seule en France, sans famille, sans argent. Mais elle accouche heureusement de deux petites filles en pleine santé. Elle-même, sous trithérapie, peut espérer vivre longtemps. Néanmoins, on imagine son vertige et son angoisse devant les charges et la menace. Mais Tanbou s'interdit les états d'âme ! Épargner ses enfants le plus possible, telle est sa ligne de conduite. Elle habite un deux-pièces. Elle a trouvé dans une école un travail administratif qui la libère pendant les vacances scolaires. Avec un tonus formidable, elle profite des bons moments. Et on jure à Sol en Si qu'on ne l'a jamais vue s'énerver contre un seul de ses bébés !

Comparativement, nos mères étaient mille fois plus favorisées. Même avec une fille *sur les bras* (cela dit, non pas pour les accabler, mais pour nous dédouaner). Qu'y pouvions-nous, si elles ne savaient pas soigner leur fatigue, leur blues ? Si elles ne pouvaient pas supporter leurs vergetures ou continuer leurs études ? Ou si, ayant trop mangé pendant leur grossesse, elles avaient pris tant de kilos ?

Ce n'est pas nous qui sommes mauvaises, mais leur formulation :

- *Tu m'as tellement fait grossir ! On ne me reconnaissait plus.*
- *Tu m'as obligée à arrêter mes études…*
- *Si tu n'avais pas été là, nous nous serions mariés…*

Comme si un enfant à naître pouvait être responsable des

dysfonctionnements physiques, alimentaires, hormonaux ou psychologiques de sa génitrice ! Ces reports de responsabilité sur les enfants entraînent non seulement de la culpabilité, mais des raisonnements tordus.

Nous pensons :

- *Je lui ai gâché la vie !*

Mais ce sont nos mères qui nous gâchent la vie avec des idées pareilles. Comme elles se sont gâché la leur, en refusant de travailler à leur propre bonheur. Et puis ce sont elles, tout de même, qui ont pris le risque de mettre un enfant au monde. Et de surcroît en faisant l'amour avec un homme qu'elles ont voulu. Est-ce notre faute si elles ne l'aimaient pas ? Nous n'avons rien choisi. Rien su. Rien voulu ! Et nous sommes rendues coupables de vivre par les femmes qui nous ont fait exister : paradoxal, non ?

Dans la catégorie des transferts de responsabilités vicieux, voici ce souvenir d'Olivia. Sa mère avait coutume de lui raconter ses ébats amoureux et, à chaque fois, la jeune fille s'en réjouissait. Serait-elle un peu perverse, un peu malsaine, un peu bizarre ou atteinte par le virus du Loft à l'envers : Maman couche, Fifille regarde ? Pas du tout, elle est sincèrement soulagée que sa mère continue d'inspirer du désir. Et qu'elle le lui dise la décharge d'une faute impardonnable. Une faute qu'elle traîne depuis sa naissance. Car savez-vous ce qu'elle a fait, Olivia ? Elle a provoqué des seins qui tombent, un ventre… un ventre qui n'est plus ce qu'il était, avant ! Il faut dire qu'elle pesait quatre kilos deux cents grammes à la naissance ! Quatre kilos deux cents grammes de culpabilité qu'Olivia trimballe depuis qu'elle est en âge de comprendre son séjour dans le ventre de sa maman. C'est dans ce contexte que sa mère, qui continue de séduire malgré les méchantes traces qu'Olivia a laissées sur la somptueuse plastique de sa mère, rassure l'accusée qui peut se dire :

- *Ouf ! Elle plaît encore, je n'ai pas tout gâché !*

ELLE PRÉFÉRAIT SON FILS

Il y a la faute d'être née. Et puis celle d'être née fille. Dans les sociétés où le sexe dit *faible* est dévalorisé pour des raisons culturelles, religieuses et économiques, la naissance d'une fille peut apparaître comme un événement malheureux. Ne revenons pas sur la Chine où les échographistes n'ont plus le droit de dire aux parents le sexe de leur enfant à naître, étant donné la menace qui pèse sur les bébés filles... D'ailleurs, inutile d'aller chercher si loin. Les femmes françaises de plus de 50 ans évoquent couramment la préférence de leur mère pour les hommes en général et leur fils en particulier.

- *Je préfère élever trois garçons plutôt qu'une seule fille,* clamait la mère de Marie qui, en disant cela, rendait ses filles forcément plus *difficiles.*

Dès sa naissance, Michèle a fait la fierté de son père. Mais cinq ans après, son frère est né et sa mère est tombée follement amoureuse de son petit garçon :

- *Elle avait toujours voulu un garçon. Je m'appelle Michèle parce qu'elle voulait un Michel. Maman aime les hommes. C'est un truc culturel. Pour elle, les hommes comptent plus. Moi, je suis une fille. Mon frère est un garçon. Tout est dit et on ne peut rien faire. Je ne crois pas qu'elle me rejetait. Elle me mettait simplement de côté pour faire plus de place à ses hommes...*

De la place et quelle place ! On donne sa chambre au petit frère et la petite fille va dormir dans le salon. À 6 ans, Michèle est envoyée à la campagne chez sa grand-mère. Elle a la varicelle. Il ne faut pas risquer de contaminer le petit dieu. Finalement, sa mère estime qu'elle est très bien là-bas, au grand air. Sa fille y reste... dix ans. Lorsqu'elle revient le week-end chez ses parents, elle participe à l'émerveillement général :

- *Mon frère faisait l'admiration de tout le monde. Il jouait du piano à 4 ans. Il était drôle comme tout. Maman l'appelait son Chouchou d'amour. Moi, elle m'appelait Michèle. Aujourd'hui encore, quand on croise ma mère dans la rue (elle a 81 ans), on lui demande : « Alors, comment va ton Chouchou d'amour ? » Elle fait la coquette, en rappelant qu'il a tout de même 50 ans mais, au fond, elle est ravie.*

Même histoire pour Sylvie qui regardait sa mère prendre un air énamouré en épluchant une clémentine à son frère, vautré sur un canapé devant la télé :

- *Chez moi, c'était une caricature d'Œdipe. Mon père me préférait, tandis que mon frère et ma mère étaient très proches. Le véritable problème fut la mort de mon père. J'avais 7 ans. Je l'adorais. J'étais soudée à lui. Nous faisions des châteaux en allumettes. Quand il est mort, ma mère a tout reporté sur son fils. Elle présentait mon frère comme un génie alors qu'il travaillait mal. De moi, qui étais excellente élève, elle disait : « Sylvie, il va falloir qu'elle travaille ! » Ce n'était pas qu'elle me détestait, ni même qu'elle ne m'aimait pas : je n'étais pas sa priorité. Je n'étais pas un fils. J'étais une fille et j'étais en trop. Quand mon frère est parti, je suis restée seule avec elle. Il n'était plus là pour me faire de l'ombre. Je pensais que ma mère allait m'aimer plus, mais mon frère lui manquait...*

Dans ce genre de configuration familiale, les injustices sont légion, mais aussi spontanées qu'un cri du cœur. Ainsi, la mère de Sylvie dépensait un argent fou pour son fils. Rien ou presque pour sa fille :

- *Il était né en mai et moi quelques mois plus tard. Quand arrivait mon anniversaire, il n'y avait plus d'argent pour me gâter. Je n'avais jamais rien. Un jour, elle lui a offert un appareil photo. À moi, elle avait promis une chaîne en or que je n'ai jamais eue. Une autre fois, j'avais des baskets rouges que j'adorais. Mon frère est arrivé en disant qu'il les voulait. Je les lui aurais peut-être données, mais pas tout de suite : je venais de les avoir ! Maman ne m'a pas laissé le temps d'être généreuse : « Tu pourrais au moins les donner à ton frère, c'est bientôt son anniversaire ! »*

Dans les familles où ils se sentent aimés, les enfants protestent :

- *C'est pas juste !*

Et les parents, lors d'une jolie session de rattrapage, réparent la préférence, l'injustice, l'oubli de l'un au profit de l'autre.

C'est ainsi que certaines filles ne se rappellent que l'amour de leur Maman. Ce qu'elles ont à lui reprocher ?

- *Rien. Elle est juste un peu bavarde. Et puis non, même pas...*, constate Adriana qui, concernant sa maman, est à court d'idées négatives.

Forcément, on ne pense pas à critiquer les mères qu'on aime. On les accepte en bloc. Pas besoin de s'en défendre : elles ne sont pas dangereuses pour soi. On n'a ni envie ni besoin de chercher la petite bête, sauf peut-être à l'adolescence pour s'en démarquer.

- *Maman ? Elle est super ! C'est tout !*

Ce ne sont pas des mères parfaites. Ce sont des mères qui donnent et des mères qui aiment. Pourtant, elles sont comme toutes les autres (comme celles dont les filles douloureuses se plaignent), fatiguées, agacées, injustes... Mais elles se rattrapent sans même y penser en montrant à leur petite fille qu'elle est, la plupart du temps, une fête, un bonheur... Et quand leur maman est fâchée, elles savent bien que cela ne durera pas. Elles la trouvent vraiment méchante aujourd'hui (« *Aujourd'hui, je suis panthère...* », annonçait la psychanalyste Françoise Dolto à ses enfants), mais les petites filles sentent en même temps que Maman lâcherait tout, y compris sa mauvaise humeur, si la Petite avait besoin d'elle. Même mauvaise, injuste, égoïste..., elle reste une *Maman chérie.*

Tandis que chez nous... L'affection de nos mères était si peu acquise. Nous les sentions si menaçantes pour notre équilibre que nous n'osions pas rouspéter, réclamer notre dû. Dans ce contexte, nous n'avons pas cessé d'être en crise d'adolescence, ou bien elle n'a jamais eu lieu. En effet, impossible de *s'opposer pour se poser* avec une mère difficile. Ce ne serait plus une tentative d'émancipation, mais une tentative de suicide psychologique :

- *Tu es un échec de vingt ans !*, s'entend dire Cécile...

Elle préférait ma sœur...

Et puis il y a ces préférences naturelles, ces attirances de personne à personne. Angie se souvient qu'elle était une étrangère dans sa propre famille :

- Mon frère et ma sœur étaient assez proches de ma mère. L'aîné parce qu'il était le chouchou. Et la dernière parce qu'elle était la dernière. Entre les deux, j'avais la mauvaise place. Avec moi, ce n'était pas comme avec les autres. Pas d'échange. Il ne se passait rien. Je n'ai jamais senti que ma mère était ma mère. Comme elle n'a jamais dû sentir que j'étais sa fille. Il faut dire que j'étais peut-être trop sage. Je demandais moins que les autres. J'avais du mal à parler, un défaut de prononciation. On ne me comprenait pas bien. Je me suis rééduquée toute seule en chantant. Et puis je tombais souvent, j'avais les pieds en dedans. Là encore, je me suis rééduquée, en faisant bien attention. Je crois que je n'étais pas très vive et pas très jolie non plus. Enfin, je ne sais pas. Personne ne m'a jamais rien dit…

Dans les familles aimantes aussi, les parents se sentent plus d'affinités avec l'un ou l'autre de leurs enfants. Mais ils s'efforcent de trouver des qualités à l'enfant vers lequel ils se sentent, a priori, moins attirés. Et puis, ils sont capables d'introduire de la souplesse dans leur affection. Ils s'occupent et parlent plus avec l'enfant qui semble avoir besoin d'eux, en priorité à ce moment-là de sa vie. Les rôles, les préférences ne sont pas figés, comme ils sont figés chez Francine. Sa mère la reçoit chez elle, comme si elle était une étrangère. À chaque fois, elle pose les serviettes de toilette au bord de son lit en disant :

- Tu te sers !

Francine se sent *toute nouée.* Autour de la table familiale, sa mère la place tout au bout de la rangée. Francine et son fils en sont réduits à parler ensemble. Un retranchement qui convient à tout le monde. Personne ne cherche à l'inclure vraiment. N'est-elle pas la Parisienne ? Ce qui signifie dans l'esprit de sa maman : snob, pressée, prétentieuse, menacée de viol à tous les coins de parkings et… riche. Autrement dit :

- Depuis que tu as quitté la maison et la région, tu n'es plus ma fille, je ne te reconnais plus. Nous n'appartenons plus au même monde. Tandis que ta sœur dont j'ai élevé les enfants et qui est restée par chez nous, etc., etc.

Des histoires de préférences ? On ne sait plus laquelle choisir, tant elles sont nombreuses et tant elles font souffrir.

Citons encore celle de Danièle, baptisée donc… Danièle. Tandis que sa jolie petite sœur se prénommait Marie-Reine. Tout un programme déjà !

- Marie-Reine avait des petits nœuds dans les cheveux, de jolies petites robes. Tandis que j'étais habillée avec des sacs pas possibles ou des pantalons informes. Les cadeaux ? Un certain soir de Noël, ma sœur avait reçu une poupée ravissante. Je revois mes parents lui coudre des petits habits et un habillage de berceau. Pour le même Noël, j'ai reçu non pas une poupée mais un baigneur, tout nu. On me voulait garçon ou on ne me voulait pas du tout.

La dernière histoire se déroule, elle, dans un milieu très grand bourgeois. La mère de Paule est très religieuse, très jugeante, très dogmatique et péremptoire. Elle aurait fait une excellente mère supérieure d'un ordre religieux :

- Quand je suis née, elle a annoncé à toute la famille : « Paule n'a pas été désirée, mais il ne sera pas dit qu'elle a été mal accueillie… »

Sa mère avait horreur qu'on la conteste. Pour être aimée, il fallait être son mouton et Paule n'en avait pas la vocation. Alors…

- Je n'ai jamais eu un câlin. Elle ne m'a jamais embrassée. Elle écrivait des poèmes pour tout le monde, même pour mon mari, sauf pour moi. Là, je ne me sentais pas bien. J'avais envie de partir. Un jour, elle m'a appelée « Chérie ! » au téléphone. En reconnaissant ma voix, elle s'est excusée : « Oh ! Pardon, je croyais que c'était ta sœur ! »

Elle préférait son chien

La concurrence affective peut même s'étendre aux animaux. De la pension, Angélique a gardé d'assez bons souvenirs. Elle se rappelle les champs de blé, les religieuses qui chantaient des cantiques à la prière du soir. L'ambiance était calme et recueillie, mais la petite fille se sentait très abandonnée. Elle était beaucoup plus heureuse en pension qu'avec ses parents. S'ils la reprenaient pour les vacances, c'était pour la placer aussitôt dans une colonie de vacances ou *chez des gens*. Elle était victime d'une grande indifférence, surtout de la part de sa mère. En sa présence, elle se sentait transparente et interchangeable. Elle aurait pu être Angélique ou Arthur ou Tartempion, sa mère aurait-elle vu la différence ? Pas sûr ! Sa fille aurait même pu (dû ?) être un chien. Affectivement, passer de l'humain au canin aurait tout changé…

En effet, Angélique avait 12 ans quand sa mère a recueilli *Noiraud*, un chien de la Société protectrice des Animaux. Dès lors, la petite fille n'a même plus eu droit aux chocolats chauds dans les salons de thé, ni aux sorties à la foire. Dès lors, Angélique n'a plus existé du tout. Ce chien qui – drôle de paradoxe – était un chien abandonné, accapara toutes les attentions maternelles. Sa mère parlait avec le chien. Et il prenait un petit air d'enfant battu (parce qu'il avait été battu) qui la faisait fondre. Dès qu'on faisait mine de lever le bras, il couinait comme un malheureux. Et sa mère le plaignait :

- Pauvre petit Toutou !

Elle le couvrait de baisers, le prenait dans ses bras et même dans son lit. Ses parents avaient encore pensé que le chien aurait besoin du bon air de la campagne. Pour l'emmener en forêt, ils avaient acheté leur première automobile… Faut-il préciser qu'ils ne se sont jamais demandé si leur fille avait besoin de l'air de la campagne, de leurs attentions, de leur affection et de la chaleur de leurs bras ? Angélique avait les cantiques, les livres et la blondeur des champs de blé. Elle trouvait son sort tout naturel…

Tout de même, elle enviait le chien quand ses parents lui faisaient la fête. Surtout quand ils la déposaient à l'orphelinat (la pension) et oubliaient de lui dire au revoir en partant…

Coupables de vouloir être soi…

Il y a aussi les OCNI, les objets de culpabilité non identifiés. Coupables, c'est évident, mais de quoi ? Quand Annie a su qu'elle allait se marier, elle s'est mise à pleurer : elle ne pourrait plus aider La Mère à planter ses poireaux. Ni l'accompagner faire des courses le samedi, dans les grands magasins. Ni passer l'embrasser le soir, en rentrant du travail. D'avance, elle en était malade : comment allait-elle pouvoir s'écarteler entre sa mère et son mari ? Quand son fiancé et ses copains se moquaient du dilemme, elle ne comprenait rien :

- J'étais complètement abrutie par ma mère. Je vivais sous son emprise. Sa logique était la mienne depuis toujours. J'étais née pour suivre ses quatre volontés. C'était ainsi et indiscutable !

Annie ignorait jusqu'à l'existence d'autres manières de vivre et de penser. Elle était née pour servir La Mère :

- Je ne pouvais pas exister hors d'elle, hors de son désir, sans me sentir fautive, presque dégueulasse...

Dans les familles toxiques, vouloir vivre pour soi-même est un scandale. Avoir les mêmes aspirations que les jeunes gens de son âge, un crime. Être soi-même, un interdit. Oser contester, aussi. Le pire étant que la culpabilisation ne porte pas sur nos actes, mais sur nos personnes. Nous ne devrions pas être qui nous sommes. C'est mauvais, inadéquat :

- J'essayais de faire quelque chose de normal et c'était scandaleux. Comme me marier par exemple...

Annie était tout le temps fautive : fautive de vouloir sortir avec des copains. Fautive de ne pas rester à la maison pour astiquer. Fautive d'être tombée amoureuse... Habituée à cette idée, martelée depuis toujours, elle la reprenait à son compte. Ce n'était pas bien de ne pas aider La Mère. Pas bien de la laisser seule le samedi soir. Pas bien de se marier et de l'abandonner... Il a fallu plusieurs années pour qu'elle se désintoxique de ces idées toutes faites sur son rôle, sa place, le bien, le mal... Des années pour qu'elle remette en cause sa toute-puissante Maman. Annie n'était, selon ses propres mots, qu'une *gamine crédule et manipulée.*

Aimait-elle sa mère ? En tout cas, elle la craignait et... lui donnait raison. Sa mère était censée détenir la sacro-sainte Vérité sur toutes choses. Seuls ses critères étaient les bons. Puisqu'elle l'était, il fallait être adroite de ses mains, savoir dessiner, avoir le sens de la repartie... Or, il se trouve que sa fille était trop angoissée pour ne pas être maladroite et empotée. Sa mère avait gagné :

- *Je me sentais si bête !*

Tu es bien comme ton père !

Yuki, elle, avait le tort d'être *bien du côté de son père !* L'ennuyeux avec ce genre d'étiquette est qu'on ne peut pas en sortir. S'écarter du schéma revient à trahir doublement : un, on se démarque de son papa chéri. Deux, on donne tort à sa mère ! Tous ces préjugés sont des pièges qui faussent l'écoute, entachent le dialogue, gênent la rencontre des êtres entre eux et avec eux-mêmes.

De plus, quand nos mères lancent ce genre de phrases, c'est rarement un compliment. Celle de Yuki détestait que sa fille ne veuille pas lui ressembler. Sa mère aurait voulu qu'elles chantent la même complainte, à propos des femmes et de la vie *(chacun son lot)*. Ou bien elle l'aurait voulue malade pour pouvoir la soigner. Ou triste pour pouvoir la consoler. Elle aurait voulu tout simplement que sa fille ait besoin d'elle, au lieu de quoi… Sa fille et son mari l'abandonnaient à son malheur, à sa dépression. Elle ne pouvait le leur pardonner.

Quand on reproche à sa fille d'être du côté de son père, c'est qu'on ne veut pas se reconnaître en elle. Intervient alors une sorte de reniement : elle n'est ni de moi, ni comme moi. Alors, la différence est un affront. Certaines mères voudraient que leur fille soit leur clone, un Toutou, un mouton qui leur ressemble comme deux gouttes d'eau. À chaque fois que leur fille s'affirme, elles se sentent provoquées, narguées, assassinées. Elles montent sur leurs grands chevaux, la regardant comme une étrangère, une traîtresse, une ingrate.

C'est déchirant pour les filles, mais aussi tellement dommage pour les mères. C'est si beau de voir une personnalité se former, prendre son envol, trouver ses marques, trouver ses joies et son bonheur dans une forme d'être et une manière de penser tout à fait inédites. C'est si beau de contribuer à la formation d'un être qui se crée...

Quand la mère de Michèle commence, avec Clémence, sa petite-fille, la valse de ses étiquettes familiales, Michèle s'interpose :

- *Écoute, Maman, Clémence possède un peu de son père, un peu de sa mère mais surtout beaucoup d'elle-même...*

Ce que je suis méchante !

À force d'être poussées dans un sens, puis dans un autre, obligées de prendre la pose dans un cas ; de nous contenir dans un autre ; de faire semblant ici, de nous taire là..., nous finissons par avoir les symptômes du « trop c'est trop » ! C'est alors que nos mères s'écrient :

- *Mais qu'est-ce qu'elle a, elle est folle !*

Oui, nous sommes folles ! Non, c'est elle qui est folle ! Depuis l'enfance, nous connaissons ce mouvement de balancier : nous donner tort, puis raison. Raison, puis tort. Deux filles ont toujours coexisté en nous-mêmes. L'obéissante, confite dans l'amour de sa mère, d'accord avec elle pour être aux aguets de nos propres fautes et défauts. D'accord avec elle, aussi, pour les corriger dans le sens souhaité. Et d'accord pour ne pas nous interroger sur nos besoins, nos désirs légitimes et personnels. Bref, d'accord pour être une petite fille parfaite et se laisser guider en toutes circonstances. Et puis il y a l'autre petite fille qui, en parallèle de l'enfant sage, voit, observe. Celle-ci a un œil, et quel œil ! Un œil lucide qui voit sa mère telle qu'elle est. Un œil qui juge, et durement même. Cet œil sans pitié comme celui de Raphaëlle qui voit sa mère lui crier dessus comme une chiffonnière, la frapper avec une ceinture, la jalouser parce qu'elle est jeune et belle et supplier comme la terrible reine de *Blanche-Neige* : « *Miroir, mon beau miroir...* » L'œil de Janie, lui, voit sa mère et son laisser-aller destiné à culpabiliser l'entourage :

- *Voyez dans quel état vous m'avez mise. Regardez comme je vais mal et vous m'abandonnez...*

Celui d'Olivia voit sa mère, à 42 ans, minauder comme si elle en avait 15. De même, Cécile voit la sienne geindre pour qu'on la gâte et mépriser ceux qui le font... Petites, déshonorantes manipulations. Versant sage ou versant lucide, les filles douloureuses sont pleines de honte. L'enfant sage a honte de tous ses défauts à corriger. Et de ne pas avoir de cran pour être ce qu'elle est. L'enfant lucide a honte de son regard si dur, de cette sensibilité qui ressent, de cette intelligence qui connaît la vraie nature de sa mère.

Toutes les filles voient leur mère telle qu'elle est. Mais les plus douloureuses n'ont pas cette douceur, cette tendresse que l'on accorde aux mères aimables. Aucune image tendre ne vient compenser leur mauvais œil. Sur tous les plans, nous sommes impardonnables. Comme Magalie, nous ne nous aimons pas :

- *J'aurais voulu avoir une mère moins faible, moins malade, moins angoissée mais, en disant cela, je me sens une salope. D'ailleurs, si ma mère m'entendait, elle contesterait tout.*

Nous sommes d'autant plus impardonnables que nos mères – bien que toxiques pour nous – ne sont pas mauvaises en soi. Les gens, l'entourage... vantent leurs mérites. Ce sont des femmes comme toutes les autres femmes. Et qui, parfois, sont des mères adorables pour leurs autres enfants. Dans ce contexte d'aveuglement généralisé, on se pardonne d'autant moins d'être impitoyable. Mais, en même temps, nous savons bien que nous avons raison.

- *Je n'étais pas dupe mais j'étais dans le doute...* se rappelle Angélique.

Quand les événements finissent par nous donner raison, nous ne sommes pas loin de penser comme Marie Cardinal : « *Dans le fond, j'ai toujours su que ma mère était malade et, au centre de la grosse boule de mon amour pour elle, il y avait un cœur dur fait de peur d'elle et de mépris trempé d'orgueil.* »

CHAPITRE VI

Indifférentes, révoltées ou la tête ailleurs

Le plus frappant, peut-être, est l'absence de souvenirs charnels, comme si nos mères n'avaient pas eu de bras pour nous étreindre, de mains pour nous caresser, de bouche pour nous embrasser. Petite fille, Georgina voulait téter la vache que tétait le veau. Longtemps, elle s'est bercée elle-même comme les enfants autistes, d'avant en arrière :

- J'avais besoin d'être enveloppée. Parfois, j'enlaçais un arbre. Pour le contact. Pour la force, la chaleur. Plus tard, j'ai tremblé pour ma fille. J'avais si peur pour sa vie... À moi, personne n'a jamais dit : « Attention, ne prends pas froid, prends bien soin de toi ! » Si j'étais morte, je serais morte. Un détail ! Et si je vivais, c'est que j'étais comme le chiendent : rude, sauvage, difficile à crever. Si j'avais été une enfant normale, j'aurais été une fleur dont on aurait pris soin. Au lieu de quoi, j'ai passé deux ans enfermée dans une cave...

Devenue adulte, la résurgence des peurs et du désamour provoque parfois des idées de mort, une pulsion de destruction qui ravage tout sur son passage. Les plus calmes de nos victimes disent alors qu'à la maison, *ça décoiffe* ! Georgina le reconnaît :

- Parfois je suis d'une agressivité atroce. Il faut que je fasse mal. J'ai peur de ne plus exister et, pour tester l'amour, pour voir s'il existe encore, je cherche le drame, la tragédie, des hurlements qui me réveillent. Dans ces moments-là, je dois casser l'amour ou l'amitié

parce que c'est trop fort, trop dangereux. Ces beaux sentiments trop inhabituels, trop louches, créent des tensions insupportables. Alors, je décide que c'est fini et je suis sans pitié : je détruis, je démolis, je dis aux gens leurs quatre vérités sans gants, sans scrupules. Quand on a eu une enfance comme la mienne, on cherche l'abandon autant qu'on le redoute. Nous sommes des abandonniques…

Des colères si brutales

De ce mal de mère, il reste aussi une nervosité, une anxiété qui fait dire aux filles blessées :

- *Je ne suis jamais paisible !*

On se méfie de soi. On se méfie des autres. Jamais sûres d'être aimables, jamais sûres d'être aimées. Guetter l'intérêt, l'affection, l'approbation dans le regard des autres et, une fois trouvés, ne pas pouvoir y croire. Ainsi Raphaëlle :

- *Je n'ai jamais pu croire un homme quand il me disait que j'étais belle. Les compliments glissent sur moi. Je n'arrive pas à combler le déficit de mère. Régulièrement, je fais une crise à l'homme avec lequel je vis depuis dix-huit ans et qui m'adore. Pour un peu, je le traiterais d'imbécile de m'aimer tant. Parfois, je hurle : « Mais pourquoi t'es avec moi. T'as fait un vœu ou quoi ? C'était moi ou le monastère ? »*

Être agressive est une manière de couper les ponts quand l'attachement devient insupportable par les doutes qu'il suscite. Une manière de devancer l'abandon, avant qu'il ne survienne. Et quand l'agressivité, les menaces viennent d'ailleurs, le coup de boomerang est excessif, déplacé, disproportionné :

- *Je suis sans pitié, comme on a été sans pitié avec moi. J'assassine en quelques mots. Je me crois tout permis. Je tue en attaquant là où je sais faire le plus mal. Je me venge au centuple. Et je cogne d'autant plus fort que je ne risque rien : qu'on me quitte ? Je m'y attends. Qu'on me tue avec des mots ? J'ai l'habitude. Immédiatement aussi, j'ai des pensées de mort à propos de choses sans importance. Quelqu'un me regarde de travers ou joue les prétentieux, je pense aussitôt : « Mais qu'est-ce que tu crois, tu vas crever toi aussi ! » Le reste du temps, je suis d'une tolérance et d'une gentillesse totales. Je crois qu'en dehors de mes crises, je suis quelqu'un de très doux, de très humain...*

En effet, certaines filles douloureuses sont d'une douceur extrême, presque suspecte. Comme si elles redoutaient le torrent de fureur qui gronde encore en elles. Pour s'être vues hors de leurs gonds, imprévisibles, d'une méchanceté inouïe, elles ont appris à se contenir. D'autres fois, la colère se retourne contre elles. Pour ne pas abîmer les autres, on s'abîme soi. Danièle se souvient qu'elle faisait quantité de bêtises. Petite fille, elle adorait sa mère. Puis, ne pouvant pas l'aimer sans en souffrir, sans être rejetée (*éjectée*, dit-elle), elle s'est mise à la haïr. Adolescente, Danièle a commencé à prendre beaucoup de risques physiques et même sexuels. Elle faisait du sport jusqu'à l'épuisement et provoquait les garçons. Elle s'est ouvert les deux genoux, cassé le bras. Elle voulait qu'on l'aime, qu'on lui dise qu'elle existait, qu'elle était précieuse. Elle a été renvoyée de trois lycées parce qu'elle était agressive, infernale. Elle explique :

- *On ne sait pas ce qu'on fait dans la violence. On n'a conscience de rien. On ne comprend pas ce qui arrive. Ce sont des passages à l'acte qui laissent hébété. Soudain, on réalise qu'on a fait une connerie irréversible. Qu'elle s'est produite presque en dehors de nous, sans prévenir, sans préméditation. C'est une sorte de pulsion. On s'efforce ainsi de rencontrer le mur qui nous donnera une enveloppe, des contours, des limites.*

Quand elle n'« agissait » pas son terrifiant mal-être, Danièle éprouvait une immense angoisse. Jusqu'à se sentir disparaître. Elle vivait à côté d'elle-même. Quand il lui arrivait des choses aussi graves qu'un viol, c'était comme si rien ne s'était passé :

- *J'étais vidée de moi, en plein désespoir et sans rien pouvoir faire...*

SE CROIRE DEVENIR FOLLE

Claire Vidal raconte dans un livre autobiographique déchirant, *Mal à la mère*, la persécution maternelle dont elle a été victime : « *Ma mère me détestait et je ne savais pourquoi.*

Avant, il y avait des jours où elle m'aimait et des jours où elle ne m'aimait pas. Maintenant, elle me déteste tout le temps. Elle me déteste et cela me rend folle : ce sont comme des griffes qui se plantent dans ma chair. »

Claire pense qu'un démon rend sa mère malade. Comme Danièle qui voulait devenir psychiatre pour soigner ses parents, la petite décide de débarrasser sa mère de son démon. Grâce aux rituels qu'elle met minutieusement en place, comme des pratiques religieuses. Dès son réveil commence la succession des gestes à accomplir : à compter, à répéter, à toucher. Tout en essayant de protéger au maximum le secret. Elle est terrorisée à l'idée que les autres ne découvrent son projet, devinent ce qui lui passe par la tête, la prennent sur le fait, la confondent, la jugent et la traitent de folle.

Il y a des tas d'objets qu'elle touche, déplace, repose en prononçant des formules magiques. Chaque imperfection du trottoir devient sujet à *obligations.* Le chiffre 3 dicte sa loi. Les fissures du macadam, les bouches de gaz, les bouches d'égout, les conduites électriques, les feuilles mortes et les papiers aussi. Tout ce qui traîne par terre doit être répertorié et compté par trois. En classe, elle ne parvient pas écrire assez vite pendant les dictées, car son stylo doit dessiner des arabesques compliquées, avant de toucher le papier. Son écriture comme sa démarche reflètent le chaos. Ses parents constatent : « *Qu'est-ce qu'elle a, t'as vu comment elle marche ? Pourquoi elle ouvre et ferme les portes plusieurs fois de suite ? Pourquoi elle touche à tous les tableaux le long du couloir ? À quoi ça lui sert d'essuyer ses lunettes sans arrêt ? Qu'est-ce qui se passe, tu deviens folle ou quoi ?* »

Déphasées, la tête ailleurs…

Quand toutes les autres petites filles pensent au prochain poster qu'elles afficheront dans leur chambre, à leurs vacances à la mer…, comment ne pas se sentir étrangère ? Et surtout, quand les autres filles parlent de leur mère avec cette affection dans le regard et dans la voix. Ou quand elles s'en plaignent pour des futilités ! Les filles douloureuses réalisent alors combien leur parcours est à part. Elles ont du mal à croire que mères et filles puissent s'entendre. Anne, qui a eu avec la sienne des relations merveilleuses, raconte que, souvent, ses copines moins heureuses la regardaient d'un drôle d'air. Comme si désirer la voir souvent, lui demander conseil… n'était ni très normal, ni très adulte.

À voir les autres filles s'entendre si bien avec leur mère, on hésite entre incrédulité et envie. Mais surtout, on se sent à part, déphasée. Olivia avait de très mauvaises relations avec les filles de son âge. Elle se sentait différente, en insécurité et nulle part à sa place :

- Je n'étais pas avec les autres et je n'étais pas comme les autres. J'étais leur souffre-douleur mais, en même temps, cela m'était complètement égal. J'étais là physiquement avec la tête ailleurs. J'étais très intérieure.

Puisque, dans la réalité, les relations déçoivent tant, le rêve est un refuge. Nous voici rêvant de princes charmants, de contes de fées, de soi princesse et d'un moi magnifié. Annabelle se racontait des histoires merveilleuses. Son imaginaire l'emmenait dans des pays lointains où elle serait reine, où il serait roi. Elle passait des heures devant la glace, à se mettre un fichu sur la tête. Tantôt, c'était un voile de religieuse la préparant à entrer dans les Ordres, loin des désordres humains. Tantôt, c'était un voile de mariée. À moins qu'il ne fût tapis volant, pour partir loin d'ici. Dans un ailleurs où il ferait chaud… Quand elle ne rêvait pas, elle lisait des aventures de femmes indépendantes qui avaient fui leur mari, leur famille pour traverser les mers ou le Sahara. Des aventurières, des femmes libres qui brisaient leurs chaînes et se moquaient des liens. Plus tard, elle voulait épouser un monsieur âgé, qui l'emmènerait loin de sa mère. En attendant, elle voulait aussi une meilleure amie…

Mais rêver rend naïf. Elle était d'une candeur extrême. Ayant voyagé dans un train avec un monsieur, elle pensait être enceinte à 14 ans. Pourquoi ?

- On avait passé la nuit ensemble…

Annabelle était physiquement présente et psychiquement

absente. Ses grands yeux bleus fixaient les gens, mais ne les voyaient pas. Plus tard, toutes les filles douloureuses ne guérissent pas de ces étranges mais salutaires déconnexions, qui les protègent d'un monde où elles souffrent. Georgina est mariée depuis trente-trois ans. Elle a deux enfants, bientôt des petits-enfants, mais elle n'arrive toujours pas à dire *mon mari, ma maison.* Elle dit *la* maison et Michel tout court. Comme si tout ce bonheur pouvait lui être retiré, du jour au lendemain. Il a fallu vingt ans pour qu'elle réussisse à avoir confiance. Et encore n'a-t-elle jamais été tout à fait présente. Un pied ici, mais un pied ailleurs. Pour pouvoir partir. Pour ne plus jamais se sentir prisonnière. Pour ne plus jamais être victime. Et quel mal elle a eu à partager sa vie ! Pas question d'avouer que ça n'allait pas, naturellement. Elle partait dans la montagne ou jardiner dehors. Elle s'activait avec des gestes automatiques, sans y penser. Elle avançait parce qu'on semblait le lui demander. Mais sans véritable désir. Elle était posée là. Donc, elle restait là ! Passivement, comme si elle n'avait rien de particulier à réaliser. Georgina, femme de passage, née d'un malheureux hasard, erreur de la nature…

Comme Olivia, elle avait la tête ailleurs :

- J'ai toujours été perdue dans mes pensées. Elles sont mon cocon, mon refuge, mon seul chez-moi. Je suis assidue au travail mais, autrement, je m'absente pour évacuer les tensions. C'est de l'autodéfense. Parfois, quand je dîne avec des amis, je m'aperçois à la fin du repas que je n'ai rien dit, rien entendu, rien retenu. M'absenter est une manière de devenir inaccessible, de me sentir invulnérable. Là, au moins, personne ne peut m'atteindre.

De même, dans son cocon, Georgina ne pense à rien. Elle est inerte. Peut-être qu'elle se repose…

Il y a plus douloureux. À force de souffrir, on craint la contagion pour les autres en général et pour ses enfants en particulier. Quand nous les prenons dans nos bras. Quand nous leur tenons la main en promenade. Quand nous leur lisons une histoire, sans jamais être vraiment dedans, nous craignons que notre angoisse ne se propage. Ne dit-on pas, peut-être à tort, que les enfants sentent tout ? Parfois, Georgina n'arrive pas à croire que ses enfants viennent d'elle. Ou plutôt, elle ne veut pas y croire… trop :

- *La douleur me tombe dessus à longueur de journée, comme s'il existait entre les gens et moi une sorte de voile. Une coupure. Quand ma belle-sœur parle de sa mère, je me sens exclue. C'est un réflexe : j'écoute, j'observe et je me sens à côté. Même avec mes enfants, j'ai parfois envie de rester en retrait, pour ne pas les contaminer. Je veux me sentir proche d'eux mais, en même temps, je crains de créer une continuité : il ne faut pas qu'ils tiennent trop de moi. Il ne faut pas qu'ils attrapent ma souffrance. Je veux les tenir à distance.*

J'AI TOUT OUBLIÉ

Un autre moyen de s'en sortir consiste à tout oublier, à cultiver l'indifférence. La souffrance n'existe plus. Elle est enfouie dans un coin de soi-même. On ne veut plus y penser ! Quand on demande (avec envie) aux femmes qui sont dans ce cas comment elles ont réussi ce tour de force, elles répondent qu'elles se sont blindées. Ou encore qu'elles *ne cherchaient pas* leur mère. Yuki signale seulement quelques symptômes à l'annonce de l'arrivée de ses parents : les lèvres très sèches, des raideurs dans la nuque et le dos. Francine, elle, encaisse les coups avec un fatalisme qui étonne les révoltées sursautant pour un mot de trop et rompant quinze fois par an avec leur mère en se promettant à chaque fois de ne plus jamais la voir…

Ce week-end-ci par exemple, Francine a tout préparé pour recevoir ses parents. Sachant qu'ils aiment le foie gras, elle a préparé un foie gras maison. Sachant qu'ils aiment l'opéra, elle a prévu de les emmener voir *Carmen*. Sachant que sa mère aime les lis, elle en a acheté de plusieurs couleurs et les a répartis aux quatre coins de la maison, dans des soliflores achetés pour l'occasion. Et tout à l'avenant. Mais la veille, le vendredi soir, sa mère décommande.

- *Ton père a un ulcère. Nous sommes très inquiets…*

L'ulcère ne durera que le temps du week-end… comme à chaque maladie diplomatique, les empêchant de rendre visite à leur fille. Car ce n'est pas la première fois. Cet événement est symptomatique d'un climat général, composé d'indifférence et de sourde hostilité. D'une sourde hostilité à l'égard de leur fille aînée qui a trahi ses origines auvergnates pour *monter à la capitale*, faire une carrière de danseuse, quelle idée ! Pourtant, Francine affirme qu'elle n'en souffre pas… Ou en tout cas, pas longtemps ! Faut-il la croire ? Comment peut-elle mettre d'aussi grandes contrariétés dans sa poche, avec son mouchoir par-dessus ? Elle répond qu'elle a l'habitude.

Et qu'en disent les psychothérapeutes ? Ils constatent que l'oubli est possible, mais ils en mesurent aussi les effets secondaires. Ce que l'on gagne d'un côté, on le perd de l'autre. Christine Fleming, qui est psychanalyste, explique :

- *Au cœur de cette indifférence, on n'a pas conscience de souffrir. On parvient à se couper de ses sentiments, de ses émotions mais, ce faisant, on se coupe aussi d'une partie de soi-même. Si bien qu'on ne sait pas du tout qui on est. Difficile dans ces conditions, aussi, de nouer de véritables relations avec les autres, d'établir des liens de personne à personne. De plus, les tensions, la révolte, que nécessairement on éprouve, peuvent s'exprimer par le corps avec des maladies de la région cardiaque par exemple, du côté du cœur. Ou par des maladies digestives : on a du mal à digérer, ou encore par de l'hypertension…*

De plus, socialement, l'indifférence à l'égard de sa mère est une position difficile à tenir. Ne pas aimer sa mère, la femme qui vous a mise au monde, est perçu comme une forme d'ingratitude :

- *On se sent coupable et l'on vous rend coupable…*

Christine Fleming se souvient d'une patiente qui faisait l'objet de rumeurs épouvantables dans son village parce qu'elle refusait de jouer la comédie de l'affection avec une mère qui l'avait toujours écartée :

- *On accusait ma patiente d'avoir essayé d'empoisonner sa mère. En analyse, quand j'ai simplement constaté : « Vous êtes indifférente ! », la jeune femme s'est sentie soulagée d'un poids immense. C'était la première fois qu'on lui reconnaissait le droit d'être indifférente à sa mère. La première fois que quelqu'un pouvait l'entendre et la croire, sans la juger.*

Paule ne se rappelle aucun geste tendre de sa mère. Elle ne se souvient d'aucune discussion, d'aucun échange. Face à ce mur d'indifférence, quelque chose en elle s'est bloqué. Pour ne pas souffrir, elle s'est murée. Mais elle n'avait pas conscience de souffrir. Le seul signe prouvant qu'elle n'allait pas bien était de gros problèmes de santé. Et puis, sur toutes les photos, elle paraissait triste. Elle n'était pas non plus très à l'aise en société. Elle n'était bien que seule, à lire et à rêver.

Un autre dérivatif l'accaparait beaucoup : un onanisme compulsif, signe de grande carence affective :

- Je me caressais parce que personne ne le faisait. Je me donnais du plaisir parce que je n'en trouvais nulle part ailleurs...

Un jour, elle a reçu une fessée terrible. Sa mère l'a surprise. Cela aussi, elle l'a oublié. Comme ces lettres que sa mère lui adressait, en lui expliquant qu'elle rendrait les gens malheureux toute sa vie ! Paule s'est toujours sentie très seule... Car cette indifférence des filles renvoie à l'indifférence de leur mère. Une mère qui a mis entre elles deux tant d'absence, tant de distance que plus rien n'arrive et que plus rien n'est ressenti. Aucune résonance, aucun écho. Paule s'interroge :

- Si j'aimais ma mère ? Je ne sais pas. J'ai occulté mes souffrances. Quand elle est morte, je l'ai veillée toute la nuit. Je l'ai prise en photo. Sans pleurer. Je n'ai pas souffert du tout : j'ai été soulagée. Ma mère était un menhir froid et fort, avec lequel je n'ai jamais eu de dialogue, de relations, de sentiments.

Chapitre VII

Personne à qui parler...

Impossible de raconter à des petites filles qui sont bordées tous les soirs que l'on passe la serpillière avec acharnement pour tenter de plaire à sa mère. Mais on ne peut pas non plus garder éternellement pour soi le secret d'un cœur trop gros. Le lundi soir, en pension, après un dimanche fatigant, Natacha raconte quelquefois sa mère et son amant – le dernier en date. Un homosexuel qui s'essaie aux femmes, devant la fille, qui doit participer : la mère tient tant à ce qu'elles soient *copines*. Les pensionnaires en col Claudine et jupe plissées, toutes émoustillées à l'idée de frôler un garçon, pouffent de rire en l'entendant raconter ses histoires cochonnes. Des histoires que Natacha prête à d'autres. Une fille et une mère ? Impossible ! Ce serait choquant, sacrilège ! Parfois, la narratrice met tant de cœur à son récit qu'elle sanglote sur commande. Les filles éclatent de rire, applaudissent :

- *Cette Natacha tout de même, quelle imagination ! Quelle comédienne !*

Une souffrance taboue

- *Quand je mentais, on me croyait. Quand je disais la vérité, on pensait que je fabulais...*

Personne ne comprend les histoires folles des petites

filles tristes. Elles sont impensables. Elles bouleversent l'image traditionnelle de la mère, si tendre, si douce, si asexuée. Qu'une mère fasse vivre des expériences aussi tordues à sa fille est hors de l'entendement de la plupart des gens. Une mère n'est-elle pas là pour protéger et pour aimer ? Il faut dire que les filles ont du mal à décrire des événements et des sentiments qu'elles-mêmes ne comprennent pas.

Alors, ne pouvant partager l'innommable avec personne, les filles se retranchent dans une bulle où elles deviennent inaccessibles. Leur périmètre de communication se rétrécit à mesure qu'augmente l'étrangeté de leur vie familiale. Clara Vidal raconte comment sa meilleure amie la sent se refermer dans un cercle où, bientôt, plus personne n'est admis. Un jour, pourtant, la fillette avoue qu'elle ne sait plus où elle en est : sa mère la hait ! Sa jeune confidente, gênée par les aveux, tente de la consoler :

- Tu traverses une mauvaise passe, ça va s'arranger...

Et elle s'en va très vite. Alors l'enfant humiliée, harcelée quotidiennement par une mère psychiquement malade, se tourne vers sa grand-mère, qu'elle adore. Mais la vieille dame ne peut pas entendre. Elle préfère croire que l'enfant exagère. C'est une ingrate, elle ment. Il est impossible que sa mère parle de cette façon ! Et c'est ainsi que les filles maltraitées voient s'effondrer leur dernier espoir...

Et puis raconter, pour quoi faire ? Pour se sentir encore plus seule, ensuite ? Un soir, un copain s'intéresse à Natacha, à son enfance, à sa mère. Touchée par son intérêt, elle commence à vider son sac. Oh ! Il écoute avec une attention magnifique. Il comprend. Il ne juge pas. Il va jusqu'à la croire puisqu'il connaît sa mère. Et alors ? Alors, rien. Il lui dépose un baiser sur les lèvres en signe de compassion. Peut-être même a-t-il envie de lui faire l'amour... Elle est touchante dans la détresse. Puis il s'en retourne à son bonheur. Et elle à sa vie, se sentant encore plus vulnérable maintenant qu'elle a dévoilé son secret...

Olivia, 20 ans, a eu l'intelligence de comprendre très jeune qu'il faut éviter de se plaindre de sa maman, afin de préserver une bonne image de soi :

- Quand je rencontre des gens nouveaux et qu'ils me posent des questions sur ma famille, je ne dis jamais la vérité. Je ne peux pas me raconter telle que je suis, hantée par ma mère, abîmée par les traces de ses phrases, de ses gestes en moi...

Olivia se tait. Elle donne le change. Elle a raison.

Dire que sa mère fut une mauvaise mère heurte toutes les filles qui ont eu, avec la leur, des échanges délicieux. Cela heurte aussi celles qui furent mal aimées et qui veulent l'oublier en espérant qu'enfouir la souffrance au plus profond de soi l'atténuera un jour ou l'autre. Cela heurte aussi les grandes personnes qui trouvent un peu *gamin* d'avoir mal à Maman à 30, 40, 60 ans. Forcément, ils ignorent que, poussée de travers, on a mal à tout âge. En grandissant, en vieillissant... Et parfois au moindre geste et à plein temps. Cela heurte aussi les rédempteurs qui appellent au pardon. Ils pensent avec raison (de leur point de vue) que les reproches doivent cesser un jour. Ils parlent en ex-adolescents ayant pu dire à leurs parents tout le mal qu'ils pensaient d'eux, pour se démarquer, pour grandir et se séparer. Dans notre cas, c'est autre chose. Leur conseil est à peu près aussi avisé que s'ils disaient : *« Bon d'accord, ta mère t'a scié les pattes mais il est temps d'oublier et de passer à autre chose, non ? »*

On a peur d'effrayer...

Oui, mais comment *passer à autre chose* quand tout nous rappelle – au travail, en amour, dans notre vie de femme, de mère – que la nôtre nous a *scié les pattes* ? On peut tenter d'en rire comme Natacha :

- Ma mère avait beaucoup d'amants, j'attendais qu'ils aient terminé pour enfiler ma chemise de nuit boutonnée jusqu'au cou. Quand mon père rentrait, j'avais tout nettoyé et je racontais qu'on avait joué aux cartes toute la soirée, avec Maman...

Mais les rires sont jaunes. Et soudain, les filles meurtries lisent dans les regards une légère suspicion : peut-on être équilibrée quand on a vécu des choses pareilles ? Et être une bonne mère, après ça ?

- *On a peur d'effrayer, d'être regardée autrement, comme une personne forcément bancale,* observe Michèle. *Il reste toujours une gêne, un malaise vis-à-vis de ce qu'on a vécu, vis-à-vis de son histoire, vis-à-vis de sa mère si peu mère. Et puis il y a les jugements. Non seulement, nous avons souffert du manque d'amour mais, au nom de la fameuse « répétition », on nous soupçonne de ne pas être capables d'aimer nos propres enfants ou de les aimer trop ou mal, surtout si c'est une fille.*

Cette suspicion réveille la nôtre. Toutes les filles blessées se demandent : *« Suis-je comme elle ? Serai-je capable, avec un tel passé, d'être une bonne mère pour mes enfants ? Pour ma fille ? »* Le doute est contagieux. Jeanne s'en méfie. Elle se tient droite comme un i. Elle est élégante, souriante, mère de famille, mariée depuis trente ans. Elle a été championne de tennis. Elle fut infirmière, puis sage-femme, puis médecin obstétricien. Sa passion : mettre des enfants au monde. Son parcours ? Magnifique. La seule ombre portée à ce tableau exemplaire de force, de travail et d'intelligence est ce vide au creux du ventre qui ne la quitte jamais. Une sorte de manque fondamental qu'elle appelle « mère ».

Son mari l'aime. Il pourrait comprendre. Pourtant, Jeanne se tait. Pendant des années, il ne saura rien de précis. Pas un mot de ce frère qui la poursuivait pour la violer, la frapper, la terroriser comme tout le monde dans la famille. Pas un mot sur sa mère, au courant de tout, qui fermait les yeux et le laissait cogner. Ni sur ses négligences, ni sur la saleté ambiante, matérielle et morale. Elle ne veut pas réveiller la honte. Et si, à force de jouer à la normale, on finissait par le devenir ?

Faire bonne figure est l'idée fixe des filles douloureuses. Devenues adultes, elles se veulent « tête haute ». Des tempêtes traversées, les autres ne sauront rien. Olivia n'avoue jamais qu'elle ne voit plus sa mère. Elle explique avec son habituel sourire qu'il existe *différentes manières d'aimer.* Et que, dans sa famille, on est *indépendant de nature.*

- Les gens ne peuvent pas comprendre. Ces humiliations, ces violences physiques et morales qui tiennent en une phrase : l'impression d'être une sous-merde, une rien du tout… leur échappent complètement. Toute cette souffrance est tellement moche.

Une ou deux fois, comme Natacha, comme les autres, Olivia, au bout du rouleau ou encouragée par la confiance d'une amitié naissante, a voulu raconter. Mais de ces aveux, on se protégeait :

- Après tout, tu ne t'en sors pas si mal. Ta mère ne doit pas être si mauvaise que cela…

Aujourd'hui, à 20 ans, Olivia sait que les autres *s'éloignent de ceux qui souffrent.*

- Comme si la contagion était possible. Et puis les souffrances se répondent. Or, la plupart des gens ne veulent pas savoir qu'ils ont mal. Ils refusent cet écho. La souffrance est taboue. Et plus encore, la souffrance d'une fille par rapport à sa mère. Même mon père ne comprend pas : « Tu étais quand même une enfant difficile… »

Nos mères n'en savent rien…

Celles qui en savent encore moins que tout autre sont nos mères. Nous les avons toujours protégées de nos désespoirs, de nos ratages, du souci qu'elles nous causaient. Pourquoi ? Pour éviter la surenchère, sans doute. Pour éviter de creuser encore les conflits, l'incompréhension, l'agressivité. Aujourd'hui, nous avons honte de souffrir encore, comme des enfants, comme leurs enfants. Honte du lien si fort qui nous attache à elles. Honte de l'attachement pour une mère décevante. Honte de son histoire. Honte de ces faiblesses qu'il nous fallait cacher. Honte d'avoir été trahies dans un amour si fort. Honte d'être si mal aimables (sans doute), puisque si mal aimées. Honte d'avoir tant aimé celle qui humiliait, rejetait, abandonnait. Honte de n'être pas normales avec une mère normale, dans une famille normale…

Avouer nos peines, notre envie de câlins, ce besoin d'être aimées serait une nouvelle faiblesse. Nos mères nous ont appris à retenir nos élans. À être faussement gaies, faussement équilibrées, apparemment tranquilles. Même elles s'y sont parfois trompées :

- *Ce que tu peux être normale !* disait la mère de Cécile à sa fille adolescente si ronde, si lisse et si paisible à l'extérieur. Si démolie à l'intérieur.

Faire bonne figure est une habitude que nous avons prise toutes petites. Un réflexe attrapé par Raphaëlle, dès la maternelle, quand sa mère l'obligeait à manger sa soupe sur le palier. Très vite, elle a su faire des bouchées d'ogre pour que les voisins ne la surprennent pas. Ils auraient alerté la police !

Pas de faiblesse ! C'est devenu un credo. Et une force, finalement, qui a fini par faire illusion.

Dans cette optique, faut-il avoir le « courage » de dire à nos mères ce que nous avons souffert ? Toutes celles qui s'y sont essayées l'ont regretté. Certaines parce que leur mère n'a rien compris. Jeanne observe joliment que la sienne n'est plus la même femme. Quel rapport existe-t-il entre la mère de huit enfants, démissionnaire, débordée par la tâche, déprimée par le nombre, et cette vieille dame de 90 ans, cette super-mamie qui a tout oublié ? Aucun. Elle ne sait plus celle qu'elle était. Impossible de lui reprocher des faits qui remontent à plus de soixante ans et dont le souvenir se perd dans les limbes d'une mémoire défaillante la protégeant d'une vieillesse bourrelée de remords.

De plus, dire à nos mères que nous allons si mal (au présent ou au passé) n'ouvre pas au dialogue. Les accusées sortent les griffes. Surtout quand l'attaque est leur défense. Les reproches éveillent aussi la culpabilité, ce qui revigore les mauvais sentiments. Non seulement nos mères vont refuser d'entendre, mais elles vont se caricaturer dans le sens qui nous fit tant souffrir. Olivia raconte comment, à 18 ans, elle s'est un jour sentie au bord du gouffre. Sa mère était là. Elle n'a pas pu s'empêcher de l'appeler au secours :

- *Quand je lui ai dit que je n'en pouvais plus, que je m'enfonçais, que j'allais très mal, que j'avais l'impression que j'allais mourir, que je n'arrivais plus à manger, à dormir, que j'étais au bout du rouleau, ma mère a rigolé : « Quelle comédienne ! »*

De nos douleurs, nos mères ne savent rien et tant mieux. Elles sentent une gêne, des réticences, un recul nous empêchant de les approcher, de les embrasser, de les appeler Maman parfois. Comme si trop de proximité nous rappelait la souffrance. Elles n'en savent pas plus et heureusement. Il y a mieux à faire de que régler ses comptes à chaud et en direct.

Une dernière anecdote pour nous convaincre tout à fait. Elle nous est rapportée par Raphaëlle qui lâche un jour devant sa mère que son enfance l'a démolie. Sa mère lâche son tricot, la regarde droit dans les yeux et prend sa mimique ironique pour s'étonner :

- *Ah ! Parce que Madame a un ego, maintenant !*

Chapitre VIII

Difficile de couper le cordon

Néanmoins, les mères difficiles ne sont pas toujours des femmes… difficiles. Ce sont aussi des femmes fragiles que leur fille veut protéger et rendre heureuses. Sarah, 19 ans, est une jeune fille très intelligente qui s'interdit pourtant de donner toute sa mesure et d'exprimer sa féminité. Elle se cache dans des vêtements trop amples et noirs. Elle suit des études qui sont en deçà de ses capacités. Sexuellement, elle est sans désir et, donc, sans copain. C'est ainsi qu'elle analyse cette passion, cette fusion qui l'unit à sa mère :

- Mes copines ont avec leur mère une relation très forte. C'est un lien fondamental mais qui n'occupe pas toute la place. Pour moi, ce lien est fondamental mais il est aussi central et problématique, une problématique que les autres n'ont pas. Quand je dis que ma mère est tout pour moi, cela signifie que, dans mon esprit, elle sait tout, elle peut tout. Elle est infaillible. Elle détermine aussi la plupart de mes relations. La parole de ma mère, c'est l'Évangile. Je vois à travers ses yeux. Si elle n'aime pas un chanteur à la télévision (sur le plan humain s'entend), il est difficile pour moi de l'aimer. Elle détermine aussi mes choix de vie. On peut même dire que cette relation est vitale. Si ma mère n'est plus là, je ne sais plus très bien qui je suis. Elle est ma norme. Elle définit le cadre dans lequel je peux évoluer et, en même temps, elle est fragile : je dois la protéger…

SI SEULEMENT ELLE M'AIMAIT… MOINS

Sarah ne remet pas en cause les intentions de sa mère qu'elle aime, estime, respecte plus que toute autre personne :

- S'il n'y avait que les intentions, ma mère aurait 20 sur 20. Ses intentions sont excellentes et je suis persuadée qu'elle ne me veut que du bien…

Et pourtant, cette mère de si bonne volonté, cette mère charmante l'empêche de vivre. Les autres filles de son âge ne craignent pas de devenir enseignantes comme leur mère, ou commerçantes ou comptables. Fouler les mêmes sentiers, réussir mieux que Maman ne leur pose aucun problème particulier. Lui ressembler ou ne pas lui ressembler. Faire comme elle ou pas n'entraîne aucun état d'âme, tandis que pour Sarah… Sa mère est journaliste et passionnée par son travail. Sarah rêve d'être écrivain. Elle a toujours aimé écrire, toujours aimé les gens et la psychologie humaine. Et ses tiroirs sont bourrés de cahiers, de notes et de copies de français excellemment jugées. Mais il y a Maman…

- L'année où j'ai commencé mes études de lettres est celle où je me suis le plus détruite. J'avais des angoisses, je tombais dans les pommes. Je n'allais plus en cours. Je sortais tous les soirs. Parce que me situer sur le même terrain professionnel que ma mère, me mettre en concurrence avec elle, me faisait une peur bleue. C'était quelque chose de très visuel : j'avais un cadre dans lequel se trouvait ma mère. Si je me mettais moi aussi dans ce cadre, je l'écrasais et elle n'existait plus. En cherchant à exister, je la supprimais. Je la tuais…

Cette angoisse qui l'étreint dès qu'elle pense se mettre en rivalité avec sa mère se rencontre aussi sur le terrain de la féminité. Sarah n'a pas de formes, pas de sensations corporelles, pas de sexualité. Si elle prenait soin d'elle-même, étant plus jeune que sa mère, elle serait plus jolie. Tout comme elle serait meilleur auteur : elle serait romancière tandis que sa mère ne resterait que reporter… Mais ce n'est pas tout :

- Si je deviens femme, je ne suis plus une enfant et elle n'est plus mère. Et si ma mère n'est plus mère, elle n'existe plus.

Comment Sarah a-t-elle pu croire que sa mère n'existait que par la maternité ? Cette femme a un métier qui la passionne, de nombreux amis. Elle est mariée depuis plus de vingt ans, avec un homme qu'elle aime et qui l'intéresse toujours. Ils sont passionnés de politique, ils voyagent... Ils ont une vie à eux. Et sa mère a une vie à elle, sans Sarah mais... La jeune fille poursuit son raisonnement :

- Être une bonne mère, le devenir, le rester chaque jour a toujours été la raison de vivre de ma mère. Et cela m'émeut aux larmes. Mais cela me touche autant que cela me coince, me culpabilise, m'empêche de grandir et de vivre ma vie...

Qu'est-ce qui pourrait l'aider, Sarah ?

La réponse est terrible pour les mères qui ont tout donné :

- Ce qui m'aiderait ? Apprendre que ma mère m'aime moins...

Si je vis ma vie, je tue ma mère...

Comment naît dans l'esprit des filles cette idée qu'elles ne peuvent grandir, exister et construire leur vie sans mettre leur mère en danger de mort ? Sans doute est-ce une résurgence de l'Œdipe, ce moment où, dans l'esprit de la petite fille, il ne peut y avoir deux *femmes* dans la vie de Papa. Autre explication, ce fantasme toujours de ne former qu'un seul corps, une seule personne ! Sarah ne peut envisager deux existences autonomes. Elle se sent enfermée dans un processus de sablier : pas de sable, pas de vie, pas de féminité possible pour deux :

- Au jeu des générations, au jeu de l'une chasse l'autre, j'imagine que si je deviens une femme, je pousse ma mère du côté de la vieillesse et de la mort. Dans cette logique, grandir c'est la tuer...

À l'origine de cette angoisse, on trouve parfois une tragédie familiale. Héloïse a 29 ans. Elle est habillée tout en noir. Elle en paraît à peine 20. Elle possède une magnifique chevelure dorée, bouclée comme celle de la petite Brigitte Fossey dans le film *Jeux interdits.* Cet angélisme physique cache un déroutant mouvement de balancier. Ses désirs la font aller dans un sens, puis un autre, très vivement, et cela lui donne, en tout cas le jour de notre entretien, un caractère à la fois indécis et très abrupt. Elle veut rester à Paris. La minute suivante, elle serait mieux à Los Angeles, où elle va de temps en temps. Aux États-Unis, elle habite chez une amie de sa mère. En France, elle vit seule depuis dix ans, mais téléphone à sa maman tous les jours et réciproquement. Elle n'arrive ni à travailler en continu, ni à avancer dans l'existence, ni à rencontrer l'homme de sa vie. Son seul point d'ancrage semble être Maman qu'elle adore et qui l'exaspère. Mais que ce soit pour l'aimer ou lui en vouloir, *Maman !*, elle n'a que ce mot à la bouche.

Le côté enfant gâtée de cette jeune adulte pourrait agacer, s'il n'y avait cette détresse de voir les années passer sans avancer. Elle parle avec un certain mépris des jeunes carriéristes... Elle dit qu'elle n'est pas prête à n'importe quel job pour gagner sa vie... En revanche, être entretenue par sa mère à presque 30 ans ne choque pas ses grandes idées. Mais cette petite princesse a souffert, c'est son excuse. Le père d'Héloïse *a disjoncté* dès qu'il a su que sa femme était enceinte. Ils avaient un fils de 5 ans, mais cette nouvelle grossesse l'a rendu fou. Il est parti. La mère a accouché seule. Il refusait de voir le bébé. Héloïse raconte comme si elle s'en souvenait :

- Ma mère pleurait en me donnant le biberon. Elle pleurait dans la joie d'avoir une petite fille et dans la tristesse d'avoir perdu son mari. J'ai l'impression que, dès ma naissance, nous avons commencé à nous soutenir l'une l'autre. J'ai toujours été sa raison de vivre...

Dans le couple qu'elle forme avec sa mère, c'est la Petite qui veille sur la Grande comme sur un trésor. Héloïse s'interroge :

- Qui est la mère, qui est la fille ? C'est moi qui dis à Maman de mettre son écharpe et de ne pas rentrer trop tard le soir...

Pourtant, sa mère porte très bien sa jeune soixantaine d'années. Elle est active, en pleine forme, indépendante. Elle n'a besoin de personne pour mener une existence intéressante et avoir une vie tout court. Pourtant, Héloïse pense qu'elle ne peut pas *abandonner* (*sic* !) sa Maman, ni vivre sa vie :

- J'aurais l'impression de la laisser tomber. Mais d'un autre côté, adorer ma mère, prendre soin d'elle m'empêchent de vivre...

Le souvenir de son père aussi. Héloïse a 4 ans quand il se décide enfin à revenir à la maison. Solidaire de sa mère, la Petite ne cesse de lui dire qu'elle le déteste, qu'il est méchant. Bref, elle a... 4 ans et elle lui rend la monnaie de sa pièce. Elle ne veut plus le voir parce que, lui, a refusé de la voir quand elle est née... Hélas, deux ans plus tard (elle a 6 ans), son père se suicide :

- Je me sens coupable d'avoir souhaité qu'il meure et qu'il soit parti...

Héloïse craint, en abandonnant sa mère, de provoquer un nouveau drame. Elle en est là...

Si difficile de grandir...

Se séparer physiquement, psychologiquement, est l'une des grandes difficultés de la relation mère-fille aujourd'hui. En entendant Héloïse et en voyant sa mère, on a l'impression que c'est la fille qui a du mal à lâcher la mère. Bien plus que le contraire. Chez Angélique, c'est la même chose : Katia ne veut pas, ne peut pas grandir. Elle a 30 ans, elle en paraît 20. Elle téléphone à sa mère tous les jours et panique dès que son portable est éteint. Angélique fait tout ce qu'elle peut pour aider sa fille à s'émanciper. Elle ne prend jamais l'initiative des coups de fil. Elle l'a aidée à trouver un appartement et à payer son loyer. Elle lui offre des vêtements ravissants et joliment féminins. Elle l'emmène chez de bons coiffeurs. Elle ne se cache pas d'avoir une vie amicale et amoureuse, à elle. Et alors ? Rien ne bouge :

- *Aide-moi !* supplie Katia.

Et sa mère de répondre :

- Je ne vois pas ce que je peux faire de plus !

Il arrive un moment en effet où les mères ne peuvent plus rien pour leur fille. Il revient aux jeunes femmes de prendre leur vie en main et leur indépendance. Mais la vie familiale est de nos jours parfois tellement satisfaisante que l'inconnu fait peur.

Se détacher de Maman, mais pour quel avenir ? Les liens conjugaux paraissent incertains. Les enfants ? On a encore le temps…

La réussite scolaire et professionnelle est un moteur puissant à la séparation. C'est une chance quand la fille doit quitter sa famille pour suivre ses études. Il est intéressant aussi de se saisir des relais familiaux et amicaux. Héloïse se sent bien quand elle est à Los Angeles chez une amie de sa mère ou à Strasbourg chez sa marraine. Les familles dites *monoparentales* ne sont pas un problème quand les filles sont inscrites dans leurs deux lignées. Et quand il y a toujours une grand-mère ou une tante pour dire à une Maman :

- *Elle grandit, ta fille ! Il faudrait penser à toi !*

Ce qui est difficile aussi dans la séparation mère-fille est que le mot et la chose deviennent une injonction : il faut se quitter ! Comme s'il s'agissait d'une rupture. Comme s'il était question de ne plus se voir… Pour qu'elle se vive bien, la séparation a besoin de s'effectuer en douceur. Pourquoi ne pas l'accompagner, comme Christine, de quantité de petits moments de complicité qui n'existent pas lorsqu'on vit ensemble ? Et se retrouver pour un dîner, pour aller au cinéma, boire un café…

Si souvent, les parents transmettent à leur fille cette injonction paradoxale :

- *Va-t-en ! Reste !*

Peut-être est-ce parce que nous ne savons pas envisager les gratifications d'une prise de distance et des deux côtés. Plus de liberté pour la mère qui peut en profiter pour redécouvrir les bonheurs de l'amour, de l'amitié, le plaisir de choisir ses programmes de télévision, de manger ce qui lui plaît, quand il lui plaît. Et pour la fille, l'ivresse de ne plus avoir à rendre de comptes, de pouvoir gérer sa vie et son mode de vie, comme il lui plaît…

La présence du père est souvent présentée comme magique. Elle suffirait à *séparer* la mère de la fille et inversement. Mais certains pères éprouvent de grandes difficultés à laisser partir leur fille vers un autre homme. Ils mettront des bâtons dans les roues, en faisant passer des messages via leur femme.

Une bonne séparation se passe bien avec le père aussi. C'est lui qui la légitime, en disant que c'est le bon moment et le bon choix !

En l'absence des pères, les filles doivent franchir le pas toutes seules. Et apprendre à se démarquer, à délimiter leur territoire, leur liberté. Il leur faut une force particulière qui autrefois était imprimée par le modèle social, organisée par le mariage… Ce n'est pas facile de grandir, mais quand on y arrive, quelle liberté, quel bonheur, quelle fierté ! Allez les filles, courage !

DEUXIÈME PARTIE

Ce qu'on attend d'une mère…

Elles ont tendance à être autoritaires, collantes, fatiguées, soupes au lait, cassantes, égoïstes, etc. Certaines mères ont de très gros défauts et pourtant, leurs filles n'en souffrent pas. Non seulement elles prennent leur mère comme elle est, mais elles le font avec plaisir. Car entre mère et fille circulent de l'amour, de l'intérêt, du respect et aussi, parfois, du non-amour, du non-intérêt, du non-respect. Mais les sentiments peuvent se dire, la relation se réparer, les rendez-vous manqués se rattraper. La relation est vivante : chacune existe, se trompe, se reprend, pousse un peu loin le bouchon et, là, se montre vraiment formidable. On peut penser aussi que, dans cette relation-là, chacune est à sa place d'adulte et donc, d'enfant...

Comparativement, nos mères difficiles ont moins de gros défauts, peut-être. Parfois, elles sont même exemplaires. Alors, pourquoi font-elles souffrir ? Et pourquoi autant ? Nous n'avons que des riens à leur reprocher : une réaction, un mot, une anecdote... qui sont, en fait, la partie émergente de l'iceberg. Souvent nous pensons que notre partie mauvaise les accuse. Quand c'est seulement notre partie vivante. Quand notre envie de vivre et d'exister ne supporte plus ce qui a toujours fait obstacle, non seulement à la relation avec nos mères, mais à notre bon développement. En effet, derrière les détails de nos disputes se cachent les murs d'abandons ou de malentendus contre lesquels nous avons buté pour grandir, nous construire et nous épanouir.

Ce n'est pas que nous n'aimons pas nos mères (au contraire, parfois !). C'est que quelque chose en nous ne les supporte pas. Il suffit d'un mot, d'un geste, d'un ton de voix pour que notre partie vivante recommence à se tordre, se nouer, se coincer… Pour que nous nous sentions à nouveau comme des rats tournant dans une boîte pour en trouver l'issue. C'est une sensation physique, comme le poil qui se hérisse, les cheveux qui se dressent sur la tête. Alors nous devenons bizarres : mutisme, colère, envie de fuir… Et nous nous sentons coupables : elle est notre mère et nous n'en avons qu'une ! Comprenons-nous bien : ces petits riens rappellent de grands empêchements à la construction de notre identité. Ils s'appellent confusion des générations, non-reconnaissance de soi, obstacles à l'autonomie…

Certaines mères ont de gros défauts, mais elles encouragent à grandir, à aimer la vie et à trouver sa place dans l'existence. D'autres mères à l'inverse (parfois de très bonne volonté !) empêchent d'avancer et de trouver ses marques. Elles nous rétrécissent, nous coincent dans un rôle. Leur personne, leurs valeurs, leur regard nous limitent et nous tirent vers le bas. Leur présence nous plombe. Il n'est pas question de le leur reprocher. D'ailleurs, elles n'y comprendraient rien ! Mais de préciser à quel endroit nos mères nous ont manqué, afin de nous justifier à nos propres yeux (c'est important). Et d'apprendre à réparer, contourner ou surmonter l'obstacle pour aider notre moi vivant, original à éclore et à s'épanouir.

Chapitre IX

Qu'elle soit une maman

On n'attend rien d'une mère quand elle donne de l'amour. Elle est là. On peut lui faire confiance. S'appuyer sur elle pour se construire et pour grandir sans même s'en rendre compte tout en continuant avec insouciance de mener sa vie de petite fille occupée à rire, à jouer et à bien apprendre ses leçons… Espérer quelque chose de sa mère prouve déjà le manque. Mais qu'étions-nous en droit d'attendre et qu'elle n'a pas donné ? Que pouvons-nous légitimement lui reprocher sans être ingrates ou trop exigeantes ?

Pardon de répondre par une lapalissade, mais on demande à une mère d'être… une mère et une mère comme les autres femmes le sont dans notre société. Dominique Zyngierman, psychothérapeute, précise : « *On ne peut pas exiger d'une mère de l'amour, mais on peut lui demander de se conformer à un idéal maternel. On peut lui demander de respecter les droits de l'enfant, d'assumer ses responsabilités à son égard, d'avoir une morale et de s'efforcer d'être et de faire comme font les autres mères. Autrement dit, on peut lui demander d'être mère comme on l'est dans la société de son temps, c'est-à-dire ici et maintenant. Aujourd'hui, en France, on peut lui demander de veiller et de prendre soin de son enfant, de s'assurer de sa santé, de son bien-être, de son avenir…* »

… COMME LES AUTRES

La mère de Francesca n'est pas névrosée. Elle n'est pas méchante, pas toxique. Simplement, elle n'était pas maternelle du tout. C'est un tiroir qui lui manque. Non seulement il lui manque mais elle n'imagine même pas ce que cela donnerait si elle le possédait. Du coup, sa fille n'a aucune idée de ce que cela peut représenter d'avoir une *Maman* :

- Ma mère n'était pas mère comme on n'a pas les yeux bleus. C'était comme ça. De tout ce que les filles peuvent mentionner à propos de leur mère, moi, je n'ai rien à en dire. Ce n'est pas qu'elle m'ait fait du mal, c'est qu'elle ne m'a rien fait du tout. Je ne me rappelle aucun câlin, aucune conversation qui m'évoque une maman. Elle n'a jamais eu besoin de savoir comment j'allais, comment mes petites jambes marchaient, comment mon petit cœur battait, comment je me sortais d'une coqueluche… Je ne sais pas comment on se sent quand on a une mère. Je sais seulement que la mienne n'en était pas une. Que ce n'est pas comme ça…

Si les autres petites filles avaient un bisou et une histoire du soir, nous pouvons reprocher à nos mères de ne pas nous avoir bordées. Si les autres mamans participaient aux réunions de parents d'élèves et faisaient réciter les leçons, nous pouvons leur en vouloir de ne pas avoir regardé nos devoirs, lu nos carnets de notes. Si les autres enfants avaient des cadeaux de Noël, des goûters d'anniversaire et des câlins à revendre, nous pouvons leur en vouloir de n'avoir pas soufflé les bougies de nos 10 ans, ni posé de poupée au pied du sapin.

A fortiori quand nos frères et sœurs en bénéficiaient…

L'histoire des filles douloureuses est parsemée d'abandons. Pour des raisons qui appartiennent à nos mères (et que nous ne chercherons pas à connaître), elles n'ont pas voulu ou pas pu être des mères comme les autres. Elles étaient absentes pour les anniversaires, au moment du coucher, pour faire réciter les leçons, pour se réjouir avec nous, pour consoler, apaiser et soigner les bobos… Elles ont pris des libertés avec les modèles établis. On pourrait dire qu'elles étaient non conformistes. Leurs filles, quand elles l'osent, estiment surtout qu'elles ont été égoïstes, démissionnaires et irresponsables. Mais le pire est que certaines s'en flattent...

- *Non vraiment, la maternité n'est pas ma tasse de thé !*

Ce genre de mères disent qu'elles n'ont *rien senti* quand leur fille est née. Et l'histoire a continué sur cette lancée. Chez elles, aucune trace de ce que les mamans poules gardent religieusement : cadeaux de Fêtes des mères, dessins, premières lettres... Elles ignorent quelle année leur fille a passé son bac, où elles travaillent et ce qu'elles font... Natacha se rappelle que, dans l'appartement de sa mère, les lieux étaient parlants :

- *Aucune trace d'enfant : pas un dessin, pas un objet indiquant que cette femme avait une fille. Je dormais dans son lit ou sur le canapé du salon. Quand je rentrais de pension, elle allait chercher un sac-poubelle dans le cagibi. Il contenait quelques jouets, mes vêtements et un baigneur... hérités de filles d'amies. Elle les rangeait aussitôt après mon départ.*

Dans ce contexte, l'arrivée d'un enfant n'est pas un événement du tout. La mère de Juliette racontait qu'elle aimait avoir des bébés, parce que son mari lui offrait une nouvelle bague et qu'il pouvait lui passer la main sur son ventre redevenu plat... Ces mères qui ne le sont pas aiment faire comme si leur fille n'était pas née. Certaines continuent leur vie comme si rien n'était arrivé. Francesca a vécu chez sa grand-mère, puis chez sa tante, puis en pension parce que sa mère n'était pas libre.

- *Elle vivait comme une célibataire sans enfant...*

Toujours chez des gens

Certains psys affirment que les qualités maternelles ne sont en aucun cas proportionnelles à la proximité physique et au temps passé avec son enfant. Mais il existe des désintérêts manifestes. Comment veiller, de loin, sur quelqu'un dont on ne s'inquiète jamais : pas de lettres, pas de cartes postales, pas de coups de téléphone ?...

Les petites filles abandonnées sont laissées sans nouvelles.

Elles passent des trimestres entiers dans leur exil, en pension, chez des gens, sans que leur mère donne signe de vie. Bérénice avait demandé à partir tant ses relations avec sa mère étaient tendues. Elle a été exaucée bien au-delà de ses espérances : pendant deux ans, sa mère n'est pas venue la voir une seule fois. Comme si sa fille ne valait pas trois heures de route…

Isabelle a 9 jours quand sa mère la confie à une cousine. Sa mère reparaît quand elle a 6 ans. Elles font connaissance. La nouvelle Maman veut voir sa maison. Elle regarde ses poupées. Elles prennent le train et la mère lui demande de… jeter son doudou :

- *Tu es grande maintenant !*

En la raccompagnant, sa mère promet :

- *Je reviendrai te voir !*

Elle ne le fait pas. Elle envoie des livres au Noël suivant. La petite fille les chérit comme des reliques. Elle les montre à tout le monde. Ensuite ? Plus aucune nouvelle pendant… onze ans. C'est à 17 ans que la fille, à force de fouiller dans des papiers, retrouve la trace de sa mère et l'oblige à la voir à Paris. L'adolescente se sent enfant prodigue. Elle pense qu'elles vont vivre ensemble et se découvrir. Sa mère l'installe dans une chambre de bonne, ailleurs… Certaines mères ne sont pas mères comme on n'a pas les yeux bleus…

Je ne veux plus être ta mère !

Franchissons encore un cran dans le refus de maternité. Angie raconte :

- *Cette femme* (elle ne dit jamais ni *Maman* ni *ma mère*) *m'a fabriquée, puis oubliée. Elle n'éprouvait aucun sentiment à mon égard. Elle aurait préféré que je n'existe pas. Je l'embarrassais. Mes parents étaient passionnément et sexuellement amoureux l'un de l'autre. Ils se suffisaient à eux-mêmes. Je les encombrais. Ils m'ont confiée à ma grand-mère. Je ne les voyais que très rarement. Ils étaient toujours en voyage. Quand j'ai attendu un bébé, à 16 ans, ils m'ont mise à la porte. Nous habitions le même quartier chic, le*

XVIe arrondissement de Paris. Quand je croisais ma mère dans la rue, elle se détournait. Ma fille me tirait par la manche : « J'ai vu Mamie, elle a changé de trottoir. »

Le non-désir de maternité est encore plus marqué chez la mère de Georgina. À 2 mois et demi, la petite fille est confiée par sa mère à la Ddass (Direction des Affaires sanitaires et sociales, ASE Aide sociale à l'Enfance aujourd'hui). Sa mère n'en veut pas. Elle n'en a jamais voulu. Mais il est impensable qu'une femme « normale », aisée et cadre dans une grande entreprise de transports publics, rejette sa fille. On la lui rend. La Petite a 2 ans et demi. Il s'ensuit des horreurs, un carnage. Il est inscrit dans son dossier qu'elle est *trop abîmée* pour être adoptable. Sans doute a-t-elle été maltraitée et abusée par le nouvel homme de sa mère. Est-ce pour la protéger ou s'en débarrasser (peut-être les deux) ? Toujours est-il que sa mère l'abandonne à nouveau. Mais cette fois, sans laisser d'adresse et dans des toilettes publiques. La Ddass récupère la petite fille et la rebaptise Thérèse. Il faudra ses magnifiques yeux bleus pour qu'une petite camarade de chambre reconnaisse en cette nouvelle venue son ancienne copie Georgina…

Quand Georgina, après bien des recherches, retrouve sa mère vingt ans plus tard, elle ignore les détails de son histoire. Une histoire qui va recommencer. Sa mère ne veut pas d'elle. Ce n'est pas sa fille qui est en cause, personnellement, elle ne la connaît pas. D'ailleurs, elle commence par se montrer dans d'assez bonnes dispositions. Elle répond à la lettre de sa fille dans des termes un peu étranges, mais elle lui répond :

- *Madame* (*sic* !), *on m'a dit que vous cherchiez à me joindre…*

Et en entendant la voix sympathique et chaleureuse de Georgina au téléphone, elle est loin d'être hostile. Elle lui envoie même le plus beau cadeau que la jeune femme ait reçu de sa vie, à ses yeux. Le premier cadeau de sa mère : une salopette bleu marine et un pull rose. Lorsqu'elles se découvrent sur le quai de la gare, la mère semble très émue. Elle embrasse sa fille en répétant trois fois :

- Mon Petit, Mon Petit... Pardon.

Georgina pense avoir trouvé une mère.

- Je croyais que nous allions nous aimer.

Mais, en lui posant des questions trop pressantes sur son père, Georgina réactive la haine. La mère déteste cet homme qui était marié et père de famille, ailleurs et sans le lui avoir dit. Que Georgina se réclame aussi de son père est insupportable ! Pour la troisième fois, elle rejette sa fille, reprend le train, ne répond plus au téléphone et envoie une lettre on ne peut plus claire, ne faisant que répéter ce qu'elle a toujours dit :

- Je ne veux pas être ta mère et je ne veux pas que tu sois ma fille.

Pendant vingt-cinq ans, Georgina continuera désespérément de chercher sa mère. Pendant vingt-cinq ans, elle ira frapper à sa porte :

- J'avais besoin d'entendre sa voix. Juste quelques mots derrière la porte. J'avais besoin qu'elle me reconnaisse, besoin d'une trace tactile. C'était vital. J'allais gratter sans sonner pour ne pas risquer de perdre le son de sa voix. – Qui est-ce ? – C'est Georgina ! Elle m'envoyait promener, mais ce n'était pas grave. Elle avait parlé. Je l'avais entendue. J'en avais besoin. J'étais dépendante. Il ne pouvait pas y avoir d'autres mères. Elle seule pouvait me consoler, me prendre dans ses bras. Il fallait qu'elle me donne de la chaleur, qu'elle me serre contre son cœur, et qu'elle me parle.

Démissionner en cours de route de la maternité (comme de la paternité d'ailleurs) laisse les filles sur le carreau. Surtout quand les mères font joujou : mère aujourd'hui pourquoi pas ? Demain peut-être. Toujours, ce n'est pas sûr du tout... La mère de Marilyn Monroe était l'une de ces femmes capricieuses (ou malades) qui reprenait sa fille et puis non, la rejetait : « *"Bon Dieu, cette gosse est loin d'être moche. Je crois que je vais la garder"*, fait dire Joyce Carol Oates, dans *Blonde*, à la mère de Marilyn. *C'était une décision journalière ; elle n'était pas définitive.* »

MAIS ALORS QUI ?

Ces mères qui veulent quitter le navire sont parfois des femmes... découragées. Elles n'avaient pas prévu d'avoir un enfant sans le père. Les statistiques de l'Ined (Institut national des études démographiques) montrent que ce n'est presque jamais un choix. « *Toute femme rêve, comme dans un conte de fées, d'être heureuse et d'avoir des enfants avec le père idéal, son compagnon* », observe le docteur Edwige Antier, pédiatre, auteur de *Éloge des mères.* Quelques-unes sont veuves. La plupart sont abandonnées après la naissance par un homme qui, dans 25 % des cas, ne revoit jamais son enfant après le divorce. Comment s'étonner dans ces conditions que 85 % des mères soient victimes de baby-blues ? Des causes hormonales sans doute. Mais une question de vertige aussi devant une responsabilité dont elles réalisent, soudain, qu'elles devront l'assumer en étant beaucoup plus seules que promis.

La plupart des mères font face. Même si elles rouspètent. Même si elles crient trop. Même si, parfois, elles baissent les bras, elles assument. Elles se saignent aux quatre veines pour que leurs enfants soient gâtés, habillés, élevés comme les autres enfants. Mais combien sont tentées de faire comme les pères et de descendre du train en marche ? Comme cette mère si touchante disant à sa fille dans une queue de cinéma d'une voix tellement lasse, tellement triste :

- *Je ne suis pas la maman qu'il te faut.*

On comprend bien ce qu'elle a voulu dire, mais la phrase est... idiote (pardon, Madame). C'est un peu comme si elle disait :

- *Je suis blanche avec les yeux marron. Je ne suis pas de la « race » qui te convient.*

Oui, mais c'est comme ça et on n'y peut rien. De même, on a la mère que l'on a. On n'en a qu'une et c'est comme ça. On ne peut pas en changer comme on changerait de chemise en décidant que la rose serait mieux que la bleue. De plus, elle parle comme si elle ne pouvait rien faire. Comme si les cartes étaient distribuées pour toujours... Elle peut changer. Sa fille aussi. La relation mère-fille n'est pas un destin qui nous fige dans des rôles immuables.

Même étrange raisonnement chez Madeleine qui se sent fort mauvaise mère. Que fait-elle alors ? Essaie-t-elle d'améliorer les choses ? De mieux comprendre sa fille, de fréquenter une maison verte ou de consulter un psy ? Non, elle a l'idée de présenter sa fille à des *« tas de bonnes mères »* (*sic*). Mais pour quoi faire, grands dieux ? ! Ce que veut sa fille, c'est sa maman à elle. Confrontée à toutes ces « bonnes mères » que la sienne lui présentait, elle comparait et constatait les différences : les autres mères lisaient des histoires, partaient en vacances avec leurs filles, faisaient des gâteaux, rigolaient, papotaient, embrassaient, ce que Marie ne faisait jamais avec la sienne...

Soyons justes, certaines filles espèrent parfois qu'elles vont trouver une mère de remplacement. Parce que la maman d'une copine est très gentille. Parce que le courant passe très bien avec leur belle-mère (la nouvelle de copine de Papa), elles imaginent avoir trouvé une maman bis. Mais non. Le courant passe mais cette femme – qui aurait fait une mère formidable – ne veut pas de cette responsabilité. Soit qu'elle ne se sente pas la force de cet engagement. Soit qu'elle ne s'en sente pas le droit. Soit qu'elle ne veuille pas léser ses propres enfants.

Marie a cru trouver en Monique une nouvelle mère. Un feeling extraordinaire. Tout ce qu'elle ne pouvait pas dire à sa mère. Toutes les questions qu'elle ne pouvait pas lui poser. Toutes les limites, l'attention qui lui manquaient, elle les trouve en cette femme attentive, tendre et formidablement juste dans les mots et dans la relation. C'est une sorte de coup de foudre. Avec Monique, elle parle, elle parle comme elle ne l'a jamais fait. Elle a confiance. Elle se sent comprise. Elle se sent guidée. Elle a l'impression d'être une petite fille et une future femme. Elle aime son parfum, sa douceur, sa manière de la regarder vraiment et de la frictionner à l'eau de Cologne en la sortant du bain. Marie pense que c'est gagné. Elle a trouvé un foyer puisque Monique est aussi la femme de son Papa. Mais Monique a une fille :

- Dis, Maman, Marie, c'est ta fille aussi ?

Cette petite voix, ces larmes aux yeux ruinent aussitôt la belle complicité de Monique et de sa belle-fille. Cette femme charmante décide de protéger et de privilégier sa fille (avec laquelle, sans doute, elle a moins d'atomes crochus). Mais une fille, elle n'en a qu'une et c'est… Mireille.

Certaines femmes, et tant mieux, se rendent compte, dès la grossesse, qu'elles seront incapables d'être la mère de cet enfant-là. Merci à elles de comprendre tout de suite qu'elles n'y arriveront jamais. Parce qu'elles sont trop seules, trop angoissées, trop enfants encore… Laura raconte pourquoi elle a préféré confier son bébé pour qu'il soit adopté :

- J'avais déjà un bébé. J'en avais perdu un deuxième à la naissance. Le père de ce troisième enfant que j'attendais m'avait quittée. Je n'avais ni travail, ni maison : j'habitais dans un squat. Ma mère était internée dans un hôpital psychiatrique. Je croyais que garder cette petite fille signerait son arrêt de mort. J'avais peur de la mettre en danger comme mon second. Peur parce qu'elle était une fille, qu'elle soit déséquilibrée comme ma mère et comme moi. Et puis je pensais que mon homme reviendrait si je ne la gardais pas… Bref, quand j'ai vu pleurer la Petite dans son berceau, j'ai été incapable de la prendre dans mes bras pour la consoler, incapable de l'aider, de lui faire du bien. Je me croyais dangereuse pour elle, comprenez-vous… Bref, j'ai signé l'acte d'abandon et je ne l'ai jamais regretté. Je n'aurais jamais pu lui offrir une vie convenable. Ou plutôt si, maintenant : je suis remariée, je suis éducatrice. Une psychothérapie m'a permis de comprendre que j'avais peur de devenir folle comme Maman, mais que je ne l'étais pas… Je pourrais maintenant être la mère de cette petite fille. Mais c'était impossible quand elle est née.

Lorsqu'ils retrouvent leur mère biologique, les enfants abandonnés ne reprochent jamais à leur mère de n'avoir pas pu les assumer. Ils comprennent. Ils pardonnent. Parfois même ils remercient. Parler de l'abandon comme d'un acte d'amour est déplacé. En revanche, on peut invoquer l'acte responsable et lucide de femmes qui mesurent leurs limites. Dommage qu'elles soient si bêtement considérées comme des mères indignes…

Je voulais qu'elle se fasse du souci…

Pour être une mère *comme sont et font les autres mères dans notre société*, il faut donc commencer par avoir conscience de ses responsabilités. Devenir mère est un engagement auprès de l'enfant et de la société. Un engagement à tenir le rôle et la place donnés aux mères. En ce sens, le XIXe siècle avait raison de parler du *devoir d'être mère*. Mais de quoi se compose-t-il, ce devoir ? De quoi avons-nous exactement la responsabilité ? Poser cette question renvoie à la précédente : que pouvons-nous légitimement reprocher à nos mères ?

Les femmes que nous avons interrogées commencent par dire qu'une mère doit avoir le souci de sa fille en général et, plus précisément, de son bien-être, de sa santé, de son avenir, de son bonheur. Magalie résume :

- *Je voulais qu'elle se fasse du souci, qu'elle me console, qu'elle me rassure et qu'elle se bouge pour moi. Or, jamais ma mère ne s'est déplacée pour acheter un cadeau. Elle délègue à son mari : c'est lui qui compose mon numéro de téléphone quand elle m'appelle, lui qui écrit mon adresse sur l'enveloppe… Je déteste quand elle me dit qu'elle ne s'est jamais inquiétée pour moi. Mais je veux, moi !, qu'elle s'inquiète de mon bonheur, qu'elle soit forte et moi faible. Je veux qu'elle soit ma mère. Un jour je suis allée la voir en lui disant : « J'ai besoin de toi, j'ai besoin que tu prennes soin de moi, besoin que tu m'aides, besoin que tu t'occupes de moi. Je voudrais déjeuner avec toi ! » Elle a déposé un chèque sur la table, en disant comme d'habitude : « Je t'aime. » Elle dit toujours « je t'aime » mais rien ne le prouve : j'ai hurlé !*

Notre mère est censée s'occuper de nos états d'âme. Elle est censée chercher à nous faire plaisir et se demander si nous sommes heureuses. Mais, avant même cette fonction, elle doit veiller sur notre santé. Enfin, en principe :

- *Personne ne s'est jamais occupé de mon dos, de mes dents très mauvaises,* se rappelle Francesca. *Ma mère n'était même pas au courant que j'avais ces problèmes physiques. Chaque fois que je me regarde dans la glace, en voyant mes dents en avant, je pense à toutes ces petites filles qui ont eu la chance de porter un appareil dentaire. Toute mon adolescence, j'ai rêvé d'avoir un fil de fer en travers de la bouche. Avant d'être adulte, je crois n'avoir jamais vu ni un dentiste ni un orthodontiste. Et ce n'était pas une question de moyens : mes parents avaient de l'argent, mais pas envie, pas le temps. Pire encore, ils n'en avaient même pas l'idée...*

La négligence peut aller loin. Aucun des enfants de la mère de Jeanne n'était vacciné. Pas par conviction. Par démission. Le résultat fut catastrophique : trois filles ont eu la poliomyélite, un frère une pneumopathie... Protéger consiste aussi à former autour de sa fille un cocon protecteur de son intimité. Natacha se sent trahie en entendant sa mère raconter sa vie à ses amies ou à son père. Comme si sa mère l'exposait en place publique, aux regards de tous. Maria Riva, la fille de Marlène Dietrich, raconte dans son autobiographie qu'ayant eu ses règles pour la première fois et l'ayant dit à sa mère, celle-ci l'a mise au lit (comme si elle était malade...). Puis elle s'est drapée dans une robe noire, en prenant un air triste et contrit. Le lendemain, au studio, tout le monde félicitait *la petite femme,* rouge de honte. *A contrario,* nous nous souvenons du merveilleux compliment d'une fille évoquant sa mère (un véritable compliment dans sa bouche) :

- *Ma mère, c'est comme mon chien, je peux tout lui dire, elle ne répète rien.*

Qu'elle nous défende...

On ne peut pas demander à une mère de nous aimer, mais on peut lui demander de nous défendre et de s'arranger pour qu'elle-même et notre entourage respectent les droits de l'enfant... droit au respect, droit à ses deux parents, etc. Or, certains enfants sont exposés par leurs parents, par leur mère, à des abominations. Il suffit de penser aux réseaux pédophiles, aux mauvais traitements en tous genres qui ruinent pour si longtemps leur équilibre sexuel et psychologique.

Angie n'avoue pas son âge mais elle a des enfants de plus de 30 ans. Son aspect physique est étrange : une minceur juvénile, un visage lisse sans expression. Pas une ride, de grands yeux bleus étonnés, un sourire facile qui ne remonte jamais jusqu'aux oreilles. Le jour de notre rencontre, elle porte un pull aux couleurs acidulées de l'enfance, des cheveux blonds longs qui pendent sur les épaules comme si elle sortait d'un bain de mer. Avec ses bottines dorées, son manteau en peau de nounours : c'est une petite fille de 50 ans passés.

Des centaines de poupées emplissent son appartement. C'est une invasion. Il y a à peine la place de s'asseoir pour regarder la télévision et pour manger. Certaines poupées ont un prénom. Angie les embrasse sur les deux joues et va souvent leur *acheter des habits*. On ne sait pas exactement si elles servent à réparer cette enfance qu'Angie n'a jamais vécue. Si elles lui rappellent ses enfants, petits. Ou si leur joliesse la console d'un monde hideux. Elle qui n'avait qu'un lit pour dormir, celui de ses parents, achète aussi quantité de couettes. Elle est encore un as de la récup'. Elle collectionne les vêtements à très bas prix. Pour elle et pour ses poupées. Ce faisant, elle parle avec des gens. Une manière d'être active et de se sentir parmi les autres : elle est tout le temps dehors !

L'autre chose qui frappe chez elle est cette absence de haine. Elle n'en veut à personne, ne déteste personne comme si son cœur possédait une zone morte constituant à la fois son étrangeté, sa fragilité et sa capacité inouïe de résistance. D'une certaine manière, on ne peut plus l'atteindre, plus lui faire subir : Angie a déjà tout vécu et connu tellement pire…

- Ma mère ne pensait qu'à son mari. On ne pouvait pas la déconnecter. Ils n'étaient pas faits pour avoir des enfants. Ils ne voulaient exister que pour eux-mêmes. Ils ne pensaient qu'au sexe. Quand ils rentraient de voyage, ils disaient qu'ils avaient tellement fait l'amour qu'ils n'avaient pas eu le temps de manger. La naissance de chaque enfant était un drame. Ils nous ont tous confiés à la mère

de ma mère qui nous a répété toute notre enfance qu'elle gâchait sa vie à cause de nous.

Son père était journaliste, dramaturge, écrivain, fabuleusement intelligent, très malsain, très pervers, pédophile et incestueux. Pas de sentiment, pas de morale, aucun sens de la loi, aucun respect pour rien. Angie raconte que, lorsque sa femme est décédée, il est monté sur la morte pour attraper quelque chose sur une étagère ! Bref, un grand malade qui a ruiné la santé psychologique des siens. Mais qui, lui-même, a fort bien vécu :

- *Souvent, il me dit que c'est moi qu'il aurait aimé épouser. Je lui réponds que je suis sa fille. Il ne dit rien. Il prétend que dès qu'il m'a vue, bébé, il est tombé amoureux de moi… Quand j'ai eu 14 ans, l'horreur est arrivée. Mes parents me faisaient dormir entre eux deux. Nous étions tous les trois entièrement nus. Il caressait tantôt l'une, tantôt l'autre. Ma mère était prête à tout pour lui. Il m'asseyait sur un tabouret pour que je les regarde faire l'amour. Il me disait en me fixant droit dans les yeux : « Tu vois bien, elle, elle est d'accord. » Ou bien il envoyait ma mère faire les courses et il m'enfermait dans la chambre pour me violer…*

Tout le monde, dans cette grande famille ayant pignon sur rue, était au courant, même la grand-mère d'Angie qui lui dit un jour, en tirant sur ses nattes :

- *Tu es la seconde femme de ton père.*

Sa mère la protégeait-elle ? Non, elle était seulement jalouse. Elle ne la considérait pas comme sa fille, mais comme une rivale. Elle lui en voulait que son mari la désire aussi :

- *Ma mère m'a prise en grippe. Elle n'avait aucun sentiment maternel. Au fond, elle était soumise. Elle était très heureuse avec mon père. Il ne fallait pas d'enfant, c'est tout…*

Quand, à 16 ans, Angie est enceinte, le père s'écrie en s'adressant à sa femme :

- *Heureusement que je ne l'ai pas touchée ces derniers temps, elle m'aurait collé l'enfant sur le dos.*

Puis ils l'ont mise à la porte. Avec son gros ventre. Sans un sou !

QU'ELLE SOIT ADULTE...

Nous pouvons aussi, légitimement, reprocher à nos mères de ne pas nous avoir protégées de ces sentiments négatifs qui sont le propre de l'être humain. En effet, nous possédons tous une pulsion de vie et une pulsion de mort, l'envie de construire et celle de détruire. Si on lui lâche la bride, cette dernière peut faire et dire n'importe quoi. D'où l'importance de garder à l'esprit que nos filles sont nos enfants. Et qu'elles prennent en plein visage – comme si c'était vrai – nos critiques, nos dévalorisations, nos mauvais regards... Voyez la mère de Raphaëlle qui dresse sa fille à coups de martinet et l'oblige à ravaler son vomi. Elle veut avoir le dessus. Elle exige de faire plier cette enfant pourtant si sage et de lui faire payer le gâchis de sa vie.

De même tout le monde, à un moment ou un autre, peut « péter les plombs ». Nous ne pouvons reprocher à nos mères leur accablement. Mais nous pouvons leur en vouloir de ne pas nous avoir épargné le spectacle de leur déroute. Que vivent tous ces enfants qui voient leurs parents ivres se rouler par terre ? La violence, la dépression, une certaine folie devraient pouvoir se vivre en solitaire. Alissa, 23 ans, a du mal à se souvenir :

- Je revois ma mère, quand j'avais 5 ans, me rouer de coups parce qu'elle était saoule. Et moi pour la faire taire répétant, comme on débite une litanie : « Maman, je t'aime, Maman, je t'aime, Maman je t'aime... » Je la revois alors que j'avais jeté un torchon par terre (le seul geste de révolte de ma vie) attraper le chiffon et me l'enfourner dans la bouche encore et encore jusqu'à me faire étouffer...

Les filles sont plus exposées que les garçons à connaître la vraie nature de leurs mères malades. Un garçon quand il naît est immédiatement autre. Tandis qu'une fille est plus souvent vécue comme étant soi.

- Quand j'étais petite, il arrivait à ma mère de piquer des crises terribles. On ne pouvait plus l'arrêter, ma mère. Elle devenait comme folle parce qu'il manquait toujours quelque chose. Un jour, elle m'a tellement battue avec une chaussure que toutes mes piqûres de moustique ont éclaté sous les coups...

Alissa avait les marques de chaussures sur le corps. Pendant toute la colo, elle a porté un tee-shirt et un pantalon, en prétendant qu'elle ne savait pas nager. Une autre veille de départ, sa mère est entrée dans sa chambre. Elle a tout vidé : les placards, les tiroirs, en cassant tout :

- Je revois mes affaires vidées au milieu de la pièce. Elle a commencé à prendre mes objets, mes trésors, mes secrets, un à un, en me posant des tas de questions comme si je passais devant un tribunal : « Ça vient d'où ? Et ça ? Et ça ? » Puis elle a commencé à garder, jeter sans me demander mon avis… Je devais avoir 7 ou 8 ans. C'était un viol, une intrusion et une humiliation terribles.

Dans ces cas-là, les filles se reprochent de ne pas réagir mais c'est préférable. Leur mère est dangereuse…

- Je sentais qu'il valait mieux ne rien faire, ne rien dire. Elle paraissait capable de tout. Je rentrais à l'intérieur de moi-même. J'espérais qu'un jour, elle se rendrait compte du mal qu'elle me faisait, mais au fond, je savais bien que cela n'arriverait jamais…

Conclusion de ce chapitre : pour être une mère suffisamment bonne, il faut avoir conscience de sa responsabilité. Comprendre l'impact que nos mots, nos gestes, nos regards ont sur nos filles. Bien savoir que l'on joue un rôle majeur dans leur développement psychique, maintenant, mais aussi toute sa vie en étant un exemple. Pourquoi un rôle majeur ? Mais parce que les pères, quoi qu'on en dise, et malgré tous les efforts fournis par les politiques, les psys, les pédiatres pour leur donner une place dans la famille moderne (autre que celle de traditionnels pourvoyeurs d'argent), restent périphériques.

Un père peut toujours se retirer de la paternité. Ainsi, qu'un père dise qu'il ne voit son enfant qu'une fois par mois ne choque personne. Ce sont les aléas du divorce… Une mère, en revanche, ne peut pas se démettre. Et un peu comme les programmes scolaires se chargent de nouvelles matières sans vouloir se délester des anciennes, le programme maternel enfle sans cesse… Mais les femmes, de plus en plus seules, ont de moins en moins le temps d'assumer : 70 % des mères travaillent à plein temps. « *Les femmes sont considérées – et se considèrent – comme directement responsables de leur enfant, dans tous les domaines : son corps, sa santé, son équilibre, son développement intellectuel et jusqu'à l'éducation sexuelle,* constatait l'historienne Yvonne Kniebielher. *La dimension, la variété et le poids des responsabilités qui pèsent sur elles n'ont cessé de s'alourdir, en même temps que se durcissaient les enjeux de l'éducation dans un contexte économique et social difficile.* » Dans ces conditions, nous ne pourrons jamais pourvoir à tout mais nous pouvons apporter à nos filles, à nos enfants, l'essentiel. Cette « moindre des choses » à apporter à nos enfants même lorsqu'ils sont adultes, Pascale L.R., photographe, la résume bien :

- Quels devoirs auprès de ma fille, de mes enfants ? Être là, les recevoir. Leur parler de leur père. Les rassurer parce que vivre est difficile. Ne pas me plaindre : je ne veux pas générer de l'angoisse. Les comprendre, les respecter. Leur accorder le droit de me contester. Être leur histoire. Être indépendante, mais à leur disposition.

Chapitre X

Qu'elle aide à se situer

Nous avons besoin que notre vie soit reliée à celle des autres, reliée à la lignée des hommes et des femmes qui nous ont précédées dans la famille, reliée à nos père et mère, reliée à la société dans laquelle nous vivons et qui possède des codes, des normes, des valeurs particulières à connaître, afin d'y trouver notre place et d'y développer notre bonheur. Nous avons besoin, pour nous construire et pour grandir, d'être reliées à cet ensemble humain qui constitue à la fois nos racines et nos perspectives.

Notre mère est au cœur de ce dispositif. Elle est notre agent de liaison, celle qui nous connecte au reste du monde. Nous le disions en commençant ce livre, elle est le centre de tout, notre point de départ, notre référence, notre première image du monde et de nous en femmes. Une mère qui a *conscience de sa charge* au sens le plus noble du terme, une mère qui est une mère comprend qu'elle est un passeur de vie pour sa fille. Elle est la femme qui va permettre que nous puissions advenir à nous-mêmes, conformément à nos goûts, nos talents, nos capacités mais en fonction aussi d'une société donnée.

Nos mères nous précèdent dans l'ordre des générations. Nous avons besoin d'elles pour apprendre à vivre, dans tous les sens du terme. Sans elles, pour nous raconter notre histoire, nous relier à nos pères, nous instruire des normes et nous guider à travers les âges…, nous sommes perdues. Voici pourquoi tout ce qui vient bousculer les places de chacune est si mal vécu.

UNE MÈRE CHATTE EN APPREND PLUS À SES CHATONS...

L'absence de mère passeur de règles et de codes se remarque à des détails.

Natacha a reçu la première gifle de sa mère le jour elle a commencé, à table, à se curer les ongles avec un couteau. Cette gifle était paradoxale, venant d'une mère qui ne lui avait jamais rien appris. Elle n'a aucun souvenir de sa mère lui apprenant comment se laver les oreilles, les cheveux, se savonner les mains, changer son linge de corps tous les jours... Alors, pourquoi ne pas se curer les ongles avec un couteau ?

Natacha était censée avoir la science infuse et savoir en naissant que des croix vertes qui clignotent signalent l'entrée d'une pharmacie. Comme sa mère avait ri qu'elle ne le sache pas, à 5 ans ! À son âge ! Les petites filles oubliées tombent des nues lorsqu'elles découvrent (ce que les autres savent depuis toujours) qu'il faut se laver les dents, manger des légumes verts et des laitages pour être en bonne santé, relire ses leçons le soir... Elles ignorent les choses les plus quotidiennes : que les verrues se brûlent. Que les ongles de pieds se coupent (régulièrement). Qu'on ne quitte pas la table sans demander la permission. Que boire et fumer sont mauvais pour la santé... Francesca observe que sa mère ne lui a rien appris : *« Une mère chatte en apprend plus à ses chatons... »*

Pour se faire toutes seules, elles deviennent les championnes de l'observation et, souvent, elles en rajoutent dans l'excellence par peur de commettre un impair : Janie à qui on n'a jamais appris l'hygiène est devenue une championne du ménage, de la propreté sous toutes ses formes... Francine et Francesca connaissent sur le bout des doigts leur traité de savoir-vivre. Et Natacha se veut d'une exquise politesse...

L'une des fonctions des mères est aussi d'aider leur fille à se fondre dans leur milieu. À se sentir à l'aise partout ou au moins dans leur petit cercle, même si ce petit cercle est le grand monde, comme pour Francesca, fille de diplomate et petite fille très abandonnée (la tendresse n'a rien à voir avec le compte en banque). Bref, elle est invitée à son premier grand bal dans une ambassade. Elle achète, seule, naturellement, une robe rouge qui, pense-t-elle, mettra en valeur sa beauté brune. Pour une entrée en scène, c'est une entrée en scène. Sa mère a négligé de lire l'invitation jusqu'au bout. Elle stipulait que la tenue exigée était noire pour les garçons et... blanche pour les filles ! Ce ne seraient que des détails si ces événements ne rappelaient d'autres oublis, d'autres négligences, d'autres absences faisant qu'on ne peut grandir tranquillement. En se sentant adaptée, protégée et surtout comme les autres...

RACONTE-MOI MON HISTOIRE...

« Tout enfant a besoin de connaître son histoire, même si elle est triste », écrivait joliment la psychanalyste Christiane Olivier dans *Filles d'Ève.* Quand on ne connaît pas sa famille, son milieu, ses grands-parents et *a fortiori* son père, on se sent comme un lustre suspendu à nulle part. Menacée de tomber. Un peu étrange, étrangère. Tombée dans une vie qui n'aurait pas de sens. L'une des premières questions que posent les enfants nés sous x retrouvant leur mère biologique est la suivante : *« Et qui était mon père ? »*

Parce que les enfants se sentent nés d'une femme et d'un homme à égalité. Or, certaines mamans, étant donné les pleins pouvoirs qui leur sont donnés, tendent à l'oublier. À leur décharge, quand on a été abandonnée par son homme à la naissance du bébé, on est un peu agacée de voir que les enfants se réclament des deux, mais c'est ainsi. On a besoin de ses deux parents pour tenir debout. Et si le père n'est plus là, l'enfant compte sur la mère pour lui raconter son Papa, la famille de son Papa et le couple qu'ils formaient tous les deux. Il a besoin aussi de penser qu'il a été voulu, désiré par des parents qui s'aimaient.

Césaria est une jolie métisse de 32 ans, mariée depuis presque dix ans, avec deux enfants. Sa vie est pleine et chaleureuse, entourée de copains. Elle adore, elle admire ses parents adoptifs. Malgré la différence de couleur de peau, elle se sent *leur fille à 100 %.* Si elle a besoin de retrouver sa mère biologique, c'est uniquement pour savoir si elle vient d'un prince ou d'une putain ou des deux.

- *C'est inhumain de ne pas savoir qui nous a mis au monde et pourquoi.*

Elle ne sait même pas si sa mère biologique est blanche ou noire. Elle a peur qu'on ne lui pose des questions sur sa naissance. Elle rougit quand on lui parle de sa famille : laquelle ?

Passons sur les détails qui lui ont permis de retrouver la petite dame rondelette qui lui claque la porte au nez. Et sur ses mensonges prétendant qu'elle n'est pas sa mère, sur son refus catégorique de la recevoir... Césaria est devant la porte de sa génitrice, dans une petite ville du nord de la France. Elle attend ce moment depuis trente ans. Elle est venue en mobil-home avec son mari, ses deux enfants. Ils attendent sur le parking. Et la petite dame refuse obstinément de lui ouvrir la porte. Elle téléphone à son père adoptif qui lui dit :

- *Rentre !*

À sa mère, qui lui dit :

- *Reste !*

Il pleuviote. Césaria retourne devant la porte close et sonne en continu, pendant trois quarts d'heure, avec la liste de vingt questions qu'elle a soigneusement préparée. Craignant que ce barouf n'alerte les voisins, la petite dame entrebâille, finalement, son blindage :

- *Que me voulez-vous ?*

- *Aucun mal ! Je veux seulement que vous me racontiez. J'en ai vachement besoin...*

Vingt minutes durant, Césaria reste sous sa petite pluie fine à remplir les blancs de son histoire : non, ce n'était pas un viol. Oui, la grossesse a été une horreur et l'accouchement, un cauchemar. Non, elle ne l'a pas vue à la naissance. Non, elle ne l'a pas abandonnée parce qu'elle était noire. Ni parce qu'elle était célibataire... mais parce qu'elle était seule et sans soutien. Oui, il lui arrive de penser à elle. Le père ? L'homme d'un soir, une erreur regrettable : elle n'était pas dans son état normal. Un étudiant. Il s'appelait Joachim. Il était beau ? Oui ! C'était bien (question non prévue) ? Oui, c'était très bien.

Césaria l'a remerciée chaleureusement de lui avoir répondu. Elle allait pouvoir tourner une page qui (enfin !) était écrite. La petite dame a semblé comprendre. Elles se sont serré la main chaleureusement, en s'adressant un vrai sourire. En rejoignant le camping-car, Césaria nageait en pleine euphorie (la tristesse viendrait plus tard, mais plus jamais elle n'aurait cette angoisse devant l'inconnu) :

- Ma mère, mon histoire étaient devenues humaines. Elles avaient un visage et des mots. Enfin, j'allais cesser de délirer, de fantasmer sur le sujet. Bien sûr, elle m'avait jetée une seconde fois. Elle m'avait laissée à la porte. Elle n'avait pas voulu me faire entrer chez elle et je pense que je ne la reverrai jamais. Mais, désormais, je sais qui je suis et d'où je viens. Les visages, les événements sont fixés et je peux remettre mes parents adoptifs à leur vraie place : celle de parents formidables qui m'ont accompagnée jusqu'au bout…

Nous sommes constituées d'une histoire et d'un père pour moitié. L'un des devoirs des mères est de ne pas l'oublier, quoi qu'il leur en coûte. Pendant des années, Hélène s'est sentie née de l'Immaculée Conception.

- Ma mère incarnait la Famille avec un grand F. Elle était la Famille à elle toute seule. Nous formions ce qu'elle appelait « la tribu ». Une tribu de femmes sans homme, sans père. Elle reniait tout ce qui le concernait. Plus question d'en entendre parler. Elle le gommait : il n'avait jamais existé ! Et elle était si ferme dans ce déni que nous n'osions jamais en parler.

Une ou deux fois, la petite fille a cherché à en savoir plus. Les mines éloquentes de la mère choquée qu'elle veuille savoir ! Son mépris parce qu'elle s'intéressait à ce père misérable, vulgaire, irresponsable, alcoolique, incapable… Hélène avait abandonné la partie :

- Je ne pouvais pas supporter que ma mère dise « dans la famille » en ne parlant que de la sienne. À chaque fois, je pensais : ce n'est qu'une demi-famille ! Sans oser en dire plus. Je

savais qu'elle prendrait de grands airs, à me faire rentrer sous terre, si je commençais à parler de ce « nul »...

Les filles douloureuses sont souvent des filles-lustres. Leur mère ne peut pas les ramifier à leur généalogie paternelle. Ainsi, Charlotte qui semble née dans *des conditions assez mystérieuses.* Elle ignore qui est son père. Elle soupçonne même sa mère d'avoir évolué dans des milieux assez louches... Quand, une seule fois, Charlotte a osé l'interroger sur cet épineux sujet, sa mère lui a proposé de consulter un psychiatre :

- *Oh ! Toi,* a-t-elle dit en laissant planer de nombreux sous-entendus, *tu ne vas pas bien !*

Une phrase et une proposition d'autant plus perverses que Charlotte a une peur bleue de la maladie mentale qui a déjà touché plusieurs femmes de sa famille. Telle la mère de Charlotte, les femmes toxiques reprochent à leur fille de se poser des questions légitimes sur leurs racines et sur la moitié de parent sans laquelle on se sent, disait Françoise Dolto, *hémiplégique.*

Les filles ont besoin de savoir leur histoire sans en connaître forcément la vérité trop crue. Les mamans ont le droit d'en adoucir les contours difficiles. Mais le mensonge crée le doute. Et les affabulations d'une mère – comment dire ? – inventive donnent l'impression d'être construites sur du sable. Patricia ne sait plus du tout où elle en est. Sa mère a commencé par lui dire qu'elle se prénommait ainsi parce que son père (rarement évoqué dans leurs conversations) avait choisi ce prénom qui *faisait américain.* Sa mère aurait préféré l'appeler Isabelle. Première version. Deuxième version : elle s'appelle Patricia parce que sa mère voulait qu'elle soit noble de cœur et d'esprit. Ce prénom ne viendrait plus du tout du père. Il aurait été choisi par la mère en référence aux nobles patriciens romains. Elle voulait que sa fille ait de la classe et de la noblesse de cœur. C'est gentil mais... déroutant quand le prénom est censé venir de Papa. Troisième version : sa mère admirait la ravissante princesse Grace Patricia Kelly de Monaco, d'où le choix de ce deuxième prénom : Grace faisant trop grasse...

Le problème n'est pas que ces histoires ne soient pas belles, c'est qu'elles ne soient pas sûres. Or, nous nous construisons sur ce genre d'anecdotes. Elles constituent l'idée que nous avons de nous-mêmes et de nos parents avec nous. Qu'elles se dérobent et elles nous laissent branlantes comme une maison construite sur un sol meuble. Sur quoi se fonder ? À quoi se fier ?

Laetitia a toujours entendu dire que sa grand-mère, maniaco-dépressive, s'est un jour jetée brutalement par la fenêtre, après le dîner. Toute son enfance, elle a eu peur de devenir folle comme sa grand-mère. D'ailleurs, elle s'était fixé une date, 25 ans. Ensuite, elle risquait comme sa grand-mère…

Chaque année qui la rapprochait de sa dernière heure de lucidité était savourée comme un sursis. C'est dire l'importance qu'avait eue, sur sa vie et sur la construction de sa personnalité, l'histoire de la folie grand-maternelle ! Or, un matin, sa mère lui raconte avec une conviction qui laisse sa fille sans voix que :

- Mamie souffrait d'une maladie d'Alzheimer précoce. Elle perdait un peu la tête. Un jour, elle est tombée accidentellement du troisième étage…

Mais c'est que cela change tout ! Ce ne sont plus du tout les mêmes racines, les mêmes risques, la même hérédité… Et toutes ces peurs que Laetitia a endurées pour rien ! Et quand sa mère rêve-t-elle ? Première, deuxième version ? Les mères doivent nous rendre notre histoire et s'y tenir… car sur elle se fondent non seulement notre équilibre mais nos choix de vie les plus secrets. Laetitia n'a-t-elle pas rabroué cet amour qui lui tendait la main, à la veille de ses 25 ans ? Puisqu'elle allait devenir folle…

De même, les filles réclament le droit de se faire une opinion personnelle sur leurs grands-parents. On en veut toujours à sa mère d'avoir semé la zizanie. Olivia raconte :

- J'ai contacté les parents de ma mère quand j'avais 20 ans. Je voulais pouvoir me situer, reconstituer mon histoire. Elle m'avait toujours dit que mes grands-parents étaient des gens difficiles et revêches, qui ne voulaient pas me voir, ni s'occuper de leurs petits-enfants. Ma grand-mère m'a reçue froidement. Mais mon

grand-père m'a expliqué qu'il avait baissé les bras. Trop compliqué avec ma mère. Elle lui reprochait d'être un mauvais Papy, tout en l'empêchant d'en être un bon...

Les filles pardonnent difficilement à leur mère d'avoir divisé pour mieux régner. D'autant qu'un jour, leur jeu, forcément, se révèle.

QUI A PEUR DE LA RIVALITÉ ?

Autre plainte des filles douloureuses, cette jalousie dont elles ont été les victimes. Leur mère n'aimait pas leurs bonheurs, leurs succès, leur jeunesse : elles les enviaient. Les filles pensent avec raison qu'aimer, c'est se réjouir. Se réjouir que sa fille soit jolie, comme le fait Marianne. Elle est désolée de ses propres rides mais, justement, l'idée que sa jolie fille soit heureuse de se regarder dans la glace lui fait plaisir. Non seulement elle en est heureuse mais elle en est fière : elle y est un peu pour quelque chose... Au lieu de quoi Michèle, Raphaëlle, Angélique constatent :

- *Ma mère voulait ma peau !*

Cette phrase résonne comme une envie meurtrière. Elle semble venir des marâtres de contes de fées. On peut la diaboliser ou l'entendre plus simplement comme l'envie de nos mères de revenir en arrière et d'être à notre place... Ce n'est pas la rivalité qui est désagréable, c'est la phrase qui dévalorise :

- *À ton âge, j'étais bien plus jolie que toi...*

C'est la vacherie qui enfonce, l'aigreur sous-jacente prouvant que nos mères vieillissent mal. Et qu'elles ne nous reconnaissent pas comme leur fille portant joliment leur flambeau. Elles ne veulent ni se réjouir pour nous, ni passer la main. Or, nous avons vu à quel point il est important pour une fille que sa mère soit une belle femme, mais « de sa génération ».

Cela dit, toutes les mères ont un petit pincement au cœur quand elles voient leur fille gagner en beauté ce qu'elles perdent en fraîcheur. La comparaison est inévitable. La minceur de leur fille vient souligner leurs récentes rondeurs. Chacune regarde l'autre et revient à soi. Ainsi Karine, 16 ans, et Marianne, 50 ans, se pomponnent dans la salle de bains avant de partir à un mariage. Elles sont toutes les deux en petite tenue et Karine, qui observe sa mère depuis plusieurs minutes, lâche un :

- *Qu'est-ce que ça pend !*

Le manque de délicatesse est certain. Mais un corps plus âgé est toujours un peu choquant. De plus, Marianne est en pleine ménopause et bien consciente que les rides de la ménagère de plus de 50 ans se vendent mal sur le marché de la séduction. Et cela d'autant plus que son mari, en plein démon de midi, la trompe avec une grande bringue filiforme de vingt ans de moins. Bref, Karine reçoit une gifle retentissante. Eh oui ! une gifle. Et méritée, non ?

Ce jour-là, ce ne sont ni le recul, ni l'intelligence, ni l'amour maternels qui parlent, mais l'instinct. La fille en rajoute en se frottant la joue :

- *Et encore, je ne te dis pas la moitié de ce que je pense, sinon, tu t'écroulerais !*

- *Alors là, ma Petite, sûrement pas ! Je ne suis pas en sucre et j'en ai vu d'autres. Si tu crois que tu me fais peur…*

Et puis voilà. Chacune boude dans son coin. Plus aucune envie de se parler. Elles ne peuvent plus se voir en peinture. Pas envie. Le mariage passe. Elles se reparlent… Jusqu'au prochain affrontement en règle, mais rien n'est destructeur dans ce genre de scènes. D'ailleurs, elles doivent faire un effort de mémoire toutes les deux pour raconter la scène des années après. Marianne ne veut pas la peau de sa fille, elle regrette simplement (nuance !) que la sienne ait vieilli. Elle n'a pas non plus envie que sa fille se sente plus jolie ou moins jolie qu'elle-même à son âge : ne se situant pas sur le même plan générationnel, elles sont incomparables.

Et puis que sa fille soit belle la console. Quand elle la regarde, elle voit un peu d'elle-même. Elle accepte que sa fille soit tout simplement… sa fille. Elle en est fière. Elle lui laisse sa jeunesse. Quant à Marianne, elle va essayer de rester très jolie *pour son âge*. Et de faire un peu de gym, car Karine n'a pas tout à fait tort : ça pend… un peu !

Il y a de la rivalité dans cette histoire, mais qui a dit qu'il n'en fallait pas ?

Lorsqu'il s'agit de relations père-fils, personne ne songe à la dénoncer. Voyez les garçons se moquer de leur *petit papa* ou de leur *vieux papa* qui bombe le torse et lance quantité de défis à la course, sur les terrains de tennis, dans les piscines, à vélo… Un jour, il faut bien se rendre à l'évidence : le costaud de la famille n'est plus senior, mais junior. Même pincement au cœur pour ce père déchu que pour Marianne. Se voir détrôné ne fait plaisir à personne, mais combien de temps ce déplaisir dure-t-il ? Tout est là. Dans les relations saines, l'aigreur, à peine éprouvée, se dissipe aussitôt. Le *vieux papa* reprend du poil de la bête. Il affirme qu'il reste *musclé dans la tête*. Et la compétition recommence, autrement. Un jour, la tête…, ce n'est plus tout à fait cela, non plus. Alors le père commence à revendiquer son… expérience ? Et puis un jour vraiment, il est trop vieux. Restent la… sagesse et la tendresse qui unit père et fils. Un père heureux et fier de voir que, grâce à sa force et à leurs co*mbats d'homme à homme*, son petit gamin est devenu un gars solide et bien bâti. Sur tous les plans : physique et psychologique. Celui-ci estime son père d'avoir tenu son rôle. D'ailleurs, la rivalité continue, du moins en pensée. Le fils se demande s'il saura faire aussi bien avec son propre fils…

La rivalité mère-fille est exactement de même nature : indispensable et positive. Mais elle a mauvaise réputation. Sans doute parce qu'elle est prioritairement associée à la séduction. Et alors ? Des mères changent à l'adolescence de leur fille. Elles sont poussées en avant par cette ravissante jeune fille qui leur fait de l'ombre. L'une qui s'habillait en caleçon et se moquait de l'élégance se maquille un peu plus, va plus souvent chez le coiffeur. Elle devient plus féminine, non pas comme sa jeune fille moulée dans des robes à fines bretelles, mais féminine comme peut l'être une jolie femme de 40 ans en tailleur cintré.

Cathy, elle aussi, se sent tirée vers le haut par sa belle adolescente qui part rejoindre son copain. Sa fille est jolie comme peut l'être une jeune amoureuse de 15 ans. Or Cathy est sans homme depuis plusieurs années. Elle pourrait la jalouser. Lui envier sa jeunesse. Et lui en vouloir d'exister. Lui reprocher de s'être dévouée pour qu'elle en arrive à cet épanouissement. Cathy a une tout autre réaction. En regardant partir sa fille, elle se dit qu'elle devrait ôter ses vieux chaussons, se recoiffer, se parfumer. Et c'est ce qu'elle fait juste pour elle-même. Pour être à la hauteur, pour la mériter et ne pas lui faire honte...

Danièle change aussi quand sa fille devient une jeune femme. Elle se dit qu'elle va devoir cultiver d'autres atouts que la séduction physique. Désormais, elle laisse ce registre à Paola et décide de s'habiller moins court. Mais sans renoncer à son charme et à son humour. En ce sens, nos filles nous aident à vieillir, comme nous les aidons à grandir.

Ainsi, il n'y a pas de relation positive sans rivalité. Et si la rivalité est si positive, c'est qu'elle permet d'avancer et de se dépasser. Elle est une donnée très vivante des relations humaines et elle suppose un échange véritable. En effet, elle suppose que nous pensions : *« Je te vois. Je nous compare. Où en sommes-nous dans nos ressemblances et dans nos différences ? Là, je gagne, mais tu n'as pas dit ton dernier mot ! Oh ! bravo... »*

Le partenaire est reconnu comme quelqu'un de fort et de capable. Il existe entre lui et nous une admiration sous-jacente poussant à progresser. On prend appui sur ce rival pour aller, comme les sportifs, plus haut, plus fort, plus loin...

Le plus douloureux pour une fille est le contraire de ce que l'on croit. C'est justement de ne pas pouvoir se mesurer à sa mère parce qu'elle est trop « nulle » ou trop faible ou trop déprimée. Rivaliser avec elle, ce serait la tuer. On ne peut pas non plus rivaliser avec une mère toute-puissante : elle seule sait, elle seule décide, elle seule se sent capable de... De même, on ne peut pas rivaliser avec une mère qui ne daigne pas nous regarder, telles ces mères astrales qui se croient si supérieures.

Comment la fille du film d'Ingmar Bergman *Sonate d'Automne* pourrait-elle espérer égaler cette déesse mère qui la dédaigne ? Elle n'a pas d'adversaire. Elle ne pourrait que donner des coups d'épée dans l'eau. Sa mère n'a pas assez d'estime pour elle pour vouloir combattre. Quelle humiliation pour la fille !

Impossible aussi de se mesurer à une mère trop négative, trop critique : elle risquerait de nous détruire. Une mère de ce genre ne se confronte pas. Elle abat :

- *J'étais bien plus belle que toi...*

Quand on pense en termes de *c'est moi ou l'autre,* c'est perdu pour la compétition positive. Place à la jalousie. Place à : « *Ma mère voulait ma peau...* » Toutes les relations professionnelles, affectives, sportives sont marquées par nos mises en concurrence avec des personnalités épatantes. Nous les observons. Nous les admirons. Nous les imitons pour leur emprunter leurs méthodes, leurs manières. Et de le faire nous élève et nous perfectionne. Nous avons tellement envie d'être à la *hauteur* et mieux, si possible. Qu'une mère et sa fille se regardent ainsi, c'est un bel hommage, non ?

ARRANGE-TOI, SIMONE !

Rien de tout cela n'arrive chez Janie. Sa mère traînait dans la maison en savates, « en cheveux » comme on disait au XIXe siècle des femmes de mauvaise vie négligeant leur chignon. On ne rivalise pas non plus avec une mère comme celle de Christiane. Toute sa vie, son mari a dû lui répéter :

- *Arrange-toi, Simone !*

Face à ce genre de mère, on se dit :

- *Surtout ne pas lui ressembler !*

C'est une véritable humiliation pour Lise d'avouer que sa mère est... qu'elle est... sale ! Une horreur de penser en voyant sa mère le sinistre *Tu te laisses aller !* d'Aznavour.

Or nous avons besoin, pour grandir, de nous mesurer à nos mamans. Ce sont elles qui, par leur exemple, nous donnent envie de leur ressembler puis de les dépasser. Ne pas pouvoir le faire a quelque chose de révoltant et de déprimant. Voilà pourquoi nous nous fâchons. Nous voudrions tellement pouvoir les admirer ou les humaniser pour que la relation devienne vivante et motivante. Au lieu de quoi, nous nous disons :

- *Surtout, ne pas devenir comme elle...*

La rivalité est encore empêchée quand la mère ne reste pas à sa place de femme adulte et plus âgée. Quand elle se ridiculise en cherchant à occuper une place qui n'est pas la sienne. Quelle honte encore pour Angélique de rapporter cette anecdote. Son mari ne la lui a avouée que longtemps plus tard. Un jour (imaginons la honte que peuvent avoir les filles à raconter ce genre de scène), sa mère est venue voir le mari d'Angélique en l'absence de sa fille et, sans doute dans l'espoir de le séduire, elle a déboutonné sa robe sous laquelle elle était... nue. Une situation grotesque qui évoque le pathétique de certaines femmes qui refusent absolument d'avoir leur âge.

De plus, se situer sur le même plan générationnel coince la fille dans un rôle absurde. Magalie se sent un peu flattée (Œdipe oblige !) mais aussi très mal à l'aise quand sa mère dit, en la voyant avec son père :

- *Vous êtes encore ensemble, les amoureux !*

Comme si sa fille lui volait son mari... Comme si son mari n'était pas le sien. Comme si les amoureux ne pouvaient être qu'eux d'eux. Comme si la vitalité sexuelle ne pouvait être que du côté de sa fille et... suspecte :

- *J'ai vu ma mère prendre mes amoureux à part pour leur dire que j'étais atteinte de nymphomanie aiguë. Je l'entendais aussi, à travers la cloison, me descendre auprès de mon père, me traiter de vicieuse, lui dire qu'il fallait se méfier de moi, que j'étais une perverse...*

La psychanalyste Geneviève Delaisi de Parseval s'est souvent inquiétée de cette confusion des places et des rôles : « *Ce qui me frappe le plus, depuis vingt ans, c'est la perte de repères entre les mères et les filles, la perte de limites entre les générations. Je vois de plus en plus de jeunes qui me disent : "Je ne supporte plus que ma mère veuille être comme moi..."* »

Ces modèles sociaux qui encouragent les femmes à gommer leurs différences d'âge, qui entretiennent le mythe de l'éternelle jeunesse, qui présentent des produits de beauté plaçant, côte à côte, mère et fille se ressemblant comme deux sœurs, sont un grand facteur de troubles :

- *Tout le monde veut rester sur la même ligne,* constatait la psychanalyste.

Ce renversement de valeurs aigrit les mères, coince les filles et fausse la relation des deux. À chaque fois qu'une mère essaie de copier sa fille, non seulement elle frôle le ridicule, mais elle l'empêche de grandir sereinement et dans l'admiration d'une mère qui sait, comme celle de Francesca, *être si belle pour son âge.*

Car être dépassée ne signifie pas (et ne doit surtout pas signifier) que l'on est finie. Quel service rendent à leur fille les mères qui gagnent en charme, en élégance, en humour, en coquetterie à mesure qu'elles vieillissent ! À les voir bien vieillir, on a moins peur pour soi. Quand Francesca parle de cet aspect-là de sa mère, ses yeux s'éclairent. Elle est si fière que sa mère, à 80 ans, soit toujours soignée *avec des lèvres impeccablement bordées de rouge.* Elle est toujours très flattée de présenter cette dame très âgée maintenant, mais qui a toujours tant d'allure…

PRENDS-LA EN CHARGE, C'EST TA SŒUR !

Nous demandons à nos mères de se positionner comme des adultes responsables et comme nos mères. Or les filles souffrent non seulement de la confusion, mais de l'inversion des rôles. Quand elles sont *parentifiées.* Quand elles doivent materner leur mère ou materner à la place de leur mère, c'est insupportable !

Camille a une passion pour sa *Moumoune* (elle prononce le mot avec gourmandise). Elles ont le même appétit de vivre, la même chaleur humaine, le même respect des autres, la même gentillesse, la même ardeur au travail, le même humour, la même envie de faire le clown…

- *Pas de doute, c'est elle qui m'a faite,* constate fièrement la fille.

Ces deux-là s'aiment tant qu'elles s'appellent tous les jours pour prendre et se donner des nouvelles. Elles s'adorent et… ne se voient plus. Camille boude. Elle est fâchée. Elle souffre. Pourquoi ? Parce *Moumoune*, à 75 ans, démissionne de son rôle d'adulte et de mère à la fois. Elle lui repasse les problèmes comme on repasse les plats. Elle s'en lave les mains. *Moumoune* semble dire :

- *C'est à toi maintenant de faire la mère. Moi, j'ai assez donné !*

Camille explique :

- *J'ai une sœur qui va très mal. Elle est mille fois mieux, mille fois plus intelligente et c'est un vrai gâchis. Elle a 34 ans, pas d'homme, pas d'enfant, pas de travail, pas d'argent, des tonnes de diplômes, une intelligence très supérieure et il faudrait que je m'en occupe alors qu'elle fait une tentative de suicide par semaine. Cela fait des années que j'alerte ma mère, en lui disant qu'elle va très mal. Elle a toujours été anorexique, dépressive, suicidaire mais personne ne veut rien savoir : « Chez nous, on n'est pas fou ! » dit ma mère. Je trouve incroyable d'être obligée de rappeler mes parents à leurs responsabilités. Incroyable que ma mère me dise : « Prends-la en charge, c'est ta sœur ! »*

J'ai envie de lui répondre : « Prends-la en charge, c'est ta fille ! » Je souffre quand ma mère abdique, quand elle oublie d'être notre mère, quand elle baisse les bras. Depuis que je suis majeure, ma mère voudrait que nous ayons une relation d'adulte à adulte. Je supporte mal qu'elle veuille me coller le même niveau de responsabilités. Elle voudrait que nous soyons amies. Je veux continuer d'être sa fille, c'est-à-dire pouvoir me reposer sur elle, sentir qu'elle ne fait pas peser sur moi les soucis qui lui reviennent, qu'elle continue à me prendre en charge et à me donner l'exemple…

L'inversion des rôles peut avoir commencé beaucoup plus tôt dans la vie des filles. Elles ont été nombreuses, ces sœurs aînées, ces *perles de la couronne* (comme on les appelait autrefois), condamnées à élever les petits frères et sœurs que leur mère fabriquait en si grand nombre. Cécile se souvient d'être un jour restée coincée dans un ascenseur avec sa mère. La fille était transie d'angoisse, paniquée à l'idée de mourir asphyxiée ou quelque chose du même genre. Et la mère de lui tendre son sac à main :

- *Trouve-moi mon Valium ! Trouve-moi mon Valium !*

La mère demandait un tranquillisant, pour elle-même évidemment. La forte, l'adulte de ce duo, devait être la gamine de 13 ans. Pas la mère. Et cela arrive quand la fille, si souvent, doit soigner la mère, réparer ses échecs, compenser ses ratages, etc. À chaque fois qu'une mère omet de protéger, rassurer, de filtrer les informations... À chaque fois qu'elle demande à sa fille de prendre des responsabilités qui ne sont ni de son âge, ni de son ressort, elle la *parentifie* et l'empêche d'avancer sereinement pour son propre compte.

Mais le plus courant, aujourd'hui, est que la fille soit traitée comme une copine. Pendant des années d'enfance et de psychothérapie, Caroline s'est demandé ce que signifiait cette phrase que sa mère répétait si souvent à ses amis, en parlant d'elle :

- *Elle m'intéressera quand elle aura 15 ans !*

Pourquoi Caroline deviendrait-elle soudain intéressante pour sa mère, à 15 ans ? Aucun psy n'avait trouvé la réponse quand un jour – mais oui, bien sûr ! – quand elle aurait 15 ans, sa mère qui s'était mariée très jeune n'aurait plus (de son point de vue) à être une mère. Elles pourraient alors devenir amies, copines. La mère pourrait enfin sortir d'un rôle dans lequel elle s'était toujours sentie très mal à l'aise. D'ailleurs, pour son anniversaire, la mère pria la fille de lui faire un cadeau :

- *S'il te plaît : ne m'appelle plus « Maman » !*

Pour tout le monde, elles sont devenues copines. Partageant leurs loisirs, leurs amants... Un vrai cauchemar pour la copine qui se pliait à ces demandes contre-nature pour continuer d'être aimée. Enfin, *aimée* !, si l'on peut dire, et à quel prix...

Les légendes muettes…

Et puis, il y a toutes ces légendes muettes qui se transmettent de mère à fille par mimétisme, par *capillarité,* dit la sociologue Luce Viard. Nos mères nous lèguent ainsi une manière de passer le chiffon à poussière, de repasser ou pas les torchons, de cirer ses chaussures plutôt le matin ou plutôt le soir et d'assortir son sac à son chapeau… « *Même les femmes qui, jeunes, avaient refusé le modèle traditionnel admettent que, malgré tout, lorsqu'elles se retrouvent au fourneau, les gestes reviennent comme s'il y avait eu une imprégnation tacite* », observe la sociologue Anne Muxel. Les légendes se transmettent à notre insu. Elles sont matérielles et morales aussi : « *De mère à fille, on retrouve le même regard sur la société, les mêmes indignations et les mêmes priorités morales : la tolérance et la générosité chez les « bourgeoises de province » par exemple. Le travail et le sérieux dans les familles d'agricultrices* », constate Isabelle Friedmann qui a étudié les transmissions de préférences politiques et des valeurs culturelles sur trois générations de femmes d'une même famille.

C'est aussi en regardant la vie de leur mère que se construit celle des filles. « *Les plus jeunes exigeront un vrai partage des tâches. Elles ont vu leur mère râler mais se taper tout le boulot. Il est évident qu'elles vont renégocier tout cela* », suppose une autre sociologue, Janine Mossuz-Lavau. Ainsi, nos mères nous transmettent-elles leurs opinions sur les femmes, sur les hommes, sur le couple. Par des mots mais aussi par des gestes, des regards, des objets : *par capillarité.*

Juliette se souvient de la chambre de ses parents dans laquelle se trouvait une petite boîte où était inscrit :

- *Consulte ton mari et fais le contraire de ce qu'il te dit !*

Il était écrit *consulte ton mari…* observe Juliette qui vante ses parents. Elle se rappelle aussi qu'avec sa mère, le lieu de discussion de prédilection était la salle de bains. La petite fille s'asseyait sur le bidet, tandis que sa maman se maquillait devant la glace au-dessus du lavabo :

- *Là, elle m'a parlé de tout : des camps de concentration, de l'école, du mariage, de moi, de la vie. Je la voyais aussi replier soigneusement ses petits paquets qu'elle déposait dans la poubelle. Je ne me souviens même pas lui avoir demandé de quoi il s'agissait, ni qu'elle m'ait parlé des règles tant nos discussions étaient simples et nombreuses. Quand j'ai eu si peur de m'être trompée d'amour, le jour de mon mariage, c'est elle encore qui a trouvé les mots pour me rassurer et me dire que je pouvais toujours divorcer si ce n'était pas l'homme qui me convenait... Tout était simple avec Maman. Elle trouvait toujours le mot juste, le mot consolateur, le mot qu'il fallait...*

Quel contraste avec Claire Vidal écrivant dans *Mal à ma mère*, en parlant d'elle à la troisième personne : « *Ses règles, elle les cache, elle sent là un danger sans pouvoir l'expliquer. Être devenue femme comme sa mère... À ce moment-là, elle perçoit dans le regard de sa mère quelque chose qui ressemble à de l'affolement, pire, à de la détresse. Elle se sent abjecte. Elle se sent remplie de honte à l'idée de ce ventre qui l'a trahie. Cette féminité, c'est la pire des infamies. Elle ne veut pas être une femme, ça fait trop mal à sa mère. Elle n'éprouve qu'une envie : lui demander pardon puis disparaître, ne plus exister. Elle veut se jeter à genoux devant cet outrage, implorer sa clémence pour son impudence, son impudeur, son audace : vouloir égaler sa mère qui hurle : "Salope, ordure, cochonne, va te laver, t'es immonde, c'est répugnant !"* »

Un drame extrême ? Oui, heureusement, mais Raphaëlle se souvient de ses règles considérées comme une horreur, un drame, une souffrance : la souffrance d'être née femme :

- *Quand mes seins ont poussé, ma mère a pris l'air dégoûté. Le corps est devenu tabou. Et le sexe, n'en parlons pas. J'avais 17 ans. Pour la première fois, je devais quitter la maison, partir en colonie de vacances, respirer le grand air et voir, enfin !, autre chose quand j'ai eu une cystite. J'ai dit à ma mère que j'avais mal au ventre. On m'a emmenée à l'hôpital. Les chirurgiens m'ont opérée, ouverte à droite, rien. Ouverte à gauche. Toujours rien. Finalement, ils m'ont ôté l'appendice... Mais cette histoire, après trois semaines d'hôpital, turlupinait un jeune interne. Il est venu me poser des questions et j'ai fini par lui avouer, devant la cicatrice transversale qui me barrait le ventre, que je n'avais pas osé parler de cette, euh !… région de mon corps à ma mère.*

Légendes muettes aussi dans la famille de Sylvie. Sa mère voulait-elle que sa fille grandisse ? La jeune femme a la silhouette plate et filiforme des petits garçons que sa mère préférait tant aux filles. À sa façon, cette mère était très macho :

- *Quand un couple se séparait, elle affirmait toujours que la femme n'avait pas su s'y prendre… Quand elle parlait de sa propre famille, elle disait détester sa mère et adorer son père et ses sept frères sur lesquels elle régnait en tant que fille unique.*

Cette institutrice si libre, si compétente, aurait très bien pu parler des règles avec quantité d'autres enfants, mais pas avec sa fille :

- *Je voyais des serviettes hygiéniques dans la salle de bains et je croyais que c'étaient des couches que Maman me donnerait pour mes poupées. Quand j'ai eu mes règles, j'ai eu peur qu'elle ne me gifle. J'avais vu cette scène dans un film… Elle me coupait les cheveux très courts et dès qu'ils poussaient un peu, elle me disait que je ressemblais à un chien. Elle-même pourtant était très sexy, maquillée, féminine et, quoiqu'un peu grosse, très courtisée.*

Les légendes muettes… Nos mères transmettent aussi ce qu'elles pensent des hommes. Raphaëlle constate que 95 % des filles aiment leur père et elle ajoute :

- *Le mien me répugnait. Maman m'a transmis le mépris des hommes, le mépris de mon père.*

Même constat pour Francine :

- *Il est évident que, pour ma mère, les hommes font souffrir et ne servent pas à grand-chose. Ils sont lâches, bêtes, faibles, inintéressants. Ce sont de pauvres types et des feignants.*

Quant à la sexualité… La mère de Camille adore faire l'amour et elle ne s'en cache pas. Sur ce plan-là, sa fille est aussi libre et épanouie que sa maman. Lorsque la petite fille a surpris ses parents dans leur lit, elle n'a pas été traumatisée du tout. Sa mère a trouvé facilement les mots qu'il fallait dire. Elle lui a expliqué que les parents se donnaient du plaisir l'un à l'autre. Qu'ils vivaient un moment heureux qu'elle connaîtrait plus tard avec son mari.

Juliette se souvient aussi de cette délicieuse discussion avec sa maman, la petite fille toujours assise sur son petit bidet doit avoir 8 ans :

- Dis, Maman, ça fait quel effet, l'amour ?

Sa mère commence à lui parler de la petite graine que le monsieur dépose dans… Juliette se fâche :

- Mais non, l'amour… Quand le monsieur rentre dans la dame, ça fait quel effet ?

- Ah ! Ça, ma chérie, c'est comme le poulet. Tant que tu n'en as pas goûté toi-même, tu ne peux pas savoir à quel point c'est bon.

Et puis il y a des mères comme celle de Raphaëlle, qui présentait l'acte sexuel comme une catastrophe. Rien n'était pire ! Que du malheur à en attendre, il ne fallait surtout pas se précipiter. D'ailleurs, à 13 ans, la fillette veut devenir bonne sœur pour éviter toutes ces choses si dégoûtantes que font les hommes :

- Il m'a fallu des années pour me raccommoder avec l'image des hommes et pour éprouver du plaisir. Je ne pouvais pas m'abandonner, ni faire confiance, ni m'ouvrir à un homme. Comme si les mises en garde de ma mère continuaient de me trotter dans la tête.

Il faut dire que l'esprit du XIXe siècle a longtemps flotté sur le XXe. Elle n'est pas si éloignée, l'époque où les mères anglaises par exemple (à la suite de la reine Victoria confiant sa fille à l'ennemi pour raison d'État) suggéraient à leur fille, à la veille de leur nuit de noces :

- Ferme les yeux et pense à l'Angleterre !

CHAPITRE XI

Qu'elle aide à se connaître

Sommes-nous précieuses, intéressantes, amusantes, charmantes ? Nous nous apprenons dans le regard de nos mères. *Ma mère, mon miroir...* tel était le titre d'un livre à succès de Nancy Friday. Leurs yeux, leurs mots nous renvoient une image plus ou moins indulgente et plus ou moins déformante de nous-mêmes. Les filles ne souhaitent ni qu'on les idéalise ni qu'on les prenne pour une autre. Elles voudraient être vues et aimées telles qu'elles sont. Natacha déteste le lyrisme maternel qui la juge « sublimement belle » d'autant que le compliment dans la bouche de sa mère donne des phrases ambiguës :

- Si j'avais ta beauté, je serais impératrice !

Non seulement sa mère lui prête une beauté qu'elle sait ne pas avoir, mais en plus, elle sous-entend que Natacha la gâche en n'en faisant rien... Encore l'une de ces phrases tordues qu'il nous faut démêler. Mais nous souffrons encore plus, évidemment, quand notre mère nous trouve moches. Celle de Raphaëlle semble tellement fâchée que sa fille, son œuvre, soit aussi, aussi... ingrate ! Pourtant, à 50 ans, elle est encore une belle femme. Elle fut une très jolie jeune fille. Mais le miroir que lui tendait sa mère la trouvait laide. En lui cousant ses robes, sa mère lui taillait des costards (qu'on nous pardonne ce mauvais jeu de mots). Toute séance d'essayage se terminait par une phrase emblématique que Raphaëlle entend encore claquer à son oreille :

- Il faut que je remesure : ce que tu es creuse !

Relation de cause à effet ? Elle a toujours détesté son corps. Jamais elle n'a pu entendre un compliment sur sa beauté sans croire à un boniment. Elle continuait à se voir à travers les yeux impitoyables de sa mère qui fixaient la cambrure de ses reins – et en faisaient un défaut – tout en ignorant l'ensemble, ravissant. De même pour le caractère et la personnalité de sa fille. Pourquoi ? Par besoin d'enfoncer pour se rehausser, par amour du pouvoir ou tout simplement parce que même une maman peut avoir mauvais esprit. Bref, certaines mères nous voient moches ou trop belles pour être vraies. Dans l'un ou l'autre cas, c'est insupportable tout simplement parce que ce n'est pas nous.

Et que d'énergie perdue, ensuite, à essayer de savoir qui nous sommes et ce que nous paraissons vraiment. Combien d'heures Natacha a-t-elle passées devant la glace à se regarder sous toutes les coutures ? Le plaisir d'être ? Ou l'incertitude d'être ? Certaines filles invisibles deviennent d'un égocentrisme fou, pour compenser. Et puis quel gâchis ! En vieillissant, Raphaëlle regarde des photos d'elle plus jeune et s'étonne :

- Qu'est-ce que j'étais jolie !

- Aujourd'hui, ce n'est pas de vieillir qui me fait de la peine, c'est d'avoir si peu profité de ma jeunesse et de cette beauté à laquelle je ne pouvais pas croire…

La manière particulière qu'a notre mère de réagir à notre personne, à notre présence, définit nos contours. Elle nous donne une existence, une identité… Si son regard nous traverse, nous devenons une fille sans nom, sans consistance, sans intérêt. Margaux avait quatre enfants et la dernière lui semblait difficile. La petite fille n'avait que 2 ans, mais elle lui prêtait l'intention de *la faire tourner en bourrique*. Pour l'assagir, Margaux prétendait avoir tout essayé : le coin, les punitions, la fessée… Finalement, elle était fière d'avoir trouvé *le seul truc qui marchait* : la priver de regard !

Vingt ans plus tard, cette même Margaux se demande pourquoi sa fille ne veut plus la voir. Lui rendrait-elle, aujourd'hui, la monnaie de sa pièce et de cette bien cruelle punition ? Les filles sont fascinées par leur maman, leur miroir, leur modèle… Elles ne la quittent pas des yeux, la regardent sous toutes les coutures, imitent leur voix, leurs gestes, leurs mimiques pour apprendre à être des femmes. Peut-être est-ce à ce niveau que se situe le fameux décalage, entre nos mères et nous ? Nous ne les quittons pas des yeux tandis qu'elles… Certaines mamans sont irréprochables. Néanmoins, elles nous privent de cette attention, de ce vrai regard sans lequel nous avons tant de mal à nous connaître, à nous construire, à nous aimer…

Marie est une mère parfaite, rien à dire : les lits sont faits, les menus sont équilibrés, la table est prête, le linge est propre mais… son regard est ailleurs, perdu dans ses pensées. Certaines mamans sont là sans être là. Elles fixent un horizon dont nous sommes absentes. Elles sont obsédées par : le ménage, un grand amour, leur malheur, leurs maladies, les *il faut*, les *on doit*, la bouteille, leur boulot – passionnant – ou leur très chère petite personne : et moi ? et moi ?

- *Et moi ?* attend leur fille…

MAMAN, REGARDE-MOI !

Notre tort en ce cas est de penser que nos mères ne nous aiment pas. D'ailleurs, d'une manière générale, les « donc » nuisent à la relation mère-fille :

- *Elle ne me regarde pas, donc je ne l'intéresse pas. Elle ne me comprend pas, donc elle ne m'aime pas. Elle ne fait pas, donc elle ne veut pas faire…*

Or les mères, en l'occurrence, ne savent pas à quel point cette affaire de vrai regard qui reconnaît, apprécie au jour le jour et sans arrière-pensées, importe pour que la fille se sente reconnue, pour qu'elle ait le sentiment d'exister pour sa maman et d'exister tout court. C'est de ne pas être reconnue par sa mère qui « tue » Georgina. À force, elle finit par faire sauter les plombs. Pour obliger sa mère à la voir, à reconnaître qu'elle l'a mise au monde. Et de manière spectaculaire ! Rappelons les faits : Georgina est abandonnée deux fois par sa mère. Elles se retrouvent vingt ans plus tard et la jeune femme commet « l'impardonnable erreur » de demander qui est son… père. Devant *l'affront*, la mère prend ses cliques et ses claques : leur relation est terminée. Pendant vingt-cinq ans, Georgina va gratter à sa porte, mendier l'amour devant une porte close.

Elle chérit les lettres qui lui reviennent, sans avoir été ouvertes. Pourquoi ? Parce que sa mère les a touchées et qu'elle a besoin qu'il existe quelque chose entre elles deux. Mais à force d'être bafouée, sa passion se change en haine. Georgina réalise un jour que sa mère ne l'aimera jamais. Il faut dire qu'entre-temps, elle a appris son histoire : le double abandon, les mauvais traitements, son beau-père ayant abusé d'elle lorsqu'elle était bébé, etc. Au bout de vingt-cinq ans, elle décide de se venger au vu et au su de tous. Elle prend une photo d'elle petite fille à 2 ans et demi. Puis elle écrit un texte dénonçant sa mère d'hier. Et celle d'aujourd'hui, qui l'abandonne encore et encore… Elle tire l'affiche à quatre cents exemplaires et la placarde sur le trottoir, les murs, dans l'immeuble, l'ascenseur, partout où sa mère est connue. Quarante ans de plomb et de souffrance fondent dans ce passage à l'acte. Sa mère ne pouvait plus ignorer qu'elle avait une fille. Elle était bien obligée, cette fois, de lire ce qu'elle avait à dire, de la regarder en face et de la reconnaître enfin…

C'est l'invisibilité qui est insupportable et à l'origine du sentiment de vide dont se plaignent tant de filles douloureuses. Puisqu'elles n'existent pas vraiment pour leur mère, elles n'ont pas le sentiment d'exister pour elles-mêmes. Pour se donner l'illusion de l'avoir décidé, quelques-unes, telle Angélique, en rajoutent dans l'invisibilité :

- Pour moi, le plus sûr moyen de me défendre contre l'abandon, la douleur, la peur, les critiques était de disparaître. Je me fondais dans le décor. Je ne parlais pas. Je m'habillais en grège. Je m'étais mariée avec un homme extraverti. Je me cachais derrière lui, c'était confortable. J'étais parfaite, invisible et très fusionnelle avec ma fille…

Les filles se sentent vides et elles font le vide en elles et autour d'elles. Beaucoup pensent qu'elles ne sont pas intéressantes quand leur mère, seulement, n'a pas été intéressée (l'un de ces fameux « donc » évoqués plus haut). Mais comment s'intéresser à quelqu'un qu'on ne regarde pas ? La véritable question concerne surtout les raisons pour lesquelles nos mères ne nous voyaient pas. Souvent, c'est tout bête : elles n'y pensaient pas. C'est en cela que les associations d'aide à la parentalité sont tellement utiles. L'amour maternel, on l'a dit, n'a rien à voir avec l'instinct. Or, certaines femmes ignorent que la rencontre passe par le regard. Elles pensent qu'être bonne mère consiste seulement à nettoyer, à repasser, à aller chercher à l'école, à faire réciter les leçons, etc. Laurent Ott à Longjumeau, près de Paris, dans son association *Intermèdes,* fait merveille en étant, dans sa cité, une sorte d'accoucheur de regard. Celui qu'il porte sur les enfants est attentif, intéressé, bienveillant et... contagieux. Il suffit d'un rien pour qu'il fasse ricochet sur les parents. À sa suite, ils se disent que leur petite bonne femme est drôlement futée pour son âge et culottée avec ça : elle tient à peine en équilibre sur son tricycle et elle veut déjà enlever la petite roue !

LES FILLES... C'EST JALOUX !

Dans la catégorie des grands maux empêchant le regard et, donc, la rencontre, se trouvent aussi les a priori. Pour les mères de Michèle et Sylvie, les filles n'avaient pas d'intérêt en soi. Seuls les petits hommes méritaient l'attention. Comment lutter contre cette indifférence de principe, quand on est haute comme trois pommes et même mignonne à croquer ? En faisant l'intéressante, mais en vain puisque Maman déteste tout ce qui vient des filles. Il suffit d'en être une pour qu'elle passe son chemin ou balance l'un de ces lieux communs qui, parfois, nous servent de pensée :

- *Les filles sont beaucoup plus compliquées !*
- *Il vaut mieux dix garçons qu'une seule fille !*
- *De toute façon, les filles préfèrent leur père !*

- *De toute façon, les filles font des manières !*

- *Une fille, c'est pas pareil, c'est jaloux !*

- *Elles sont mûres beaucoup plus tôt,* etc.

Ce n'est pas que ce soit faux (concernant Martine, Odette, Maguelonne ou Germaine...), c'est que les généralités coincent le regard. Ces idées toutes faites – qui sont souvent des idées fixes –, empêchent les mamans de se poser la seule question valable. La seule qui rende la maternité riche, intéressante, variée :

- *Alors, voyons qui est ma fille aujourd'hui par rapport à hier...*

La mère de Bérénice a des idées très arrêtées. Hélas, elles se sont arrêtées sur sa fille quand elle avait 3 ans (aujourd'hui, elle en a trente de plus) et arrêtées violemment puisqu'elle a décrété que sa petite fille était *une gosse insupportable*, au point de l'emmener chez un psy qui s'est contenté d'observer :

- *Elle a seulement du caractère !*

Mais l'étiquette de *gamine infernale* lui est restée. Pour sa mère, Bérénice était née odieuse et elle le resterait. La suite de l'histoire n'a donné que prises de bec et rapports de forces. Bérénice devait se battre pour obtenir la moindre liberté. Sa mère ne cessant de se demander ce qu'elle allait, *encore !, bien pouvoir faire.* Et ce regard de la mère sur la fille n'a jamais varié. Le père trouvait Bérénice adorable. Les grands-parents aussi. Partout où elle passait, cette gamine ouverte et souriante devenait la préférée. Il n'y avait que sa mère pour la trouver pénible (au point que l'enfant a sans doute fini par l'exaucer...).

À l'adolescence, un second préjugé s'est ajouté au premier : sa fille allait coucher avec le premier venu. Certes, Bérénice est particulièrement *canon* (elle deviendra mannequin). Mais pourquoi faire rimer beauté avec n'importe qui, n'importe quoi, n'importe comment, dans n'importe quel lit ? Dominique Zyngierman, psychothérapeute, explique que cette forme de suspicion peut parfois s'interpréter comme *une forme d'homosexualité maternelle. « Quand une femme est sensuelle, elle apprécie la sensualité des autres, y compris celle de sa fille et ne s'en méfie pas.* » Les psys évoquent de plus ou plus souvent ces situations d'inceste maternel secondaire. La mère vit la sexualité de sa fille par procuration. La protéger (du mâle et donc, du mal) devient une obsession. Or, supposer que sa fille va coucher avec n'importe qui, n'importe quand, y penser sans cesse, n'est-ce pas une manière de l'imaginer… en situation ? Les mères-copines peuvent s'engager autrement dans cette voie en cherchant à séduire le petit copain de leur fille ou en essayant de partager leur amant. On peut trouver cruelle la vengeance de Jeanne, mais elle répond à cette provocation en tournant sa mère en ridicule. Sachant que celle-ci l'espionne et la suit quand elle sort, elle lui fait faire plusieurs fois le tour du pâté de maisons…

Une mère moins ambiguë mettra sa fille en garde contre le risque de bébé et de MST (maladies sexuellement transmissibles), puis elle fera confiance. La mère de Bérénice fait l'inverse : la sexualité de sa fille l'obsède et, pourtant, elle ne favorise aucun accès à la contraception. Comme si tout rapprochement avec le corps de sa fille, même en paroles, présentait un risque de passage à l'acte. D'ailleurs, Bérénice rapporte une anecdote qui l'a beaucoup marquée, sans qu'elle sache pourquoi :

- Un jour, j'étais assise à côté de ma mère et elle ne le supportait pas. Elle criait presque pour que son mari nous rejoigne. Il fallait toujours qu'elle mette un homme entre nous…

Certaines filles ne se croient pas aimées, alors qu'elles le sont trop : leur mère veut les mettre à distance. Le père de Bérénice est un homosexuel. Sa femme pourrait l'être aussi, mais cette idée est encore taboue. Qu'une mère soit difficile est déjà pénible à avaler, mais que, se sentant homosexuelle, elle se méfie de l'inceste ! Personne n'accepte de l'envisager…

Bref, toutes nos idées préconçues sur les filles empêchent de découvrir les personnes et de les apprécier. Bérénice conclut :

- Dans l'esprit de ma mère, je suis étiquetée. Je ne suis pas quelqu'un qui peut évoluer. Elle ne me voit ni grandir, ni mûrir. Dans son esprit, j'ai toujours 3 ans et je suis toujours insupportable. J'aimerais qu'elle soit ouverte pour m'accueillir comme je suis. Mais dès qu'elle me voit, elle se ferme. Elle ne pense qu'à la critique.

Marianne, 58 ans, est encore plus virulente :

- Pour Maman, j'étais la femme qui charmait les hommes. Elle me courait après pour que je ne fasse pas de bêtises. Elle était obsédée par ma sexualité. Quand le soir je montais à l'étage pour dire bonsoir à mon fiancé (nous faisions, naturellement, chambre à part), elle prenait son balai et tapait au plafond du rez-de-chaussée pour que je redescende. Les mères de ma génération ne protégeaient pas leur fille mais « la vertu » de leur fille...

Et Marianne le vivait comme un viol psychique :

- Je veux te protéger contre toi-même..., disait la mère, comme si la fille, à 22 ans, n'était ni assez mûre, ni assez intelligente pour se protéger elle-même.

ELLE M'INTÉRESSERA... PLUS TARD !

Parfois, ce n'est pas la fille qui est inintéressante a priori, mais l'enfant. Souvenons-nous de la mère de Caroline :

- Elle m'intéressera quand elle aura 15 ans !

Cette femme partait du principe qu'elle ne comprenait rien aux enfants. Elle ne voyait pas quels points communs elle pouvait avoir avec eux. Elle ne comprenait pas que, petits ou grands, nous cherchons tous à comprendre le fonctionnement du monde pour y faire notre trou...

L'aurait-elle compris ? Cela n'aurait rien changé. Pour cette mère-étoile, il s'agissait de se voir belle dans le regard des beaux. De se sentir désirable, de vivre les émotions fortes de la passion, de se sentir vibrer. Évidemment, les enfants avec leur désir d'authenticité ne pouvaient ni lui convenir ni l'intéresser. Par une phrase curieuse adressée à sa fille, elle montrait d'ailleurs son incapacité à concevoir l'idée même d'enfance :

- Quand tu es née, tu avais les yeux grands ouverts et tu me jugeais !

Comme si un nouveau-né pouvait *juger* sa mère ! Quand on peut le penser, c'est qu'on prête aux enfants des pensées et des références d'adulte... Mais à ce point-là, n'est-ce pas un peu fou ?

D'autres traits de caractère empêchent l'émergence de ce fameux regard des mères, si bénéfique et structurant lorsqu'il est bienveillant. L'égocentrisme donne un regard qui tourne en boucle, comme un chien se mord la queue. C'est un regard incapable de s'arrêter, de s'oublier et de se décentrer en se demandant qui nous sommes vraiment, en dehors de toute référence à un moi obsédant. Comment réussir à se connaître quand une mère ne parle que d'elle, quand elle nous englobe dans un « nous » fusionnel et déboussolant. Natacha pouvait obtenir l'attention de sa mère, à condition de participer à son monde, à ses activités et de partager ses plaisirs. Là pouvait exister un semblant de relation et de complicité. Après un repas en commun, la mère ne demandait pas à sa fille si elle avait été contente, elle se réjouissait :

- *Nous avons adoré ces pâtes !*

À ce stade, la fille peut avoir le sentiment que la mère la prend en compte. En fait, moins la mère participe, moins elle s'intéresse à sa fille. Pour que la « discussion » la concerne, il faut qu'elle puisse ramener les choses à elle, à son expérience, à ses succès… Voici pourquoi les mères très égocentriques sont incapables de faire des compliments. Ce serait reconnaître que leur fille existe ailleurs, autrement… Elles en sont incapables.

Autre frein au « vrai regard » qu'attendent les filles, cette certitude de détenir la Vérité avec un grand V. La mère de Marianne se présentait comme une femme toute-puissante qui *« savait »* :

- *Ne me mens pas, je sais ce que tu penses ! Je l'ai pensé avant toi !* disait-elle.

- *C'était révoltant,* se rappelle Marianne. *Elle me faisait un mal de chien, sans s'en rendre compte, quand elle prétendait lire dans mes pensées ! En même temps, je me disais qu'elle n'avait peut-être pas tort puisqu'une mère a toujours raison.*

- *« Ne sors pas sans ma permission, je saurai que tu l'as fait ! » Elle savait toujours tout mieux que moi,* commente Marianne. *Mais le pire était que je la croyais. Elle m'interdisait d'aller à Lille sachant très bien que j'y allais pour retrouver mon fiancé. Évidemment, elle avait raison : j'y allais pour lui. C'était insupportable. Alors, je téléphonais : « On ne peut pas se voir ! »*

Elle essayait de dominer mon psychisme, tout en étant

aveugle à mes sentiments. J'étais révoltée, soumise, déboussolée. Je n'y comprenais plus rien...

Certaines mères comme celle de Marianne exercent leur emprise par l'autorité. D'autres comme celle d'Élise (plus jeune), par la fusion. En effet, la jeune femme (28 ans) supplie sa mère d'arrêter de les considérer toutes les deux comme ne formant qu'une seule et même personne. Quand la fille dit :

- *Je déteste la glace au café !*

La mère répond :

- *Ce n'est pas possible, j'adore ça !*

La mère dit aussi :

- ***Nous** avons adoré ce film.*

Ou encore à l'une de ses amies :

- *Élise t'écrira...*

Ou mieux encore :

- *Mets ton manteau, j'ai froid !*

Mais le comble est :

- *Quand **on** était petites...*

Ce serait seulement drôle si Élise n'en souffrait pas tant. Quand sa mère parle d'une seule voix, comme si elles ne formaient qu'un seul corps, la jeune fille perd pied. Elle ne sait plus qui elle est. Elle ne sait plus ce qu'elle aime. Elle ne sait plus en quoi elle diffère ou ressemble à sa mère. Bref, elle est paumée :

- *Je ne peux plus dire « je » quand ma mère parle pour moi... Le regard d'une mère qui vous reconnaît, qui vous distingue, c'est primordial !*

Nous avons vu que les préjugés, l'égocentrisme, l'autoritarisme et la fusion empêchaient le regard, mais il y a aussi la culpabilité. En effet, quand une mère dit :

- *C'est de ma faute !*

Elle ne peut plus penser :

- *Qu'est-ce qui se passe ?*

Un regard sous conditions

Un mot avant de poursuivre à propos de ce regard *sous conditions.* C'est un regard fractionné ne prêtant attention qu'à une pièce de notre puzzle personnel. Mais comme il a le mérite d'exister, ce regard à œillères, nous tordons notre personnalité pour le prolonger. Même si ces torsions nous font mal. Même si nous en retirons l'impression de tricher, d'être une fausse Maguelonne ou Germaine... pour plaire à Maman.

Marie Cardinal avait bien compris qu'elle n'obtenait l'attention de sa mère que lorsqu'elle était malade : « *Après avoir vomi, finalement, je trouvais le sommeil. Je sentais bien ensuite qu'elle me prenait dans ses bras, qu'elle nettoyait mes cheveux, qu'elle me changeait, qu'elle renouvelait les taies d'oreiller. J'étais partie dans la béatitude, dans le bonheur total. Je l'entendais qui disait : "Elle ne doit pas avoir digéré les vermicelles." Je m'endormais dans ses bras, serrée contre sa chaleur : j'étais la petite fille la plus heureuse du monde.* »

Ce regard partiel fausse tout. C'est lui qui nous fait dire que nos mères, finalement, ne sont pas si mauvaises que cela. Lui qui nous rend coupables de penser que nos mères nous font du mal. Lui encore qui nous rend très ingrates aux yeux de tous : « *Tu vois bien que ta mère t'aime !* »

Légitimement, nous attendons un regard attentif et intéressé par notre personne tout entière. Nous voulons que Maman apprécie Françoise, Amélie, Cunégonde en entier et pas cette rougeole ou ce vomi aux vermicelles qui lui donne de l'importance... Marie Cardinal était aimée quand elle était malade. Francesca était tolérée lorsqu'elle était gaie, flatteuse et sans problème :

- *Si tu n'es pas gentille, tu resteras chez Mamie...*

Francesca devait être heureuse et Francine... malheureuse.

- *Ma mère aime la souffrance passée, présente, à venir. Quand tout va bien, elle annonce le prochain malheur. Quand il est passé, elle annonce un « contrecoup ». Je ne l'intéresse qu'à la condition d'aller mal. Elle m'aime quand je suis sainte Francine ayant un boulet à traîner. Si je lui dis : « Ça ne va pas au boulot ! », elle se saisit de cette perche pour me donner des conseils. Mes problèmes l'enchantent : enfin, elle a des choses à dire, un rôle à jouer enfin, une importance...*

D'ailleurs, petite fille, Francine s'inventait des fâcheries avec ses copines, des problèmes avec son amoureux pour exister aux yeux de sa mère et lui fournir l'occasion de la consoler. Jamais, la petite sainte (très Nitouche) n'a reçu autant de cadeaux qu'à l'occasion de sa rupture avec son premier amour. Francine observe qu'elle dévalorise ses bonheurs pour qu'ils ne la choquent pas. Un voyage passionnant dans l'Ouest américain devient une expédition fatigante à cause de la chaleur et du monde au Grand Canyon. Un film poignant qui l'a bouleversée devient « un mélo bien joué », etc.

Autre condition pour être aimée, pour avoir la considération et l'approbation chez Natacha : être le clone d'une mère-copine et ne pas s'écarter des sentiers battus par Maman, euh ! pardon..., par Sylvia. Annie de son côté observe :

- Il ne fallait pas être différente !

Tant qu'elle était docile, elle obtenait compliments et bienveillance :

- Ah ! c'est bien ma fille !

Dès qu'elle s'en écartait, ce n'étaient que critiques et reniement.

Maman, comprends-moi !

« *Faire connaissance avec la femme que ma mère voulait que je sois. J'ai dû jour après jour faire le relevé de son acharnement à fabriquer un être parfait, selon elle. J'ai dû mesurer la force de sa volonté, plier mon corps et ma pensée pour leur faire prendre le chemin qu'elle avait décidé. C'est entre cette femme qu'elle avait voulu mettre au monde et moi que l'angoisse s'est installée* », écrivait si douloureusement Marie Cardinal. D'autres filles n'ont pas à se couler dans un moule de pierre qui ne leur convient pas. Qu'elles deviennent saintes ou droguées n'a aucune importance.

Pour attirer l'attention, elles commencent par faire *l'intéressante*, de toutes les manières possibles, puis elles baissent les bras et se fondent dans le décor familial...

Les relations mère-fille sont ponctuées d'incompréhensions plus ou moins graves. Quand elles s'entendent bien et qu'elles ont pris l'habitude de parler, la fille – même si elle doit insister – finit par faire comprendre à sa maman que telle ou telle chose est vraiment importante pour elle. Et la mère – qui la connaît bien – sait quand elle joue la comédie ou pas. Mais autrefois surtout, les mamans étaient plus à l'écoute de leurs principes que de leurs filles. À 14 ans, Anne souffre d'acné. Elle raconte :

- Adolescente, j'étais bourrée de boutons et ma mère disait : « Ça passera quand tu te marieras... » ... sous-entendu : quand tu auras des rapports sexuels. J'étais vraiment paniquée par ces boutons, très complexée, très défigurée, et elle me disait : « Ça passera ! » Plus complexée et mal dans ma peau, ce n'était pas possible, et elle me répondait : « L'essentiel, c'est ton sourire ! »

- Elle était complètement à côté de la plaque. Je ne pouvais plus regarder les gens en face tellement j'avais honte de mon visage bourgeonnant et elle me parlait de Dieu. J'avais besoin d'apprécier au moins mon corps et il était tabou. Impossible de demander à porter un soutien-gorge ! J'aurais voulu être ma cousine vêtue de dessous à fleurs jaunes...

La mère d'Anne faisait ce qu'elle pouvait : beaucoup de ménage et de gâteaux. Mais rien pour les boutons. Elle s'occupait du matériel avec une conscience professionnelle parfaite. Concernant l'hygiène, l'alimentation, la santé, elle était irréprochable et Anne piquait des crises terribles :

- Mais tu ne vois même pas qu'on ne se regarde pas dans le blanc des yeux !

La mère tombait des nues. Elle pleurait en continuant à briquer ses casseroles, sans rien comprendre à ce que cherchait sa fille.

- J'étais née en 1967 et ma mère sortait du Moyen Âge. Je voulais qu'elle m'écoute, qu'elle me comprenne, qu'elle se mette à ma place. Et elle me répondait : « Pense à tous ceux qui souffrent ***vraiment*** *! »*

LAISSE-MOI T'INFLUENCER !

Autre histoire, même surdité. Marianne est une petite fille mignonne qui a la langue bien pendue, un dynamisme formidable, une gentillesse contagieuse et une grande envie de faire de longues études pour devenir pianiste et cardiologue afin de guérir son père, gravement malade. À 8 ans, la petite fille est envoyée en pension, brutalement, sans un mot d'explication. Ou plutôt si, sa mère lui dit que son père a besoin de calme : la moindre contrariété pourrait le faire mourir. Marianne se prend pour une contrariété, intègre son exil et commence à pleurer :

- *Je hurlais dans le parloir quand ma mère m'a laissée. Elle mentait quand elle disait qu'elle reviendrait me chercher. Pendant six mois, elle n'est pas revenue. Quand elle revenait, je lui faisais jurer de ne pas m'y remettre. Elle jurait et... m'y ramenait. Toute ma jeunesse, j'ai ressenti cette boule dans la gorge. Je pleurais tout le temps. J'ai passé un an sans travailler. Je me sentais abandonnée. Je pleurais et on ne me posait pas de questions. On ne m'en voulait pas, mais on ne me secourait pas.*

Nous sommes en 1951. Entre deux crises de larmes, elle travaille très bien. Un jour, la foudre s'abat sur son avenir. Elle est en cinquième. C'est la fin de l'année. Le professeur responsable annonce devant toute la classe :

- *Marianne nous quitte. Elle va en technique !*

- *L'humiliation de ma vie,* se rappelle-t-elle.

L'ex-future cardiologue qui aurait pu sauver son père, l'ex-future grande pianiste exceptionnellement douée quitte l'école à 14 ans. Elle se retrouve en technique où elle apprend les arts... ménagers. Plus tard, elle reprendra des études pour devenir conseillère conjugale. Sa mère lui trouve alors un surnom qui rappelle sa profession : « *con-con* ». Elle en parle un jour avec une collègue qui éclate de rire : sa propre mère l'avait créditée du même surnom, amélioré : « *con-con-rate* » parce qu'elle s'appelait Konrat. Comme quoi, on est mère et fille dans une génération donnée. La mère de Marianne voulait que la sienne sorte au plus vite de son budget, qu'elle décroche un diplôme – n'importe lequel pourvu qu'elle soit capable de gagner sa vie au cas où elle deviendrait veuve. En attendant, elle devait se marier vierge et, donc, vite. Le tout semblait fort cohérent mais… il ne fallait pas non plus que sa fille fasse mieux qu'elle :

- *Ma mère m'a rétrécie, gâchée, limitée,* constate Marianne. *Elle avait des principes si forts qu'elle ne savait plus ce qui était bon pour sa fille. Elle était toxique parce qu'elle ne se préoccupait pas de mon état intérieur. Or, c'est ce que l'on demande à une mère. La mienne me donnait des baffes dès que je disais : « Ça ne va pas bien ! » Et elle n'a pas compris qu'il était très grave pour moi d'être mise en pension… Je me manifestais pourtant très fort, mais elle campait sur ses positions. C'est grave, quand les enfants disent « non » pour de bonnes raisons et que la mère n'entend pas. Mon frère a été jusqu'à faire une tentative de suicide pour qu'on le laisse devenir musicien. Ma mère avait tellement de principes qu'elle devenait sourde à ses enfants.*

Conclusion. Toutes les mères manquent de regard à un moment ou un autre de la relation. Toutes les mères se gourent de temps en temps et oublient que leur fille est encore une enfant ou déjà une femme. Toutes les mères, enfin, ont des marottes relationnelles. C'est-à-dire des sujets de conversation qui les passionnent, ou un rôle à jouer qu'elles affectionnent : copine, conseillère, psy, prof… De ce fait, elles sont plus intéressées par celui (ou celle) de leurs enfants qui est le plus complice pour jouer leur partition préférée. D'une certaine manière, on peut même dire qu'elles préfèrent cet enfant-là. Et pourtant, elles ne font pas forcément souffrir car l'enfant délaissé peut venir les tirer par le bras en protestant :

- *Eh ! Maman, je te parle. Eh ! Maman, pas ça, c'est trop pour moi.*

Alors, nos mères se réveillent. Elles écoutent, elles comprennent. Elles reviennent en arrière parce qu'elles entendent les appels, elles voient les signes. Elles peuvent même s'attendrir de voir leur petite fille craquante *faire l'intéressante* pour… les intéresser. Une mère sera exaspérée de voir sa fille se passionner pour les différentes couleurs de tutus. Une autre comprendra qu'il est très important pour la sienne de se sentir jolie et comme les autres petites filles du cours de danse… Et puisque c'est si important pour sa fille, cela devient important pour elle. Aussi.

Le regard de la plupart des mères est souple, malléable, adaptable, repositionnable. Elles sentent quand l'heure est grave. Elles savent s'occuper de leurs affaires de grandes personnes, suivre un peu distraitement la vie de leur petite fille (comme ces psychanalystes à l'écoute flottante) et percevoir que, là, il faut être attentives. Elles savent alors, la plupart du temps, s'arrêter, regarder, écouter et… exaucer.

Autrement dit, elles suivent en souplesse ce très beau conseil que Bruno Bettelheim adressait aux mères dans son livre *La forteresse vide* : *« Laissez-les vous influencer ! »*

Cette idée est fondamentale. Nous avons tous besoin d'influencer notre entourage, de jouer un rôle dans la vie de nos proches, d'être un bonheur, une consolation, d'aider… C'est ainsi que la rencontre peut avoir lieu. De là partent l'amour et l'échange. C'est en voyant leur maman s'ajuster quand c'est important – mais aussi résister quand c'est du chiqué – que les petites filles acquièrent le sentiment d'exister.

En revanche, rien ne peut arriver quand nos mères sont des monolithes d'autorité ou de démission. En ce cas, nous ne pouvons exercer d'influence ni sur l'une ni sur l'autre. Avec les premières, il faut plier (se distordre) dans le sens souhaité. Sinon, pas le choix, elles nous rejettent. Elles sont toutes-puissantes. Elles savent ! Elles donnent souvent beaucoup, mais elles refusent de recevoir. Ce sont elles aussi qui font la pluie et le beau temps de la relation. Elles qui décident de tout : elles sont inflexibles. Ce n'est plus de l'amour, c'est du pouvoir…

Avec les secondes, nous nous heurtons au… rien. Nous pouvons faire des pieds et des mains, des grimaces, tomber malades…, nos contorsions glissent sur elles comme si nous n'existions pas. En ce sens, on pourrait dire que le contraire de l'amour n'est pas la haine, mais l'indifférence. Écoutons Danièle, elle veut être aimée comme sa sœur Marie-Reine qui porte de jolies robes. Mais elle aurait dû être un garçon, d'où son prénom mixte. D'où son insistance à vouloir cette jupe, comme celle de sa copine. Ce que sa mère prend pour un caprice (il est vrai que l'enjeu est futile mais le ton, lui, est grave et inhabituel) est en fait un appel au secours :

- J'avais une copine qui portait un magnifique jupon empesé en tissu Vichy rose et blanc, comme c'était alors la mode. Je voulais absolument ce jupon. J'en faisais une question de vie et de mort. Je promettais que je ne mangerais plus tant que je ne l'aurais pas. Je disais que j'en mourrais car, à ce moment-là, il représentait tout pour moi. Tout ce que l'on me refusait : l'amour et la reconnaissance de ma féminité. Par cette insistance, j'exprimais une grande souffrance. Je tendais une perche à ma mère pour qu'elle puisse se rattraper. M'offrir ce jupon aurait été la preuve qu'elle prenait conscience de m'avoir fait souffrir et qu'elle cherchait à se faire pardonner. La preuve qu'elle m'autorisait à devenir moi-même : une fille… féminine et jolie. Mais son « non » a été catégorique : elle a estimé… qu'il ne fallait pas céder au chantage !

Cela dit, il faut compter avec les difficultés de la vie qui peuvent assourdir nos mères et les rendre aveugles à nos malheurs. L'angoisse empêche de voir, et aussi les soucis, la fatigue, la maladie… Certes, les aptitudes maternelles sont indépendantes de la santé ou du compte en banque. Mais il est moins facile d'être à l'écoute de sa fille quand on a des angoisses sur la manière dont on va réussir à payer le loyer. En ce sens, le soutien financier apporté aux familles monoparentales fait partie de l'arsenal qui crée les conditions de l'amour que l'on donne aux enfants. Une société ne peut pas obliger les mères à aimer. Elle ne peut pas fabriquer de l'amour maternel, mais elle peut organiser des conditions de vie propices à son éclosion.

CHAPITRE XII

Qu'elle aide à vivre

- Je ne supporte pas que ma mère se plaigne. Je ne supporte pas quand elle souffre. Je supporte encore moins de la faire souffrir. Quand elle a mal, je vibre, je me déséquilibre comme si nous étions toujours le même corps. À ce moment-là, je n'existe plus. Je suis figée, paralysée, démolie. J'ai peur pour ma mère, je me sens impuissante. Mais surtout je souffre de ne pas être une consolation. Ma mère dit sans cesse qu'elle a tout raté, qu'elle a eu une vie de merde. Elle devrait se réjouir de nous avoir. J'ai envie de lui dire : mais on est là quand même…

Comme sur les épaules de Marie, le malheur des mères pèse lourd sur le dos des filles. Tant que nos mères ne sont pas heureuses, nous vivons suspendues à leurs plaintes et à leurs pas. Que faire pour que Maman vive ? Pour que Maman rie ? Pour qu'elle se bouge, pour qu'elle s'éclate ? Nous nous sentons responsables de son bonheur. La rendre heureuse peut même devenir une sorte de mission que Marie s'est acharnée à remplir pendant trente-trois ans…

RÉUSSIR QUAND SA MÈRE A ÉCHOUÉ…

- Je suis la fille unique d'une mère qui a raté sa vie. C'était une danseuse et une très jolie femme mais, à 26 ans, un accident de voiture lui a rompu les os. Fini pour sa carrière. Elle n'avait pas

d'autre métier, pas d'autre envie, et elle s'emmerdait ferme avec un mari joueur, buveur, coureur de jupons. Elle a tout reporté sur moi. Elle était fascinée par la réussite artistique, la gloire, les paillettes. Elle disait que j'étais toute sa vie...

Marie avait une superbe voix de soprano. Elle a pris des cours de chant lyrique, puis elle est devenue chanteuse de jazz-variétés :

- *Pendant des années, je me suis battue pour réussir, pour que ma mère soit heureuse et fière. Elle n'avait plus que moi. Mon père était mort, le chien aussi (c'était sur le même plan). Elle vivait seule à Antibes et moi à Paris. Il ne s'agissait pas seulement de réussir ma vie, mais la sienne aussi. Pour moi, l'enjeu était si fort, j'avais tellement peur de ne pas y arriver que je butais sur le succès. Je réussissais un peu, mais pas tout à fait. C'est difficile de réussir quand sa mère a raté. Le volontarisme bloque aussi les choses : si je ratais, j'échouais doublement : ma vie et la sienne étant étroitement imbriquées l'une à l'autre... Je me jurais que, quand ça marcherait pour moi, je ferais son bonheur. Elle viendrait habiter près de moi, nous pourrions nous voir tous les jours, elle irait chercher les enfants à l'école. Elle serait enfin heureuse...*

Et puis le succès et l'argent sont arrivés. Enfin, la fille et donc la mère avaient tout pour être heureuses. Mais la première n'a pas voulu de ce bonheur que la seconde lui proposait. Elle a préféré rester à Antibes toute seule. Pire encore, elle a semblé reprocher à sa fille de réussir, elle qui avait toujours prétendu vivre pour ce succès (à moins que Marie ne se soit construite toute seule sur cette illusion). Bref, pour la première fois, la jeune femme va donner un concert à Antibes, dans sa ville natale. Pour elle, ce sera une sorte de consécration avec presse, honneurs, notables et cocktail. C'est un événement personnel, professionnel et artistique. Or sa mère (63 ans, en pleine santé) prétend qu'elle est trop fatiguée pour assister à la représentation et venir au cocktail :

- *J'ai eu un coup au cœur : j'allais être la reine de la fête et elle ne serait pas là ! Je me suis aperçue que, dans ma réussite, Maman m'aimait moins. Certes, elle était fière mais jalouse aussi.*

Même si j'avais ramé pendant quinze ans pour l'obtenir, elle m'enviait de fréquenter les grands hôtels et de boire du bon vin. Au fond, elle me détestait dans cette réussite qui la ramenait à ses ratages…

LE TERRORISME DE LA SOUFFRANCE…

Certaines mères font croire à leur fille que leurs deux vies, leurs deux bonheurs sont indissociables. Comme si, en dehors d'elles, tout n'était que malheur et déplaisir. Elles trichent, ces mères qui font régner ce que le psychanalyste Ferenczi appelait *le terrorisme de la souffrance*. Elles taisent le plaisir qu'elles prennent à d'autres compagnies : leur mari dont elles disent un mal fou, leur amant (qu'elles cachent), leurs amis avec lesquels elles s'amusent, bien qu'elles s'en plaignent… Le *tu es toute ma vie* est une forme de chantage ayant pour but de nous garder sous leur emprise. Elles se servent de leur pseudo-sacrifice pour nous manipuler et nous rendre redevables. En effet, comment laisser Maman seule quand elle n'a personne d'autre ? Comment partir en vacances sans l'emmener ? Comment la quitter pour vivre sa vie, quand elle a consacré la sienne à sa fille ? Jusqu'au moment où le voile de la mystification se déchire. Angélique raconte :

- *Un jour, je suis allée rendre visite à ma mère à l'hôpital. De loin, au fond du couloir, je l'ai aperçue toute guillerette, discutant avec d'autres malades. Dès qu'elle m'a vue, elle a pris la pose : elle s'est tassée, voûtée. Elle paraissait ne plus pouvoir tenir sur ses jambes. D'un coup, elle a pris cent ans. Jusque-là, je n'étais pas dupe mais j'étais dans le doute. Et elle qui se prétendait « négligée » par sa fille… Je n'ai rien dit mais j'ai pensé : « La salope ! » De ce jour, j'ai su que j'avais raison d'avoir si peu d'estime pour elle et j'ai eu pitié : quelle tristesse d'en arriver là !*

Le malheur de nos mères nous empêche de vivre. Il nous culpabilise. Il nous paralyse. Il nous coupe les ailes. *« J'étais terrorisée,* écrit Claire Vidal. *Ma mère brandissait bien haut la cuillerée de médicament, afin que tout le monde sache à quel point elle souffrait. Puis elle disait : "Adieu, je m'en vais, je vous laisse", avant d'avaler le sirop. Ce genre de scène me terrorisait. J'essayais d'empêcher ma mère d'avaler et de tomber. Je voulais lui donner ma santé et qu'elle échange sa maladie. Je me répétais cette phrase jusqu'à l'épuisement, avec le sentiment que l'état de ma mère reposait sur moi.* »

Même les plus jeunes filles souffrent des mères... souffrantes. Même Violaine, 20 ans seulement :

- Je pensais que si ma mère s'effondrait, ce serait de ma faute. Je me sentais si responsable de son équilibre, de son bonheur, de son bien-être ! Quand elle avait une histoire amoureuse qui tournait mal, j'étais déchirée de l'intérieur comme si c'était moi qui souffrais. Et en même temps, c'était dans ces cas-là qu'elle me rejetait le plus. Elle me faisait croire qu'elle ne vivait que par moi...

Tant qu'une mère ne vit pas, sa fille non plus. C'est la raison pour laquelle Yuki s'est tant révoltée contre les plaintes de sa mère. Cette souffrance exposée lui nouait l'estomac et lui rognait les ailes. Cela l'empêchait de vivre ! Ses éternelles lamentations plombaient son énergie, retenaient ses élans, empêchaient l'insouciance... Elle a fini par détester sa mère. Elle n'écoutait plus, elle n'entendait plus. Pour se défendre !

Si tu n'avais pas été là...

Certaines mères vont encore plus loin en accusant indirectement leur fille d'avoir fait leur malheur. Tout commence par :

- Si tu n'avais pas été là...

La suite varie selon les mamans. L'une dit :

- Si tu n'avais pas été là... j'aurais fait des études.

- Si tu n'avais pas été là... j'aurais quitté ton père.

- Si tu n'avais pas été là... j'aurais été belle, j'aurais été heureuse, j'aurais été quelqu'un...

Les petites filles, qui aiment leur maman, se reprochent d'avoir été le *drame* de la vie de leur mère. Elles s'efforcent de réparer le mal qu'elles ont fait. Elles font tout leur possible pour devenir ce que Maman veut. Tout pour qu'elle soit heureuse et fière...

Touria, 42 ans, qui est d'origine marocaine, s'est toujours sentie solidaire de sa mère mariée jeune à un cousin religieux macho. Pour la venger, elle a mené la vie que sa mère aurait aimé avoir (croyait-elle). Une vie de femme libérée, de Parisienne exerçant un métier passionnant (photographe dans une agence de presse) ayant quantité d'amants. Plus la fille prenait et jetait les hommes, plus la mère applaudissait : trois maris, tous cocus, tous plaqués ! Ça, c'est de la vengeance ! Touria taisait les grands moments de désespoir et de solitude. À 40 ans, *in extremis*, elle rencontre un amour qui dure. Elle attend une petite fille et sa mère ne paraît pas contente, outre mesure, de ce revirement. Mais, généreuse, elle essaie d'être une bonne grand-mère pour la petite. Un jour, elle demande à la prendre en vacances, puis se rétracte :

- *Ton père ne veut pas. Il est fatigué !*

Ainsi se prononce-t-il, entre mère et fille, des phrases sans importance qui changent tout. Des phrases qui font basculer l'éclairage porté sur les places de chacun dans la famille. En entendant celle-ci, Touria sursaute et ouvre les yeux :

- *Avant ce jour, je voyais ma mère comme une guerrière. Je la voyais comme une femme courageuse qui se battait contre le machisme ordinaire de son milieu. Je croyais qu'elle m'avait envoyée à Paris à 16 ans (et Dieu sait à quel point j'en ai bavé !) pour que je n'aie pas la même vie qu'elle, pour que je sois la première femme de la famille à travailler. Souvent, je lui ai demandé pourquoi elle n'avait pas quitté mon père. La réponse était toujours la même : « À cause de toi ! À cause de vous, les enfants… » Et soudain, je découvrais que ma mère s'abritait derrière mon père. Qu'elle n'avait pas le courage de taper du poing sur la table pour imposer sa petite-fille. Je découvrais qu'elle se posait en victime de mon père. Il était son alibi à une vie de mollesse et de passivité qui, au fond, convenait très bien à Maman. Soudain, j'ai compris que ma mère avait sacrifié sa fille, qu'elle m'avait laissée partir à Paris pour avoir la paix. Pour éviter les emmerdements. Et moi qui me sentais si responsable de son bonheur !*

La vie était dure pour nos mères. La vie est dure pour

les femmes. Mais certaines ont l'énergie de dire « non ! » à un couple, à un mode de vie qui font leur malheur. D'autres pas. Qu'y peuvent les filles ? Elles n'y sont pour rien. Seuls les enfants subissent leur sort, sans avoir les moyens d'en sortir. Les adultes, eux, sont responsables de ce qu'ils supportent (du moins en France). Nos mères, quoi qu'elles en disent, ont choisi de rester dans leur vie. Par confort. Par facilité. Par paresse ou parce qu'elles étaient bien plus heureuses avec leur mari qu'elles ne voulaient l'admettre… Et certaines ont beaucoup aimé être des victimes. Quand Marie, à la veille de son concert, le comprend, c'est la foudre qui lui tombe sur la tête. Elle a construit toute sa vie sur le fantasme de faire le bonheur de cette mère qu'elle adore. Et quand, enfin, elle peut réaliser ce qu'elle croit être « leur » rêve à toutes les deux, sa mère refuse ce changement de statut et la main qu'elle lui tend :

- Soudain, la vérité m'est apparue : j'ai compris que, là-bas, à Antibes, loin de nous, dans sa solitude, sa dépression, sa posture de victime, ma mère avait ses repères à elle. Dans le malheur, ma mère tient la vedette et c'est sans doute pourquoi elle y tient tant. Je me suis rendu compte qu'elle était capable d'aller vers le plaisir, mais pas vers le bonheur et, qu'après tout, c'était son droit.

Ce genre de prises de conscience, que ce soit celle de Touria ou celle de Marie, entraîne de véritables cataclysmes psychologiques. C'est tout un système de croyances qui est remis en cause. Tout un destin personnel et familial – et même professionnel pour Marie. Toute une vision des hommes, des femmes… et de la famille. En se dévoilant telles qu'elles sont, nos mères nous font un mal de chien et… un bien fou. Car elles nous libèrent de cette mission impossible qui consiste à vouloir rendre heureuse une femme qui n'aime pas ça. Marie raconte la scène poignante au cours de laquelle elle a réalisé qu'elle n'était pas *tout pour sa mère* :

- Avec toute cette histoire, il y avait bien longtemps qu'elle ne m'avait pas appelée « Princesse » comme autrefois, quand un soir : « Tu m'as appelée "Princesse" ? - Oui, ça m'a échappé ! - … Échappé ! Pourquoi, je ne suis plus ta Princesse ? - Non, tu m'as

beaucoup déçue. - Donc, tu ne m'aimes plus tellement ? - Bah ! non, plus tellement...»

Heureusement, les enfants étaient couchés. Marie est restée toute seule dans le salon à pleurer, comme une gosse. Ne plus être la *Princesse* de sa mère, à 33 ans, l'a plongée dans un inconsolable chagrin de petite fille. Ce fut le dernier avant de devenir adulte...

- Quelque chose en moi s'est décroché. Brutalement, j'ai compris que je n'étais pour rien dans le malheur de ma mère et que je ne pouvais rien à son bonheur. C'est dur de ne rien pouvoir faire pour quelqu'un qu'on aime tant...

C'est dur mais c'est comme ça ! Et Marie reconnaît que ce fut une révélation rédemptrice qui vous détruit et qui vous sauve :

- Je me suis sentie impuissante et perdue. La rendre heureuse par ma réussite avait été la principale mission de ma vie. Là, j'ai compris que je devais faire les choses pour moi et pas pour elle.

La vie est une « tartine de m... »

Si on ne comprend pas à quel point il est insupportable pour les enfants que leurs parents soient douloureux, malheureux, sacrifiés..., alors on ne comprend pas que certaines filles puissent être aussi ingrates avec des mères exemplaires mais dépressives, tristes et plaintives. Et que d'autres puissent être si proches de mères, égoïstes peut-être, mais tellement vivantes, tellement dynamiques, tellement jeunes dans leur tête !

De plus, nous avons besoin que nos mères se réjouissent pour nous. Besoin qu'elles aiment que nous soyons belles, heureuses, en pleine réussite. Besoin qu'elles partagent nos bonheurs parce qu'aimer, c'est se réjouir... Pour Karine, cette capacité à se réjouir est devenue un critère de jugement et de choix dans ses amours, ses amitiés :

- Je sépare le monde en deux catégories : ceux qui ont besoin d'écraser les autres pour se valoriser : secrètement, ils adorent quand on rate ! Et ceux qui aiment que les autres réussissent comme si cela

les élevait aussi. J'appartiens heureusement à la seconde catégorie. J'aime le bonheur ! C'est merveilleux, c'est contagieux ! Le mien, celui des autres, j'adore ! J'aime aussi les gens qui se réjouissent pour moi et avec moi. Dommage que ce soit si rare !

France, 40 ans, adore sa mère parce qu'elle lui a transmis le sens de la fête. Sa santé est moyenne, elle a perdu une fille dans un accident de moto, elle a mené de front une vie de femme, une vie de mère (quatre enfants), un métier d'infirmière – épuisant –, mais elle continue d'avoir un humour fou : elle aime l'amour, elle aime le rire et le bon vin. Elle se réjouit aussi quand la liberté l'emporte sur la dictature, quand les droits de l'homme l'emportent sur la barbarie, quand la paix l'emporte sur la guerre et l'amour sur la haine : *merci, Maman !* Les mères négatives, déprimées, bonnets de nuit nous font fuir. Les voir est une corvée. Toute notre partie vivante manque d'air à leur contact. N'importe qui aurait envie de fuir. La mère de Francine aime le malheur comme on aime les gâteaux : avec gourmandise. Elle en fait son pain quotidien, sa nourriture, un bien d'échange et de consommation courante. Elle pourrait reprendre à son compte la phrase favorite des clochards :

- La vie est une tartine de merde à manger le plus vite possible...

Avouons qu'il est paradoxal que ce soient les femmes qui nous ont donné la vie qui la détestent le plus. En ce cas, le meilleur conseil à donner aux filles est de prendre leur mère à la légère. Elles ont le goût du malheur, qu'elles le gardent ! Les goûts, comme les couleurs, ne se discutent pas. Gentiment et avec philosophie, Francine s'en accommode. Avec un respect touchant, elle dit de sa mère, victime de nature et de naissance :

- Maintenant, je veux l'aimer comme elle est. Il faut que je respecte son goût du malheur. Pousser quelqu'un dans une voie qu'il ne veut pas suivre – même pour faire son « bonheur » – n'est pas le respecter. Il faut que je gagne en qualité d'amour...

ET LE PLAISIR DANS TOUT ÇA ?

Interdit lui aussi dans certaines familles marquées par la religion, les convenances, le démon ! Dans les années soixante, la famille de Joséphine était l'une des premières à avoir la télévision. Tout le village s'était réuni chez elle pour cette première. Aux informations, passe un reportage montrant des petits enfants noirs tout nus. Les jeunes téléspectateurs blancs pouffent de rire. La mère de Joséphine jette à sa fille un regard terrifiant. Le soir, elle l'envoie dans sa chambre au pain sec et à l'eau, pour avoir initié ce fou rire inconvenant…

Certaines personnes se hérissent devant toute marque de vie : la spontanéité, les élans quels qu'ils soient, les rires… sont immédiatement refroidis, réprimés, punis. Malgré son enfance particulièrement difficile, Raphaëlle avait des moments de bonheur (heureusement, il y en a toujours). Un jour, elle était rentrée de classe en chantant à tue-tête le dernier tube à la mode, une chanson bien innocente intitulée *Des souris et des hommes* :

- J'étais tellement heureuse ce jour-là. J'ai reçu une gifle de ma mère : « Ne crie pas des insanités ! » Elle ne supportait pas que je vive, que je chante, que la vie m'amuse. Dès que je vivais, elle me battait…

Quant au plaisir sexuel… Claudine a près de 50 ans et elle ment encore en disant qu'elle n'a jamais couché avec un certain jeune marin… Elle avait 15 ans et lui, bien plus. Pourtant, c'était une belle rencontre, aussi sensuelle qu'intellectuelle, le premier véritable échange de sa vie. Lorsqu'elle rentre – en retard –, sa mère, se doutant qu'il y a *« anguille sous roche »* (quelle expression !), la fouette avec une ceinture. Claudine l'excuse :

- Elle avait dû avoir peur…

Et alors ? Est-ce une raison pour cogner ? En fait, pour sa mère, le sexe était sale, maudit, démoniaque. Aimer était une honte, l'amour, ridicule : une faiblesse ! Elle fait promettre à sa fille :

- Plus jamais cela !

Le pire n'est pas que cette femme ait cette vision des choses. Le pire est que sa fille l'ait reprise à son compte. Elle est célibataire. L'amour ? Les hommes ? Elle s'en méfie. Ils ne pensent qu'au sexe. Ou c'est elle… Enfin, elle est brouillonne. Tantôt elle dit qu'elle a fait l'amour avec le jeune homme. Tantôt elle nie. Elle en est toujours là ! Trente-cinq ans après, elle se sent encore coupable d'avoir aimé. Elle donne tort à sa vérité, à l'amour, au plaisir. Elle est encore convaincue que c'est… mal. Quelle tristesse !

La frustration des mères a des conséquences immédiates sur l'éducation des filles. Paule raconte qu'un jour, elle a pris une fessée atroce (et cette femme mesurée abuse peu des superlatifs) parce qu'elle avait été surprise se caressant… Même folie chez la mère de Raphaëlle surprenant sa petit fille de 3 ans *se donnant de la joie*, chanterait Charles Trenet. Elle l'a assise sur un bidet rempli d'eau brûlante, en hurlant :

- *Lave-toi !*

Toute cette détestation de la vie, du plaisir, des rires… Quelle différence chez la mère de Martine. Sa fille se souvient à quel point leur maison était gaie. Sa mère aimait chanter. Elle aimait danser. Elle aimait faire l'amour et des gâteaux. Toute sa personne rayonnait de joie de vivre. Sa fille constate :

- *On n'avait rien. Mais elle avait tout…*

Chapitre XIII
Et à se séparer

De nos mères, nous disions en commençant ce livre qu'elles étaient le centre de tout mais, quand tout va bien, elles ne le restent pas. Petite fille, Carole était collée à sa Maman :

- Sans elle, j'étais malheureuse. À 12 ans, je me sentais coupable d'être un bébé mais je ne supportais pas de me séparer de ma mère. Je me suis détachée d'elle quand j'ai commencé à m'intéresser aux garçons.

Alors, elle a cessé de regarder sa mère comme étant « sa » maman pour la considérer comme une femme et comme la femme de son père. Alors, la jeune fille s'est demandée ce qu'était un couple. Son jugement de l'époque ? Ses parents étaient des gens bien, mais mal assortis. Carole ne comprenait pas qu'un homme comme son papa (forcément génial) puisse aimer sa femme qui, forcément – Œdipe oblige ! –, l'était moins :

- Ma mère était très amoureuse de mon père. La réciproque n'était pas vraie, du moins je le croyais. Mon père me semblait « trop bien pour elle ». Jamais je n'ai voulu ressembler à ma mère ni intellectuellement, ni physiquement. Je l'aurais souhaitée un peu plus belle, un peu plus mince. Elle avait le goût des belles choses, pourtant. Elle se cousait de jolies robes d'après patron, mais le résultat n'était jamais à la hauteur de ses espérances, car elle était toute petite pour une taille 46-48.

Entre mère et fille, l'histoire d'une séparation…

À 18 ans, Carole tombe amoureuse. Sa mère lui dit qu'elle n'est pas d'accord pour qu'elle parte vivre avec le jeune homme. Mais Carole lui répond qu'elle n'a pas besoin de son accord et s'en va. Fin de l'histoire :

- Ma mère n'a plus jamais été le centre de ma vie, tout en restant essentielle pour moi. J'aurais beaucoup de mal à me passer d'elle. Il est impossible que je ne l'aime plus, comme il est impossible qu'elle ne m'aime plus. Plus elle vieillit, plus je tremble pour elle, plus je me rends compte de ce qu'elle apporte d'exceptionnel. Ma mère nous voue, à mes sœurs et à moi, un amour inconditionnel. Cela me fait peur de devoir vivre sans cela, un jour… S'il est une personne dont je suis sûre, c'est bien d'elle, plus que de mon mari…

Ainsi, en grandissant, nous dé-fusionnons : elle, c'est elle. Nous, c'est nous. Nous prenons conscience d'avoir notre propre personnalité et notre propre vie à bâtir, en dehors de Maman, de ses désirs et de ses ambitions. En ce sens, notre histoire est celle d'une séparation. Confondre les identités, croire qu'elle est nous, qu'elle voit en nous, qu'elle sait pour nous, entraîne de grandes souffrances psychologiques se traduisant parfois par des symptômes.

Quand la séparation psychologique n'advient pas, quand la mère reste le centre de tout parce qu'il y a confusion des identités, par exemple, la fille se trouble, vomit, se gave, cherche des limites dans la violence, la destruction de soi, de l'autre… Pour sa mère, Olivia n'était pas une personne, elle était une sorte de clone. Sa maman la voyait comme un prolongement et une projection d'elle-même. Tout ce qui arrivait à sa fille venait d'elle ou lui était arrivé, à elle. Rien n'appartenait en propre à la jeune fille : ni son comportement, ni même ses symptômes. Sa mère avait été anorexique : Olivia devait l'être aussi. Si Olivia ne mangeait pas, ce devait être la faute de la mère :

- Je l'ai trop nourrie quand elle était petite…

Olivia rêvait d'écrire : pas étonnant, sa mère écrivait ! Olivia s'éloignait : pas étonnant, elle-même s'était brouillée avec ses propres parents. Tout ce qu'était, vivait Olivia la ramenait à cette mère si envahissante, psychiquement parlant :

- *Elle voulait me faire croire que j'étais comme elle. Elle ne cherchait pas à se mettre à ma place, à savoir pourquoi je voulais m'en aller. À ses yeux, je n'existais pas plus dans mes symptômes que dans la rupture. Nos deux personnalités se fondaient l'une dans l'autre.*

À force, par périodes, Olivia ne pouvait plus rien avaler. Elle pesait moins de 45 kg et son extrême minceur la renvoyait à une grande image de fragilité. D'ailleurs, sa sœur lui disait qu'elle était « cassable », un terme qui affolait la jeune fille :

- *Je ne mangeais plus parce que je voulais faire sortir ma mère de moi. Si j'avalais, j'absorbais quelque chose d'elle et je me sentais en danger de mort. Alors, je cessais de manger. J'étais complètement bloquée, je vomissais, c'était horrible. J'avais l'impression que ma mère était en moi. Je suis allée voir un acupuncteur et j'ai senti de l'air passer par le diaphragme. Je me suis remise à manger. Elle était réellement en moi et me nourrir l'alimentait, elle.*

LES SYMPTÔMES DE SA MÈRE EN SOI...

On ne demande pas à une mère d'être parfaite. On lui demande d'aider à *advenir à soi*, pour reprendre une expression de la psychanalyste Françoise Dolto. C'est-à-dire de nous aider à devenir une personne séparée, ayant sa propre existence physique et psychologique, ses propres besoins, ses propres rêves, ses propres goûts, sa propre vie à construire. Quand les personnalités mère-fille sont trop imbriquées l'une dans l'autre, quand le jeu de miroirs et d'identifications est trop fort, la fille n'arrive plus à se situer. Parfois la séparation fait l'objet d'un chantage affectif :

- *Si tu t'en vas, je meurs, je n'existe plus.*

Comment nos mères peuvent-elles favoriser la séparation ? En menant leur propre vie, en ayant ce regard, cette écoute signifiant *j'apprends à te connaître* et, comme nous le disions dans un chapitre précédent, en se laissant influencer. Les enfants sont aussi les partenaires de l'éducation. Ils disent ce qui est bon pour eux. Quand la vie est trop difficile, quand ils n'en peuvent plus, quand ils ont une difficulté, ils commencent par crier tout court. Puis ils crient *au secours*. Les mères « suffisamment bonnes » comprennent qu'il s'agit là d'un appel et elles réorientent la relation dans un sens plus conforme aux besoins de leur fille. Mais la mère d'Éléonore, par exemple, ne pouvait pas l'entendre :

- *J'avais des tas de symptômes pour lui signifier que je n'en pouvais plus qu'elle vive par procuration, qu'elle m'idéalise. Que je n'en pouvais plus d'être parfaite et de n'être pour elle qu'une personne, qu'un seul corps...*

Éléonore s'entaillait les bras avec des ciseaux. Elle était hypocondriaque :

- *Une semaine j'étais aveugle, une autre j'avais un cancer.*

Elle s'affamait pour faire comprendre à sa mère qu'elle était autonome, séparée, et qu'elle avait le contrôle de son propre corps :

- *Mais quand j'avais mal à la tête, ma mère souffrait aussi. Si je prenais un kilo, elle me sous-alimentait parce qu'elle était maigrissime. Un jour, aux sports d'hiver, je me suis cassé la jambe, elle est tombée dans les pommes. Une autre fois, je me casse le bras et, aussitôt, elle se casse la jambe. Elle ne supportait pas que je sois plus grande qu'elle. Il fallait que nous ayons la même taille et que je marche dans le caniveau quand elle était sur le trottoir. Entre nous, pas de frontières : jusqu'à l'âge de 18 ans, quand j'étais aux toilettes, elle ouvrait la porte sans frapper.*

Un jour, Éléonore raccroche au nez de sa mère qui ne peut pas y croire, tant sa fille est parfaite et *comme elle*. Elle pense que la ligne est coupée :

- *J'avais besoin de vivre ma vie et de respirer. Entre ma mère et moi, c'était un amour fusionnel mêlé d'exaspérations. Je ne pouvais pas rester plus de trois heures avec elle sans être prise de vomissements et de boulimie. Plus généralement, des deux à la fois. Comme je ne pouvais pas lui parler, il fallait que je vomisse ce que j'aurais pu lui dire ou que je me remplisse parce que je me sentais vide à l'intérieur. En me taisant, je voulais la protéger. Si j'avais été mauvaise, elle aurait eu la migraine. Dans ce contexte, je n'ai jamais pu faire de crise d'adolescence. Nous étions comme des vases communicants.*

Tout allait bien entre elles, tant qu'Éléonore était telle que sa maman voulait qu'elle soit, tant que sa fille était sa revanche… Mais dans ce jeu de miroir, Éléonore devait taire ses faiblesses. Elle devait tricher et se cacher, sans quoi le monde de sa mère se serait écroulé :

- Elle se serait décomposée. Un jour, nous nous étions battus mon frère et moi pour un pull-over ou une histoire idiote du même genre. Ma mère a fondu en larmes, en remettant tout en cause : son mariage, ses enfants… Avec elle, tout tournait au mélodrame. Je ne pouvais rien montrer, car je savais que tout allait prendre des allures démesurées.

Il est plus difficile pour une mère de voir sa fille comme une personne autonome. De ce point de vue, quand il s'agit d'un fils, les choses sont plus simples. Il est évident dès la naissance qu'elle met au monde un être différent, un « autre ». Tandis qu'elle ressent sa fille comme étant « la même ». En la regardant grandir, elle se voit en miroir. L'effet est atténué quand sa fille lui ressemble moins physiquement, psychologiquement. Néanmoins, la fille renvoie souvent à sa mère un reflet déformant d'elle-même. Quand on regarde sa fille, on se voit soi. D'où l'importance d'avoir de l'indulgence pour soi. Cette bienveillance pour soi, et pour les femmes en général, permettra de l'accepter plus volontiers telle qu'elle est. En effet, à travers sa fille, on voit aussi le genre féminin avec ses travers et ses difficultés. Caroline qui a elle-même des problèmes de poids (et qui se déteste d'une manière générale) trouve insupportable que sa fille ait les mêmes : qu'elle grossisse, maigrisse, regrossisse et soit préoccupée par des complexes en tous genres. Au cours d'une scène où la mère s'exaspère de la voir si malheureuse, sa fille lui rétorque :

- Si tu crois que c'est facile d'avoir une mère qui ne s'aime pas !

Se séparer... en douceur

Apprendre que nos mères nous aiment particulièrement, mais entre autres choses et personnes..., apprendre qu'elles ont une vie personnelle et heureuse en dehors de nous et constater qu'elles aiment la vie en général... , cela favorise une séparation douce. Mais, par affection ou par anxiété, certaines mères s'accrochent à leur fille. Elles téléphonent tous les jours. Claire, 25 ans, souffre de ce cordon ombilical qui les relie encore. Elle a l'impression d'être une bouée à laquelle s'accroche sa mère, tant aimée, pour ne pas se noyer.

La fille supplie la mère de l'aider. Que peut faire celle-ci ?

Séparer leurs deux vies. Ne pas téléphoner quand Claire ne l'appelle pas. Être à sa disposition quand elle en a besoin, mais ne pas prendre l'initiative de la relation afin d'aider sa fille à prendre son autonomie affective, amicale, intellectuelle... Cesser aussi d'être une copine. Certes, il est si tentant de raconter sa vie, de faire des confidences, mais les paroles d'une mère ont trop de poids. Elles pénètrent au cœur de l'être. Elles ne s'oublient jamais. Paule évite d'en dire trop. Elle évite les conseils :

- *Je ne veux pas avoir de l'influence...*

Tantôt, c'est l'amour qui empêche de se détacher de sa maman, tantôt c'est la haine. Nous avons toutes une image de mère dans la tête. Parfois, elle est douce et bénéfique et, parfois, elle est persécutrice. Souvenons-nous de Georgina qui continue de dire :

- *Ma mère est mon cancer. Je serai guérie le jour où elle sera morte.*

Elle y pense tous les jours...

- *Si je devais modeler une statue nous représentant toutes les deux, ma mère et moi, je n'aurais pas de visage, pas de sexe. Je serais habillée avec des vêtements informes. Je tiendrais un panier dans la main avec, d'un côté, des fleurs pour l'odeur et la beauté et, de l'autre, un chat parce qu'un chat est doux. Il ronronne, se laisse aimer, il aime les caresses et sent le lait maternel. De l'autre, du côté de ma mère, je ne vois rien. Elle ne serait même pas une bouse de vache. Une bouse, au moins, sert à faire de l'engrais. Non, ma mère est celle qu'il faut tuer pour exister, après.*

Dans ses cauchemars, Georgina poursuit sa mère pour lui faire du mal. Il n'y a pas si longtemps, elle l'a fait tomber dans un gouffre. Son mari s'est exclamé :

- *Encore ! La dernière fois, tu l'avais brûlée.*

C'est un sujet de rigolade dans la famille... Parfois Georgina dit qu'elle va aller tuer sa mère (pour rire, bien sûr). Quand elle en rêve, elle se sent soulagée. Au réveil, elle affirme qu'elle n'irait pas en prison : les juges lui accorderaient des circonstances atténuantes...

Quand une mère est persécutrice, quand elle empêche de vivre, quand ses petites phrases, ses mauvais regards poursuivent, il est bien légitime de penser que sa mort serait un soulagement. Hélas, cette idée ne va pas sans angoisse. Pour se séparer psychiquement de sa mère, il existe des idées et des méthodes plus douces pour soi. Mais comment prendre du recul ? Comment se sentir moins touchée ? Comment prendre son envol, advenir à soi-même ? La philosophe Hannah Arendt disait que chacun doit être à l'origine d'un commencement, d'une originalité... Toutes les filles essaient d'exister par elles-mêmes et de trouver cette belle originalité qui nous rend uniques. Mais, en nous, quelque chose bloque.

Quand on a eu une mère difficile qui reste au centre de nous-mêmes, on peut commencer quelque chose en amour ou professionnellement puis s'interrompre. Peut-être est-ce la peur de se lancer pour faire exister cette originalité attirante et inquiétante ? Quelque chose ramène au ventre parce que le monde fait peur, parce que devenir une personne à part entière est un risque à prendre : celui de l'échec, celui du rejet. En famille, on garde le souvenir d'avoir été protégée... Il est tellement effrayant d'être adulte, de devoir assumer un travail, un amour, des enfants... Le retour au giron est une tentation pour ne pas faire face, surtout si on a eu une enfance heureuse, surtout si Maman appelle... Parfois aussi, la proximité des deux femmes empêche que la plus jeune ne se trouve. Maria Maïlat, anthropologue, écrivain et formateur d'éducateurs sociaux, le constate : « *Il existe un grand malaise autour de la séparation. "Il faut se séparer !" dit-on. C'est une injonction. Il faudrait que ce soit une gratification. Une séparation réussie est gratifiante pour la mère et pour la fille. Elle peut permettre à chacune, mère et fille, de trouver un surplus de reconnaissance sociale, de satisfactions et d'existence relationnelles et personnelles.* »

Chapitre XIV

Besoin d'une mère à vie

Le drame de la vieillesse, dit-on souvent, n'est pas d'avoir besoin des autres, mais que les autres n'aient plus besoin de nous… Quelle erreur de le croire ! Les femmes qu'on admire sont, paraît-il, toujours plus âgées que soi. Et le rôle d'une mère ? Il ne s'arrête jamais, même s'il évolue. Pour de nouvelles raisons et à chaque âge autrement mais, tout au long de leur vie, les filles ont besoin d'une maman. Quelle chance *d'avoir encore sa mère* disent des femmes mûres. Ne serait-ce que pour une raison : son existence nous protège du pire. Parce qu'elle nous devance dans l'ordre des générations, notre mère partira la première. Tant qu'elle est là, nous nous sentons à l'abri… En ce sens, notre mère, aussi difficile soit-elle, est un garde-fou. Mais évidemment, on a besoin d'elle pour d'autres raisons, en partie recensées par Éléonore :

- *Une mère, c'est quelqu'un qui sera toujours là, la seule personne qui nous connaisse depuis toujours. C'est elle qui sait à quel âge nous avons eu nos premières dents, nos premières règles et pourquoi nous avons arrêté la danse. Une mère est notre mémoire, notre histoire. Il est très difficile de remplir les blancs qu'elle laisse en partant. Et puis, quand on a encore sa mère, on a le sentiment qu'il existe un endroit sur terre où l'on peut trouver refuge. Quand on n'a plus sa mère, on n'a plus personne…*

Une mère manque toute la vie, à chaque fois que l'on attend d'une mère qu'elle soit là, dans les mauvais et les bons moments. Elle manque quand nous sommes malades, fatiguées, tristes, découragées ou très heureuses. Elle manque pour nous remonter le moral ou se réjouir avec nous. Elle a manqué à Olga le jour de son mariage. Dans sa belle robe blanche, au bras de son fiancé, elle s'est évanouie devant Monsieur le curé au moment de dire « oui ». Du côté de son mari, tout le monde était là. De son côté, personne. Pas de père pour la conduire à l'autel. Pas de mère pour être émue aux larmes en lui souhaitant tout le bonheur du monde :

- Je n'ai pas pu dire Maman, je n'ai pas pu dire Papa, ni remercier pour ma belle enfance en promettant des petits-enfants...

Besoin de sa mère pour être mère...

Très difficile aussi d'accoucher sans sa mère. Éléonore poursuit :

- Pour ma première fille, ma mère était bouleversée, d'autant plus que je lui avais donné le prénom de sa sœur décédée. Ce bébé nous a beaucoup rapprochées. La seconde, je n'ai pas voulu l'allaiter et au lieu de me dire : « Comme elle est belle, comme elle est mignonne », ma mère m'a demandé ce que j'allais lui donner à manger. J'ai répondu : « Du couscous et de la paella. » La réponse ne me semblait pas si difficile à trouver. J'ai eu un baby-blues terrible. Pour la troisième, mon mari était aux sports d'hiver, mon père était en voyage et ma mère était morte. Ça s'est très mal passé. J'étais toute seule. Je pouvais mourir et je pensais que si ma mère avait été vivante, elle aurait été là, près de moi...

Mais le pire est évidemment d'avoir toujours sa mère et qu'elle soit absente ou à côté de la plaque. Natacha raconte qu'à la maternité, elle se sentait protégée, mais elle se posait quantité de questions. Elle avait peur :

- Est-ce que j'y arriverai ?

Le bébé était magnifique. On la félicitait. Le soufflé montait, montait. Elle se disait :

- J'aurai au moins réussi ça dans ma vie !

Puis il retombait. Il lui manquait sa mère. Pourtant, elle

n'habitait pas loin. Mais venir voir sa fille à la maternité semblait au-dessus de ses forces psychologiques car, grand-mère à 46 ans, elle était en pleine forme physique. Elle a donné une drôle d'excuse pour se défausser, cinq jours durant :

- Les embouteillages, tu comprends ?

Cinq jours d'embouteillages, nuit et jour. Et le métro ?

La maman de France est venue, mais en lui demandant où elle était allée chercher un prénom pareil :

- Isée, ça veut dire quoi ? Ça fait risée... Et quelle idée d'accoucher dans l'eau !

Il a fallu que son mari pousse la nouvelle grand-mère du coude pour lui faire remarquer :

- Elle est jolie, la Petite !

La mère a eu l'air étonné. Elle n'avait pas remarqué. Elle n'avait même pas pensé à regarder sa petite-fille. Ni sa fille d'ailleurs...

Ce ne sont que de petites phrases, mais elles sont révélatrices de la non-affection, de la non-attention. Nous continuons à avoir besoin toute notre vie de la bonne estime de notre mère. Besoin aussi qu'elle veuille bien jouer son rôle de grand-mère auprès de nos enfants. Mais la mère de Natacha n'est pas plus grand-mère que mère. Quant à celle de France, elle continue de vouloir imposer sa propre vérité, sans s'interroger sur les sensibilités qui l'entourent, sans regarder ailleurs que vers ses principes. Ainsi se dresse-t-elle, par exemple, contre les valeurs éducatives de sa fille. La jeune maman s'efforce d'envelopper Isée dans un monde de douceur et de tendresse. Elle veut lui épargner les « traumatismes » qui pourraient la choquer. Or, un jour, ses parents percutent un hérisson sur la route. Sans doute pour aguerrir leur petite fille de 4 ans, ils le placent tel quel dans le réfrigérateur. Il a l'air vivant, le hérisson, mais il est mort. Et il n'a rien à faire là. Quand la petite fille va chercher son verre de lait et qu'elle se trouve nez à nez avec cette petite brosse de poils morte, elle hurle et court se réfugier dans les jupes de sa mère qui commente :

- Ce n'était pas dirigé contre elle, mais contre moi et mes valeurs « ridicules » comme « risée »….

Dans le bonheur, dans le malheur

Inutiles, les mères ? Inutile vieillesse ? Nous ne sommes plus des enfants mais nos besoins, en tant que filles, restent les mêmes. Nous avons besoin à vie que nos mères soient des mamans. Besoin qu'elles nous regardent, nous comprennent, s'intéressent à notre vie et nous remontent le moral. Qu'elles nous donnent envie de vivre et qu'elles soient, c'est un minimum, présentes à la naissance de nos enfants. Qu'elles nous offrent un cadeau pour notre anniversaire. Qu'elles s'intéressent à leurs petits-enfants. Qu'elles nous aident financièrement (si elles le peuvent parce que tous les parents le font). Qu'elles nous poussent à construire *notre propre originalité* dont parlait Hannah Arendt. Qu'elles continuent à nous ouvrir la voie. Qu'elles nous apprennent à ne pas avoir peur de la vieillesse et, bien plus tard, de la mort, etc.

Or, les relations ont peu de chance de s'améliorer si nos mères continuent sur leur lancée. Ainsi, qu'elles n'aient pas d'idées de cadeau pour notre anniversaire réactive les frustrations, les injustices vécues autrefois, lorsqu'elles préféraient ostensiblement un frère ou une sœur. On est toujours frappé que ce soient de tout petits événements qui créent une montagne de rancœurs et d'incompréhensions entre mère et fille, mais ils sont révélateurs des manques. Pour ses 40 ans, France demande à sa mère – qui n'a pas d'idée – de lui offrir un service à thé. Elle est exaucée. Enfin, à moitié :

- J'ai reçu les soucoupes et les tasses. Ma mère a généreusement précisé qu'elle m'offrirait la suite (théière et sucrier) plus tard…

Le pire, pour France, ce sont ces cadeaux Damart qui se repassent de mère à fille :

- Il est arrivé que je reçoive une robe de chambre Damart à Noël, une autre pour mon anniversaire, tandis que ma fille en

recevait une autre pour le Noël suivant. C'est ainsi que nous avons écopé de trois robes de chambre Damart dans la même année.

Les injustices dans le temps consacré aux petits-enfants, dans les cadeaux offerts, sont toujours aussi difficiles à supporter par les filles adultes. Isabelle constate :

- Je suis toujours un peu triste et jalouse quand ma mère parle avec mon beau-père de « nos enfants », un lot dans lequel ma mère ne me compte pas. Quand elle va chez ma sœur quinze jours, elle ne vient pas chez moi, ou alors une semaine. Elle dit qu'elle a mal au ventre ou qu'elle est fatiguée, parce qu'elle ne peut pas monter les trois étages à pied (elle qui fait de la randonnée en montagne...).

Pendant toute son enfance, Jeanne n'a eu ni cadeau ni gâteau d'anniversaire. Le jour des 15 ans de la jeune fille, sa mère a offert une mobylette à... sa sœur ! Aujourd'hui, le déséquilibre se creuse encore. À l'une, la mère donne du temps, de l'attention, des meubles, des bijoux... À l'autre, toujours rien ! Les fêtes sont des moments terribles pour les vilains petits canards de la famille. Nos mères le savent-elles ?

Dans la même veine, la mère de Francine ne l'a jamais aidée, alors qu'elle a élevé les enfants de ses autres enfants. Francine était mariée à un saxophoniste. Ils avaient du mal à joindre les deux bouts. Une fois, ils préparaient un concert qui leur prenait tout leur temps et... tout leur argent. Francine demande (exceptionnellement) à sa mère d'accueillir son fils pour quelques jours et la grand-mère accepte. Mais Francine n'a pas d'argent pour prendre le train. Elle se cache dans une couchette. Le contrôleur la trouve. Elle dit que sa mère l'attend à Marseille. Elle pourra payer. Escortée par le contrôleur, elle se présente devant sa mère qui règle l'amende. Le lendemain, sa mère la laissait repartir sans billet et sans lui donner un sou...

Besoin d'une mère encore en cas de coup dur ou quand l'amour nous joue de mauvais tours. Besoin de ses bras, de son sourire, besoin d'une mère-refuge. Quand Michèle perd l'homme de sa vie, elle a 20 ans, elle est enceinte de huit mois et elle n'est pas mariée. À l'époque, les mères célibataires sont encore mal vues. Sa mère, en pensant qu'il va falloir annoncer la nouvelle à sa famille, s'écrie :

- *Tu me mets dans une situation vraiment… humiliante.*

Trente ans plus tard, elle n'a pas changé. Sa fille se sépare à nouveau d'un homme. Ils sont ensemble depuis vingt ans, mais la vie à deux est devenue infernale. C'est un grand dépressif et il boit trop. Michèle n'en peut plus. Elle quitte cet homme fortuné et son trois cents mètres carrés, situé dans un quartier chic de Paris, pour… un petit studio de trente mètres carrés dans un quartier plus difficile. Sa mère la console-t-elle ? Salue-t-elle son courage ?

- *Dans les pires moments de ma vie, je n'ai jamais eu le moindre mot de réconfort. J'avais 20 ans et l'homme que j'aimais est mort. Ma mère m'a proposé un avortement ou de faire adopter l'enfant que j'attendais de lui. Sur le plan pratique, je dois dire qu'elle a été impeccable. Mais quand la vie fait mal, on a besoin de tendresse, d'abord…*

En entrant dans le nouveau studio de Michèle, sa mère a eu cette exclamation mémorable :

- *Quelle régression !*

Besoin qu'elle vieillisse bien !

En vieillissant, nos mères espèrent parfois qu'elles vont pouvoir décrocher de la maternité et nous considérer comme des adultes, au même titre qu'elles. Mais on pardonne difficilement à une maman de démissionner de son « poste ». Nous attendons d'elle qu'elle assume ses responsabilités, jusqu'au bout. Camille adore sa mère, mais elle la voit moins, temporairement, parce qu'elle ne supporte plus de crier sur les toits de la maison familiale que son frère va mal et de ne pas être entendue :

- *Je souffre quand ma mère abdique, quand elle oublie d'être notre mère. Quand elle baisse les bras. Je souffre aussi de ne pas pouvoir me reposer sur elle de ce grave souci. Depuis que je suis majeure, Maman voudrait que nous ayons une relation d'adulte à adulte. Qu'elle veuille nous coller à toutes les deux le même niveau de responsabilités dans la maladie et la guérison de mon frère m'est assez difficile à vivre. Elle voudrait que nous soyons amies et je veux continuer d'être sa fille. C'est-à-dire de pouvoir me reposer sur elle, sans qu'elle me mêle aux ennuis qui lui reviennent. Si je ne peux pas me reposer de la vie chez ma mère, alors où ? J'aimerais qu'elle continue à me ménager, à veiller sur moi, à me donner l'exemple d'une femme responsable et qui vieillit bien.*

Marie Cardinal en veut, elle aussi, à sa mère de ne pas la protéger du spectacle de sa déchéance. Les filles ont tellement besoin que leur mère soit digne ! Elle écrit en parlant de la sienne : « *Elle hochait la tête comme une vieille piquée. Dès mon premier regard, j'ai vu qu'elle était en proie à ce que j'appelais la bête pour nommer l'angoisse, la folie qui soudain s'emparait d'elle. Je voyais bien que dans la chose, dans le gros tas de chair, se livrait un combat désespérant. Je connaissais tous ces symptômes par cœur. Je savais qu'avec la chose, il n'y avait plus ni jour ni nuit, que toilette ne voulait plus rien dire, pas plus que dormir, enfants, salon, n'importe quoi. L'agitation intérieure trop grande pour que quoi que ce soit d'autre existe. Elle n'avait pas cet instinct qui me poussait à me cacher. Elle s'en foutait, elle, de s'exhiber au contraire ! Comme si elle prenait du plaisir à étaler ses plaies. Je la haïssais.* »

On déteste sa mère quand elle tire vers la mort, vers le morbide. Quand rien de ce qu'elle dit, de ce qu'elle montre ne donne envie de vivre, d'avancer. Quand rien ne fait progresser… Il existe d'ailleurs une certaine injustice dans ce constat. Des mères dévouées provoquent la fuite chez leurs filles qui, alors, se sentent ingrates. Elles n'ont qu'une envie : fuir ces mères dévouées qui pourtant ont fait leur devoir de maman, et pourquoi ? Mais parce qu'elles geignent et se plaignent. Parce qu'elles se lamentent. Parce qu'elles s'ennuient. Parce qu'elles ressemblent aux *Vieux* de Jacques Brel qui passent du lit au lit. Même malade, même au bout de sa vie, la mère de Sylvie continuait de vivre et d'être une maman formidable, en essayant de montrer à sa fille que mourir consiste simplement à terminer sa vie. En profitant au mieux et jusqu'au dernier moment de ce que l'existence peut apporter de beau et de bon…

Jusqu'au dernier instant, elle reste courageuse, aimable et elle donne envie de l'aimer. Jusqu'au bout, elle semble intéressée par les autres et par sa fille. Elle n'oublie jamais qu'être mère, c'est être regardée par une femme plus jeune en recherche de modèle…

Quand Françoise Dolto a disparu, les siens ont dit qu'elle était morte comme elle avait vécu : courageusement ! Quelle déception pour Claire de constater que sa mère a trouvé l'énergie de survivre à deux cancers, mais… Les médecins la considèrent comme une ressuscitée et sa fille déplore que ces maladies ne lui aient rien appris. Elle ne sait toujours pas aimer la vie. Claire enrage : elle sent que sa mère pourrait lui faire passer quelque chose de vital, quelque chose qui l'aiderait à surmonter ses petits soucis, à elle. Mais non, elle continue de se plaindre et c'est une corvée pour sa fille d'aller voir cette vieille dame qui n'a rien à transmettre que son ennui. Comme toujours, la relation n'aura pas lieu. Et Claire, en la quittant, devra aspirer une grande bouffée d'oxygène pour se nettoyer le sang…

Les enfants fuient leurs vieux parents quand être vieux signifie être mort avant l'heure. Si être vieux signifie être encore vivant, c'est-à-dire avoir encore des joies, des projets – rétrécis certes –, mais des projets tout de même, alors on vient chercher cette image-là d'une vieillesse diminuée peut-être, mais encore intéressée, encore en liaison avec les autres, encore… vivante. Voyons comme Sylvie est fière, enrichie et rassurée que sa maman, fort malade, s'émerveille encore des riens : un peu moins de douleur, une fraise qu'elle goûte, du soleil miroitant entre les feuillages, une voix amie et la présence de sa fille qui lui fait tant de bien…

Troisième partie

Ouvrir la relation aujourd'hui ?

Les enfants sont vulnérables. Ils sont victimes de leurs parents. Petites filles, nous avons subi nos mères. Aujourd'hui, ce n'est plus pareil. Nous sommes des adultes. Nous pouvons nous défendre. Nous pouvons comprendre. Nous possédons un libre-arbitre et… un pouvoir de décision : celui d'accepter nos mères telles qu'elles sont ou pas. Celui de les voir ou pas. Et à quel rythme et sur quelle durée ? Nous sommes désormais les actrices à part entière de la relation. Certaines femmes choisissent de tourner le dos à leur mère et parfois il le faut pour sauver sa peau…

Néanmoins, les mères absolument toxiques restent l'exception. La plupart ont aussi de bons côtés, mais lesquels ? C'est à cette question que nous essaierons de répondre dans cette troisième partie. Il ne s'agit pas de chercher à pardonner, mais de chercher à comprendre par quel endroit nous pourrions excuser nos mères, développer à leur égard un petit coin de tendresse, essayer même de les aimer… Pourquoi ?

Mais parce que nous en avons besoin pour notre équilibre. Haïr sa mère, c'est continuer d'en dépendre. Et ne plus la voir, c'est risquer de la perdre de vue, avec les doutes que cela entraîne : est-elle bien l'horrible femme que nous pensons ?

Dans la majorité des cas, il vaut mieux continuer de voir sa mère, mais en prenant soin de se protéger. Et en essayant de la voir autrement, pour en souffrir moins. C'est-à-dire en cessant de la juger à travers le prisme de nos manques enfantins. En effet, souvenons-nous des trois secrets d'une relation réussie : Regarde-moi ! Mets-toi à ma place ! Et fais-moi aimer la vie… Or, ces clefs sont aussi valables pour nos mères. Elles aussi ont besoin que nous nous efforcions, aujourd'hui, de les regarder, de nous mettre à leur place et de les aider à aimer leur vie, telle qu'elle a été et telle qu'elle est.

Si nous souhaitons ouvrir la relation, alors efforçons-nous de voir au-delà de la mère manquante. Et penchons-nous sur la femme qu'elle fut, dans sa génération et dans son histoire. Mettons-nous à sa place et dans son contexte : peut-être n'a-t-il pas été facile d'être des femmes de leur temps et des mères dans ces conditions. Mais surtout, aidons-les à se sentir moins coupables d'avoir failli, si du moins elles se reprochent quelque chose à notre égard… En effet, nos jugements et notre souffrance sont des bagages que nous trimballons avec nous à chaque rencontre. Pour combien de temps ?

Entendons-nous bien : nous n'allons pas changer nos mères ni faire des miracles en changeant de regard. Mais peut-être allons-nous adoucir les rencontres et l'échange en découvrant qu'elles essaient de nous donner un petit quelque chose et de réparer un peu du mal qu'elles nous ont fait…

L'objectif n'est pas d'aimer – enfin ! – sa mère. Mais d'obtenir que son existence et sa présence ne soient plus une charge mentale pour nous. Le but est de faire en sorte que notre mère n'ait plus autant d'importance. De s'arranger pour qu'elle ne soit plus le centre de tout. Et que nous puissions enfin travailler à la construction de notre propre vie et de notre propre bonheur, comme le font toutes les autres filles.

Chapitre XV

Prendre du recul

Oui, nous en avons bavé. Oui, nos mères ont failli à la tâche vertigineuse que la société leur a confiée. Oui, leurs petites phrases continuent à nous trotter dans la tête. Mais combien de temps encore allons-nous accorder à nos mères le pouvoir de nous faire du mal ? Certes, pour guérir, il faut avoir pris conscience de sa souffrance. Avoir reconnu le mal qui nous a été fait. Il n'est pas question d'être une autruche, car on ne peut apaiser une douleur qu'on n'a pas repérée. Nous devons commencer par plaindre la petite fille qui est en nous et qui a eu la malchance de tomber sur une mère difficile. Néanmoins, passé cette étape obligée, cessons de nous voir comme des enfants sans défense face à un mal-être constitutif et à une mère toute-puissante à nous détruire.

Petites filles, il est vrai, nous prenions au pied de la lettre tout ce qu'elles disaient, faisaient et prétendaient vivre. Peut-être avons-nous été des marionnettes qu'elles tentaient de manipuler. Mais nous avons grandi. Raphaëlle a mis quarante ans, dont huit ans de psychothérapie, à guérir des coups de martinet et des supplices alimentaires qui s'étaient fixés sur les olives détestées. Et puis un jour, elle s'est dit :

- *« Ma chère maman, tu ne m'empêcheras plus de profiter de la vie. Je vais oublier les malheurs et… goûter les olives. » Ce fut la grande conquête de ma vie. Dès ce moment, j'ai su que ma mère ne pourrait plus jamais me faire de mal. Il n'était plus question que je lui donne ce pouvoir.*

Aujourd'hui, nos mères occupent la place que nous voulons bien leur donner, dans nos vies et dans notre cœur. Elles ont le pouvoir que nous voulons bien leur donner sur notre psychisme. Nous sommes désormais responsables du mal que nous acceptons de nous faire avec cette relation. Ou pas.

Il faut y croire !

Indéniablement les psychothérapies, quand elles sont bien menées, apportent une aide véritable et définitive. La plupart des filles interrogées pour cette enquête ont consulté un psy. Au fil des séances, elles ont pu « dé-fusionner », se sentir moins coupables, faire descendre leur mère de son piédestal. Elles ont pu aussi apprendre à les voir comme de simples femmes, limitées et manquant (parfois et pourquoi pas ?) d'équilibre, de sensibilité, d'intelligence, de qualités maternelles ou tout simplement humaines.

Pour s'en sortir, il faut commencer par se convaincre que l'on peut guérir. Julie précise :

- Je n'ai jamais fait de dépression grave, mais je souffre d'angoisses, d'anxiétés terribles, d'insomnies, et par moments je ne mange plus. Pour de courtes durées. Alors je vais chercher de l'aide… Je sais maintenant que je suis capable d'aller bien. Cela me donne de l'espoir et m'ouvre la voie de la guérison…

Cela dit, le psy n'est pas une solution magique. Quand Sarah nous raconte qu'elle ne peut pas vivre sans avoir l'impression de tuer symboliquement sa mère ; quand Héloïse dit qu'elle a peur, en s'émancipant, de provoquer la mort de sa maman. Comme elle pense avoir été la cause de celle de son père…, c'est cohérent, mais cela ne suffit pas. En fait, ces jeunes femmes ont peur de se lancer dans la vie sans retour possible à la case départ. Parfois, les mauvaises relations que nous avons avec nos mères servent de prétextes à notre peur de grandir, à notre peur d'aimer ou de nous lancer… Un bon psychothérapeute nous bouscule et nous fait avancer sur le chemin de notre avenir.

Nos mères difficiles laissent des traces… et après ? Qu'allons-nous faire premièrement pour en sortir ? Et deuxièmement pour en sortir grandies ? Comment allons-nous construire du positif sur ce négatif ? Telle est la bonne manière de se poser la question, aujourd'hui.

Apprendre à se blinder…

Nous avons passé quinze chapitres de ce livre à nous plaindre de nos mères et… combien d'années ? Il importe maintenant de nous souvenir de nos recours et des bons moments. Rappelons-nous les promenades, les lectures, la mer, la nature, les animaux, ces gens qui nous aimaient, le sport, le travail, la satisfaction du devoir accompli. Car la femme que nous sommes devenue continue d'avoir ces ressources. Cessons de nous faire du mal. Cessons de revoir en pensée le film des outrages, des failles, des manquements de nos mères : à constater nos blessures, à en gratter les croûtes, nous restons malades. Marie constate :

- *Une des choses qui abîment le plus est le ressentiment. Le fait de se souvenir des mots, des torts subis comme si nous les sentions encore. C'est le synonyme de rancœur, d'amertume, d'animosité. Cela entraîne des vies gâchées.*

Nous avons également le pouvoir d'éviter les situations douloureuses qui réactivent la colère, l'angoisse, la souffrance. Et aussi celui d'exercer notre esprit critique. Non pas pour le plaisir, mais pour apprendre à nous blinder. Autrement dit, il faut passer du : « *Maman a raison ! Je ne suis pas intéressante, c'est moi qui lui fais du mal, j'aurais dû faire comme ceci ou cela…* » à : « *Voilà qui est ma mère et que puis-je en faire ?* »

Les filles commencent à aller mieux le jour où elles osent mettre des mots sur un fonctionnement maternel. Le jour où elles osent transgresser ce commandement voulant qu'on ne juge pas ses parents. D'ailleurs s'agit-il de les juger ? Ou de comprendre qui ils sont pour en tirer le meilleur ? Olivia constate :

- *Je vais beaucoup mieux depuis que je regarde les choses en face. J'ai compris maintenant qu'elle veut ma peau. D'ailleurs elle me disait très clairement : « Tu n'es qu'une petite merde, je vais t'écraser… » C'est très difficile à accepter car c'est incompréhensible. Une mère est faite pour apporter la sécurité, l'amour, la confiance… Je devais y être pour quelque chose… J'ai été libérée quand j'ai compris que ma mère était ainsi faite, mortifère et destructrice. C'est une question de nature. J'aurais pu être blonde ou rousse, énorme ou cachectique, adorable ou ignoble, cela n'aurait rien changé.*

Line aussi regarde la vérité en face :

- *Ma mère me jalouse. Elle aimerait être à ma place. Je l'ai toujours confrontée à ce qu'elle refusait : le temps qui passe… Elle est restée une petite fille pour son second mari. Elle est aussi très égocentrique. Je suis déçue ! Elle ne pense qu'à elle. Elle est très personnelle. Elle ne sait pas faire contre mauvaise fortune bon cœur. Sous prétexte qu'elle est contrariée, elle est capable de tout gâcher pour tout le monde. Elle est une mère et une grand-mère de mots, jamais d'actes. Oh ! Elle reconnaît toujours ses torts. Elle demande toujours pardon et… elle recommence.*

Bérénice aussi va mieux depuis qu'elle ne reprend plus les défauts de sa mère à son propre compte :

- *Je vais mieux depuis que je ne prends plus les choses pour moi. Je ne me dis plus que je n'intéresse pas ma mère. Je constate que sa vaisselle, son ménage… sont prioritaires. Je sais aussi que son autoritarisme, qui était si douloureux dans mon enfance, n'est pas un désir de m'étouffer mais du stress à l'état pur…*

Il faut également oser penser que notre mère est une femme très égoïste. Tant que Magalie ne l'aura pas admis, elle souffrira de vouloir changer sa mère :

- *Elle a toujours eu des larbins. Quand elle envoie une carte postale, c'est son homme qui écrit et colle le timbre. C'est lui qui compose le numéro de téléphone en disant : « Je te passe ta mère. » Elle envoie toujours les uns ou les autres faire ses corvées, ses cadeaux. On dirait qu'elle ne veut rien faire pour nous. Elle est toujours fatiguée. C'est une princesse qui fait des réussites toute la journée. Elle n'a aucune énergie, elle fume énormément et elle a un problème d'alcool. Je n'arrive pas à savoir si elle est très névrosée ou très égoïste. Mais dès que j'espère la changer, je me fais du mal…*

PRÉVOIR OU SUBIR

Il faut savoir qui est sa mère – et ce qu'il est impossible pour elle d'apporter –, afin de moins souffrir de ses manques. Et s'en souvenir avant chaque rencontre. Prévoyons qu'elle va passer le déjeuner à élever un temple à sa propre gloire. Ainsi, nous pourrons opiner… en ayant la tête ailleurs ! Sachons qu'elle va passer en revue tout ce qui, chez nous, n'est pas parfait :

- *Tu n'aurais pas un peu grossi, toi ?*
- *Il y a longtemps que tu n'as pas fait ta couleur !*
- *Décidément, le vert te donne l'air malade !*

La prévoyance permet d'absorber les piques et de répondre négligemment :

- *Tiens, la dernière fois, c'étaient mes ongles qui n'allaient pas.*

Avec nos mères, il faut prévoir ou subir… Prévoir et développer son sens de l'humour. Ou subir et prendre de plein fouet ce que Line appelle « les défauts exaspérants » de sa mère…

Sachons aussi prévoir la périodicité et la durée des rencontres. Au-delà de quelle limite les retrouvailles deviennent-elles pénibles ? Bérénice a fixé ses limites à une fois par an durant deux jours car sa visite ne change rien aux habitudes maternelles : ménage matinal, feuilleton à la télé… Si, moralement, la jeune femme ne se préparait pas à un accueil si froid, elle serait vaincue.

Autre exemple, celui de Natacha. Elle a finalement accepté que les plaintes de sa mère lui vrillaient l'estomac. Elle les prenait très au sérieux : c'est le propre de l'enfance. Mais aujourd'hui, elle connaît bien ce chantage, le prévoit, le contrecarre. Au lieu d'agir comme la petite fille et de courir en tous sens pour soulager les migraines maternelles (qu'elle-même ne soigne pas). Au lieu d'agir comme l'adolescente et de charger sa mère de haine pour la culpabilité qu'elle engendre, Natacha adulte la prend avec du recul et lui dit très gentiment :

- C'est à toi de savoir si te plaindre accentue tes maux de tête ou les soulage !

Autrement dit :

- Maman, tu es une adulte. C'est à toi de te soigner et de faire ce qu'il faut. Fais ce que tu veux, je m'en fous...

Quand l'éloignement fait du bien...

Cela dit, pour échapper au chantage affectif, à la culpabilisation, à la si puissante logique de nos mères qui nous empêche de penser par nous-mêmes, il est parfois nécessaire de rompre momentanément. Parfois, il est impossible de reprendre ses marques et de trouver un équilibre en restant au cœur d'une relation familiale toxique. Paule constate :

- Dès que j'essayais de m'émanciper en actions ou en pensées, on me replongeait la tête dans le seau. J'étais abrutie, matraquée par les idées toutes faites de ma mère, par son catholicisme et son non-amour. Un jour, je n'ai plus voulu de cela. Un jour, j'ai eu envie de vivre. J'ai adoré tromper mon mari. J'ai adoré dire merde à ma mère. J'ai adoré mettre huit cents kilomètres entre elle et moi. J'avais 35 ans et j'étais mûre comme un fruit.

Quand nos mères nous rendent malades, quand elles cherchent manifestement à nous détruire, l'éloignement peut être une solution. Souvenons-nous d'Annie que sa mère critiquait sans cesse :

- Elle me traitait d'imbécile. Elle m'empêchait d'aimer mon beau-père sous prétexte qu'il n'était pas mon père. Elle me disait qu'elle savait tout de moi...

Bref, tant qu'Annie voyait sa mère, elle ne pouvait pas échapper à cette emprise, à cette dominance psychologique et même... physique :

- Elle me terrifiait. Je savais qu'elle pouvait prendre une casserole et me la cogner sur la tête, qu'elle pouvait hurler des horreurs et me détruire moralement.

Pendant trois ans, Annie se fâche avec sa mère et découvre enfin ce que tranquillité d'esprit signifie. Plus de peurs, plus d'angoisses en entendant la sonnerie du téléphone :

- Ah ! Ce doit être La Mère ; qu'est-ce qu'elle va encore inventer ?…

Loin de ces jugements, loin de ces critiques, loin de cette animosité, Annie a commencé à renaître, à se sentir exister, à savoir ce qu'elle voulait faire de sa vie, etc. Quand les mères rendent malades, il faut s'éloigner pour se refaire une santé. C'est ainsi que Julie, n'ayant pas vu sa mère depuis trois ans, réussit à aller mieux :

- À chaque fois qu'elle se manifeste par l'intermédiaire de mes sœurs au téléphone, elle recommence à me rendre malade. Surtout quand elle dit : « Je sais qui tu es… Tu feras le malheur autour de toi… Tu as brisé la famille… » Elle essaie de me faire croire qu'elle me connaît mieux que je ne me connais moi-même. C'est en cela qu'elle me déstabilise, qu'elle instille le doute.

Certaines mères sont tellement pathologiques qu'elles menacent la vie de leur fille, au sens propre du terme. C'est l'histoire de Nadia battue par sa mère. Une mère qui crie haut et fort qu'elle ne veut pas de ce bébé. La petite fille est placée quelque temps. Puis rendue à la mère au nom des liens du sang qui, en France, sont sacrés. L'aller et retour se répète plusieurs fois. Les psychothérapeutes qui prennent en charge la petite fille alertent le juge des affaires familiales : cette mère est très dangereuse ! Il ne faut surtout pas lui rendre sa fille… Mais les bons sentiments persistent à croire qu'une mère ne peut être totalement mauvaise. Jusqu'aux 2 ans de Nadia. Ce jour-là, comme on jetterait l'éponge, sa mère la balance à toute volée contre un mur. Fin de l'histoire…

Reprenons celle de Christine. Sa mère est une paranoïaque cliniquement répertoriée qui se sent parfaitement bien dans sa peau : de son point de vue, les autres sont des malades. Pas elle. Elle-même se sent très bien. Il faut dire qu'elle n'a aucun souci matériel. Elle est très adaptée à son milieu aisé et politiquement extrémiste. Ayant collaboré avec les nazis pendant la guerre, elle a gagné une fortune augmentée par un mariage d'argent. Son quatrième époux est riche mais faible. Elle aime détruire, moralement s'entend. L'homme finit ses jours dans un hôpital psychiatrique. Christine a 13 ans :

- C'est alors que ma mère a commencé à s'occuper de mon cas : elle n'avait plus rien d'autre à se mettre sous la dent...

Cette femme ressemble à ces gens qui adorent tirer la chaise sur laquelle vous allez vous asseoir... À la côtoyer, on se sent nul, minable, un peu ridicule. Mais Christine n'est pas une mauviette. Elle est sympathique. Elle a des dizaines de copains. Elle s'enivre d'air pur et de randonnées épuisantes, en montagne. Un jour, sa cordée tombe dans un gouffre. Elle et ses compagnons sont portés disparus. Sa mère fait dire une messe. Elle adore avoir enterré sa fille : le noir lui va si bien ! Hélas (pour elle), sa fille s'en sort *in extremis.* Elle est vivante !!! Sa mère considère cette résurrection comme un affront. Depuis, elle répète obstinément malgré ses 90 ans :

- Je lui survivrai ! Je lui survivrai !

Tous les moyens sont bons pour faire craquer sa fille :

- Ma mère est une caricature de l'odieuse vieille femme du film « Tatie Danièle ». Je me dis parfois qu'il y a des notes à prendre, des gags dans l'horreur. Ah ! les cadeaux de ma mère : un tampon Jex et de l'eau de javel à Noël, pour récurer mes casseroles. Une lunette pour la cuvette des toilettes et le balai qui va avec (avec elle, c'est souvent scato). Parfois, elle vide son frigo et m'apporte tout ce qui a pourri, en espérant m'humilier. Je me contente de la remercier : elle est la seule personne au monde sur laquelle je puisse compter pour me faire ce genre de cadeaux...

Quel bonheur pour Christine de pouvoir (enfin !) prendre de la hauteur par rapport à une mère détraquée. Elle sait maintenant qu'elle n'y est pour rien. Que ce fonctionnement personnel n'a rien à voir avec sa propre valeur. Petite fille, Clara Vidal, qui avait exactement le même genre de mère, prenait la sienne en plein cœur. Un jour, celle-ci offre à sa fille une poupée de porcelaine à laquelle il manque... les yeux :

- Tu ne trouves pas qu'elle te ressemble ?

La petite fille hurle d'effroi devant ce visage mort. Et sa mère éclate de rire. Dans la même veine, Clara avait reçu une dînette en faïence : pas une assiette intacte ! Un jeu de sept familles, avec des pères manquants, des mères écornées, des filles cisaillées… Ou encore une moitié de paire de ciseaux, un violon sans archet. La petite fille rêve aussi d'un chien. Elle en reçoit un… en peluche, avec le dos éventré. Ces ressorts et ces copeaux de bois… on dirait des vers. Du bout des doigts, la mère tient le chien par l'oreille. Elle le balance sous le nez de sa fille, qui a peur :

- *Il lui manque… la vie.*

La mère se fâche tout rouge :

- *C'est une honte de se moquer des handicapés !*

Et elle éclate de rire…

Clara est devenue écrivain. En parler, écrire… aident à prendre du recul et à se dire que, vraiment, si notre mère est pathologique (ou insensible ou autoritaire ou si bête ou si maniaque ou si égoïste), non seulement ce n'est pas de notre faute, mais que nous n'y pouvons rien !

Pour prendre ce recul, il faut donc s'éloigner parfois, pour faire le point hors de l'influence et de l'impact maternels. Isabelle dit qu'elle n'a pas trop souffert de sa mère parce qu'elle l'a peu vue… Loin d'elle, il a été facile de se dire que sa mère était restée une petite fille. De l'enfance, elle avait conservé l'égocentrisme et le besoin de satisfaire tous ses désirs et de transgresser les interdits, comme une adolescente en pleine crise : n'a-t-elle pas couché avec son fils, eu le même amant que sa fille ? Très jeune, Isabelle a pris le large :

- *Ce n'était pas du mépris mais tout de même, il y avait quelque chose qui ressemblait à cela… Je me suis rapidement avoué que je n'avais pas l'intention de perdre mon temps avec toutes ces histoires malsaines : je ne voulais ni être ma mère, ni avoir sa vie…*

Chapitre XVI

Le temps ne se rattrape pas…

Pendant toutes ces années où l'on attend d'une mère qu'elle vous aime, Francesca a regardé la sienne avec des yeux ronds comme des soucoupes. Elle se demandait comment on pouvait abandonner ses enfants. Pourquoi sa mère était si peu mère. Si elle, Francesca, y était pour quelque chose. Et puis elle s'est mariée. Elle a trouvé de grandes compensations dans l'amitié et le mariage qui l'ont distraite de ses chagrins antérieurs. Francesca croyait avoir réglé ses problèmes. Elle n'avait fait que les occulter.

C'est en rentrant en France que la relation est devenue, plus qu'une tristesse d'enfant, une douleur. La jeune femme s'était habituée à vivre sans une mère. Et le fait que celle-ci lui demande soudain d'être sa fille, de faire comme si elle avait eu une mère toute sa vie, a provoqué une révolution : *« Quel culot ! »* Cette colère devient de plus en plus violente, à mesure que sa mère vieillit. À mesure qu'elle devient dépendante de la seule personne qui lui reste : sa fille. Une fille dont elle ne s'est jamais occupée et qui se fâche :

… Et il faudrait que je m'en occupe !

- Merde alors ! Elle m'a laissée tomber et il faudrait que je m'en occupe !

Pourtant, Francesca est la générosité même. Elle serait

capable de traverser la France pour secourir une vieille dame en difficulté. Concernant sa mère, elle trouve ce devoir un peu fort de café. Être aux petits soins pour sa mère ? Mais quelle mère ? !

- Je ne veux pas jouer ce jeu. Il faut faire payer les mères qui abandonnent. Ce serait trop facile ! Elles vivent égoïstement et de manière irresponsable toute leur vie. Et il faudrait oublier, pardonner, jeter l'éponge et leur prêter assistance comme on le ferait pour une mère adorable ? Pas question ! Dans mon enfance, ma mère racontait l'histoire de « La cigale et la fourmi ». Elle précisait que, dans la vie, les fourmis – ces idiotes – ne gagnaient jamais. Elle admirait ces profiteuses qui, disait-elle, savaient vivre ! Oui, mais aux dépens de qui ! Moi, je veux que les fourmis de la maternité soient justement récompensées et que les cigales soient punies pour le mal qu'elles ont fait.

Les mères qui, sur le tard, se souviennent qu'elles ont une fille, parce qu'elles n'ont plus personne, sont exaspérantes. Comme sont énervantes ces mères qui réécrivent l'histoire en prétendant admirer leur fille *tellement formidable, vraiment merveilleuse* et autre bla-bla… Alors que cette même fille, lorsqu'elle était enfant, n'avait aucun intérêt pour elles. De plus, Raphaëlle doit faire un effort pour ne pas recommencer à douter de ses souvenirs et de ses sensations :

- Quand je l'entends m'encenser, je me demande à nouveau si je n'ai pas rêvé tout ce mal qu'elle m'a fait, cette mauvaise mère ! Si elle me trouve vraiment merveilleuse, cela signifie que j'ai chargé à tort cette sainte femme…

Le doute ne va pas durer. Des souvenirs douloureux nous reviendront… De nouvelles bonnes relations ne peuvent s'établir que si elles reposent sur des bases saines, sans tricherie. Notre mère doit reconnaître au moins implicitement (pas besoin de s'étendre sur ce douloureux sujet) qu'elle a manqué, qu'elle n'a pas été tout à fait à la hauteur… Alors, un nouveau départ peut être pris. Or, beaucoup de mères manquantes voudraient pouvoir passer l'éponge et *recommencer à zéro*. Elles voudraient recevoir, comme les autres mères, les honneurs, l'affection, l'attention que toute fille « doit » à sa mère. Oui, quand elle a été… mère, ce qui n'est pas leur cas. L'amour d'une fille se mérite. Il n'est pas sans conditions. Il ne se gagne pas au nom du ventre (être enceinte, après tout, est à la portée de n'importe quel mammifère femelle). L'amour se tisse au fil des années grâce à l'affection, à l'attention que l'on porte à ses enfants. Autrement dit, Francesca a raison de relier la cause à l'effet :

- *Je n'embrasse pas ma mère, parce qu'elle ne m'embrassait pas...*

Nous rendons à nos mères la monnaie de leur pièce. Encore que certaines femmes soient outrageusement bien entourées. Ainsi, la belle-mère d'Éléonore :

- *C'est une femme très négligente. Elle pensait que ses filles s'élevaient toutes seules. Elle a eu cinq enfants parce qu'une famille nombreuse faisait bien, mais elle ne s'est jamais donné aucun mal. Tout lui est dû. Elle tape dans les mains : ses enfants arrivent. Quand mon beau-père est en voyage, elle téléphone à l'une de ses filles qui vient passer la nuit dans son lit, bien qu'il s'agisse de femmes mariées avec de jeunes enfants. De plus, elle ne donne ni argent, ni soutien, ni compassion. Elle ne donne rien. C'est une mère prédatrice qui brandit ses enfants comme des atouts quand elle a besoin de briller en société. Quand les enfants demandent quelque chose, ils se font rabrouer. La chaîne des générations est inversée. Rien ne se passe dans l'autre sens. Mes parents étaient motivés pour être des parents. Du côté de mon mari, les enfants n'ont jamais demandé à leur mère d'être une mère...*

Quand elle joue à faire la mère...

Que nos mères ne comptent pas trop sur cette indulgence, car le temps ne se rattrape pas. Francesca poursuit ses légitimes rouspétances :

- *Le plus insupportable est que ma mère joue un jeu. Je déteste quand elle fait mine d'éprouver pour moi un sentiment maternel. Dans ces cas-là, c'est comme si elle m'appelait « ma fille » et que je me retourne en disant : « Mais d'où sort ce mot, d'où sort cette femme ? »*

Les tensions et l'absence sont devenues plus graves, plus

lourdes depuis que la vieille dame demande à sa fille de jouer à la relation mère-fille. Tant qu'elles étaient chacune dans leur coin, sans faire semblant d'être proches ni d'avoir un passé commun de mère à fille, la relation était seulement un peu ratée, un peu lointaine, mais sans pesanteur particulière. Francesca se cabre depuis que sa mère lui demande de tricher et de faire comme si elle avait eu une maman :

- *J'ai l'impression qu'elle se moque de moi. C'est un peu comme si elle me prenait pour une idiote. Comme si elle voulait me faire jouer un jeu dont les dés sont pipés. Comme si elle mettait le doigt sur le manque et sur notre incapacité, des deux côtés, à être mère et fille.*

Si encore elle jouait à être une mère en tenant ses promesses, en donnant quelque chose d'elle-même : du temps, de l'argent, de l'affection. Mais elle voudrait bénéficier de tous les égards dus à une mère sans en jouer aucun des rôles :

- *Toutes les mères de mes copines se saignent à blanc pour leur fille. Pas la mienne. Elle a vendu sa maison, sans me prêter un sou. Elle avait promis de me donner des meubles puis elle a oublié. Elle m'a dit finalement qu'elle les avait vendus. Elle promet et elle oublie. Elle n'a aucun des réflexes de la maternité...*

Pour qu'une rencontre avec nos mères puisse avoir lieu, il faut qu'il y ait une reconnaissance implicite des rendez-vous manqués. Il faut que la mère accepte l'idée que sa fille ait pu souffrir de leur relation et qu'elle accepte de l'entendre. Francine observe :

- *Il ne peut rien se passer avec ma mère tant qu'elle est persuadée d'être une mère formidable...*

Pour qu'un nouveau départ puisse être pris, il faut également que nos mères ne revendiquent rien de cette tendresse, de cette affection qui revient habituellement aux mamans. La mère de Francesca s'étonne que sa fille ne s'inquiète pas de sa santé ou ne lui célèbre pas la Fête des mères. Francesca la trouve drôlement gonflée de le lui réclamer. Alors qu'elle-même n'était pas là le jour de ses 10 ans. Alors qu'elle ne s'est jamais déplacée pour soigner une coqueluche, etc. De même, quand sa mère fait hypocritement semblant de s'intéresser au travail de sa fille, ne sachant même pas exactement en quoi il consiste :

- *Alors là, j'ai envie de la gifler !*

Même réaction chez Michèle quand sa mère tente de la culpabiliser parce qu'elle ne se soucie pas assez de sa santé :

- *J'ai été malade mais, évidemment, tu ne pouvais pas le savoir ! Tu n'as pas appelé.*

L'air de dire : « *Tu ne te soucies jamais de moi...* » Ce qui est assez osé venant d'une femme si peu maternelle. Elle demande à sa fille de la materner, alors qu'elle-même en a été incapable et à l'égard d'une petite fille, de sa fille !

Se réconcilier avec soi...

Mais on ne le répétera jamais assez : l'important est moins de se réconcilier avec sa mère que de se réconcilier avec soi. Paradoxalement, Raphaëlle se sent mieux depuis que son père est mourant. C'est que sa mère le soigne si mal ! Elle l'a placé dans un mouroir. Il y a très peu de vêtements et d'affaires de toilettes dans son armoire. Elle fait sécher les immenses culottes de l'hôpital sur le radiateur. Raphaëlle est choquée. Pourquoi sa mère n'apporte-t-elle pas de linge propre et personnel à son mari ?

- *Parce qu'il faudrait le marquer. Ma mère n'a même pas le courage de faire de la couture pour son mari malade. Du linge propre, du linge bien repassé, du linge en quantité, c'est pourtant la fierté des pauvres... Par paresse ou pour autre chose, ma mère prive cet homme de sa dernière dignité. En voyant cela, je me suis mise à éprouver de l'affection et de la compassion pour lui. Ce jour-là, j'ai compris que je ne serais jamais comme ma mère. Je me suis alors réconciliée avec une certaine idée de moi-même qui correspond bien à ce que je suis vraiment. Quand on a eu une enfance comme la nôtre, il est impératif de savoir que nous sommes des filles bien.*

Pour guérir de nos mères, essayons d'en finir avec la culpabilité. Et donnons-nous le droit de ne pas traiter nos mères comme des mères. Puisqu'elles n'ont jamais voulu être des mamans pour nous, qui étions des enfants... Acceptons aussi d'avoir des sentiments extrêmes et même de pouvoir souhaiter la disparition de cette femme qui nous a pourri la vie (même si ce genre d'idées ne va pas sans angoisse). En effet, la mort de certaines mères peut légitimement apparaître comme une libération. Quand une mère dévore, mine, obsède et déforme tout, il est normal de ne plus vouloir en entendre parler. Jamais.

Ainsi, comprenons Martine : jusqu'à 10 ans, elle vit avec ses deux parents. Sa mère tombe amoureuse et quitte le foyer conjugal pour rejoindre son amant. La passion déserte le Prince charmant. Il se défile et disparaît. Le mari trompé ne rouvre pas la porte et la femme déchue sombre dans l'alcoolisme et la dépression. À 12 ans, Martine, en rentrant de l'école, fait la tournée des bistrots pour récupérer sa mère titubante. Et elle continue pendant près de vingt-deux ans. Aujourd'hui elle vient d'accepter, du bout des lèvres, une demande en mariage. Elle envisage une maternité. Elle continue d'apporter à sa mère une aide matérielle constante. Mais elle ne veut plus la voir et, souvent, elle aimerait la savoir morte. Ce serait tellement plus simple pour elle. Ainsi, elle serait définitivement débarrassée du tourment permanent que représente cette femme qui refuse de soigner son alcoolisme et sa dépression. Cette mère est une charge mentale permanente et depuis toujours une source d'angoisse et de culpabilité avec la peur de lui ressembler, la honte qu'elle soit sa mère. Si Martine veut s'en sortir, il faut absolument qu'elle entende toutes les bonnes raisons – qui sont les siennes – de ne plus secourir directement sa mère et de vouloir vivre, enfin !

Essayons de nous réconcilier avec la violence de nos sentiments ou avec leur froideur. Car à chaque fois que notre mère nous a reniées, c'est un peu d'amour pour elle qui s'est enfui. Parfois, il n'en reste plus une miette mais est-ce notre faute ? Entre notre mère et nous, c'est fini ! De même qu'une passion peut se terminer sur du rien, du vide, de l'inconsistant. Aucun souvenir ! Quand sa mère est morte, Angie croyait qu'elle aurait un pincement au cœur, mais :

- Je pensais que je serais secouée, mais je ne ressentais aucune haine, rien. Exactement comme si je ne la connaissais pas. La seule trace qu'il reste de ma mère, c'est le rêve, parfois. Je lui dis de ne pas s'inquiéter : on va lui racheter des vêtements et lui donner de l'argent. C'est tout...

Les filles qui guérissent de leur mère acceptent leurs sentiments quels qu'ils soient. Ainsi peuvent-elles faire la paix avec elles-mêmes comme Bérénice :

- Je ne me suis jamais sentie coupable de ne pas aimer ma mère, parce que j'étais capable d'avoir de bonnes relations avec les autres et notamment avec mon père. J'ose me dire que ma mère ne m'intéresse pas. Cette manière de nettoyer, de s'activer... Il peut arriver que ça se passe bien entre nous, quand elle n'est pas agressive, quand elle ne se plaint pas, quand elle est ouverte et capable de s'intéresser à autre chose qu'à elle-même. Mais c'est si rare ! Tant pis pour elle !

Et puis, on leur en veut moins le jour où l'on comprend que nos mères sont restées des petites filles un peu immatures, souvent irresponsables, incapables de sortir de leur égocentrisme enfantin, inaptes à supporter les frustrations et les efforts que supposent l'âge adulte et la maternité. Elles sont restées des petites filles encore fixées à leur papa, à leur maman, à leur enfance, à leur jeunesse trop vite passée. Une jeunesse que certaines perdent leur temps à nous envier. Au lieu de profiter de celui qui leur reste. Nos mères ne sont pas de mauvaises femmes. Souvent, elles sont surtout à côté de la plaque. Elles n'ont rien compris. Elles sont passées à côté de la vie. À côté de leur fille. Tant pis pour nous, mais tant pis pour elles, aussi. Quand on a fini d'en souffrir, ce n'est plus notre problème – ni même notre regret –, mais le sien. Comme dit Marine avec beaucoup de douceur et de tendresse :

- On ne peut pas en vouloir à ma mère : elle était si bête...

CHAPITRE XVII

On ne la changera pas, mais…

Il ne s'agit pas d'oublier que nos besoins demeurent. Ils sont les mêmes que dans notre enfance. Besoin que notre mère soit une mère comme les autres. Qu'elle soit présente dans les grands moments. Qu'elle donne du temps et un coup de pouce financier, éventuellement. Qu'elle nous gâte (et qu'elle ait des idées) pour notre anniversaire. Qu'elle soit une bonne grand-mère. N'est-ce pas ainsi que la plupart des femmes sont mères dans notre société ? Besoin aussi qu'elle nous regarde avec intérêt en se demandant : « *Voyons, voyons, qui est ma fille aujourd'hui ?…* »

Besoin, donc, qu'elle nous voie comme une personne et comme une personne différente appartenant à une génération à découvrir avec des valeurs, des désirs, des points de vue divergents et néanmoins valables. Besoin essentiel aussi qu'elle nous encourage : la vie est belle même dans l'épreuve, même avec l'âge. Besoin encore qu'elle nous inscrive dans l'histoire familiale et nous parle de notre père, de nous enfant. Besoin, pour résumer, qu'il existe entre nous de la relation et de la transmission. Évidemment, aucune mère ne peut combler tous ces besoins, encore que… certaines sachent être des mères intéressées, à l'écoute et vivantes. Néanmoins, aucune mère, aussi défaillante soit-elle, ne couvre aucun de nos besoins. À moins de refuser la relation comme celle de Georgina. Ou d'être paranoïaque comme celle de Christine. La plupart du temps, l'une nous parlera de la famille et de son époque. L'autre de notre enfance. Une autre encore sera incapable de ce qui précède, mais elle aura une « pêche d'enfer » et… contagieuse !

SURTOUT PAS DE RÈGLEMENTS DE COMPTES !

Si nous voulons accéder à la partie bénéfique de nos mères, il est évident que les règlements de comptes sont déconseillés. Ils ne débloquent rien. Vider son sac ne déssille pas les mères… Dans le pire des cas, elles répondent à l'attaque par l'attaque. Ce genre de face-à-face nous laisse exsangues. Souvenons-nous de Georgina placardant ses affiches. Finalement, elle réussit à coincer sa mère qui lui crache sa haine au visage :

- Dommage que tu ne sois pas crevée à la naissance. J'aurais peut-être fait de la prison mais, aujourd'hui, j'aurais la paix !

Dans le meilleur des cas, nos mères comprennent ce que nous voulons dire. Elles regrettent. Elles se sentent coupables. Et alors ? Alors rien. Elles sont encore plus tendues, encore plus mal à l'aise… Car la culpabilité crée de la gêne quand il faudrait, au contraire, plus de confiance et d'abandon de part et d'autre.

Parfois, Francesca hurle contre sa mère. Elle lui fait comprendre qu'elle n'a *jamais eu les réflexes d'une mère* et toutes les rancœurs reviennent parce que régler ses comptes, c'est aussi se souvenir…

- Je lui gueule dessus à la décoiffer. Il faudrait éviter de dire à sa mère qu'elle a été nulle, parce qu'on se fait du mal à soi. Le constater et le dire, cela abîme tout le monde. C'est un peu comme de dire à son mari qu'il est un con…

Même constat d'échec chez Line quand elle écrit des lettres interminables pour dire à sa mère qu'elle est *la plus grande déception de sa vie.* En voici un extrait :

- Je commets l'erreur d'attendre que tu réagisses comme je le souhaiterais. À chaque fois, je suis déçue. Tu penses à toi avant toute chose, tu es la personne la plus importance du monde. Nous avons des conceptions différentes de la maternité. Tu es jalouse de ma

relation avec ma propre fille. Mais tu es ma mère ! Tu as rejeté ma fille parce qu'elle ne s'intéressait pas à toi !!! Ta petite-fille qui a 3 ans, mais quelle mère, quelle grand-mère es-tu ?

Traiter sa mère de monstre n'entraîne aucune reconversion spectaculaire dans la sainteté maternelle. On ne peut pas changer les gens. Line constate la vanité de ses efforts face à une mère pourtant de bonne volonté. À chaque fois, celle-ci promet de faire des efforts et à chaque fois, elle recommence. Line s'obstine :

- *Je lui dis tout ce que j'ai sur le cœur ! « Tu ne sais pas être autrement que blessante. Comment veux-tu que je t'aime ? Je n'ai pas envie de te voir. Tu fais trop d'histoires pour tout. Tu ne penses jamais aux autres. J'en ai assez de souffrir par toi… »*

Sa mère se sent coupable et c'est tout. La période de l'adolescence est la plus propice aux scènes inutiles qui laissent mères et filles sur le carreau. Clotilde raconte ses terribles règlements de comptes :

- *Un jour je lui ai dit que jamais je ne serais venue m'asseoir à côté d'elle sur le banc de la fac. Que jamais elle ne serait devenue ma copine. Ma mère a commencé à pleurer et j'ai continué…*

Mais faire pleurer sa mère… rend misérable. Alors Clotilde lui achetait quantité de cadeaux pour se rattraper. Elle y mettait tout son argent de poche et sa mère répondait :

- *Je n'oublierai jamais tout ce que tu m'as dit. Je m'en souviendrai jusqu'à la fin de mes jours…*

Et Clotilde de penser :

- *Alors voilà, j'ai parfaitement raison et elle ne comprend rien. J'ai claqué tout mon fric pour garder son amour et elle me dit qu'elle n'oubliera jamais !*

En avançant, on devient plus diplomate et donc, mieux écoutée. À l'attaque, Raphaëlle a appris à préférer la ruse. Pour faire comprendre à sa mère ce qu'elle a vécu, elle en appelle à ses sentiments de petite fille. Elle lui rappelle combien elle-même aimait sa propre mère et lui soumet des phrases du genre :

- *Et si ta mère t'avait dit cela ? Si elle avait fait cela, qu'aurais-tu pensé ? Ressenti ?*

Une autre manière de procéder consiste à dire les choses

quand elles n'ont plus autant d'importance pour soi. Une fois que le jeu est calmé.

- *Quand tu m'appelais la Mère La Bizouille, j'étais blessée, je t'aimais tant, je te trouvais tellement belle...*

Il est intéressant aussi de mêler des compliments à ses tristesses, parce que les premiers ouvrent la discussion au sujet des secondes. Ainsi, la mère possède également une chance de pouvoir s'expliquer :

- *« La Mère la Bizouille » : ce n'était pas méchant. Ma mère employait déjà cette expression. C'était plutôt mignon !*

Susan Forward, dans son livre *Parents toxiques,* conseille ce qu'elle appelle *la confrontation* avec ses parents. « *Pour vaincre une fois pour toutes la peur de les affronter, pour leur dire la vérité et pour déterminer le type de relations que vous pouvez avoir avec eux désormais...* » Autrement dit, la confrontation permettrait de voir ses parents tels qu'ils sont. Et de partir sur de nouvelles bases. D'après les témoignages que nous avons recueillis, les règlements de comptes permettent surtout de voir nos mères telles qu'elles sont, mais... en pire. Cela permet aussi de durcir encore la relation et d'interrompre les chances de dialogue pour plusieurs mois. Une année, Francine crie sa détresse un soir de Noël. Ses parents ne l'ont jamais aimée. Ils ne lui ont jamais rien donné. Ils lui demandaient de payer un loyer... alors qu'ils donnaient mille fois plus à ses sœurs. Conclusion ? Elle a gâché le réveillon, augmenté la défiance de ses parents à l'égard de cette fille ingrate. Leur conclusion :

- *Avec tout ce que nous avons fait pour toi !*

Mais surtout, elle s'est sentie moche, coupable, idiote d'avoir espéré quoi que ce soit. Elle a eu honte d'elle-même. Elle s'est sentie humiliée. Or, on sait à quel point l'estime de soi est importante à préserver quand l'amour d'une mère a manqué !

Dernier exemple, celui de Natacha qui a toujours protégé sa mère de sa propre souffrance. Jamais elle n'a su qu'elle était son cancer, sa maladie, son obsession. La même que celle d'Hermione dans l'*Andromaque* de Racine :

- *Ah ! Ne puis-je savoir si j'aime ou si je hais.*

En lui faisant, par lettre, l'aveu de sa faiblesse, elle comptait sur un secours maternel. Elle espérait que sa mère comprendrait et… apporterait une solution. Sa mère est tombée des nues. Sa fille n'avait-elle pas un mari, des enfants ? Elle a promis d'écrire des lettres pour créer un pont entre elles deux mais, fidèle à elle-même, n'a pas pu tenir cette promesse. Elles n'en ont plus jamais parlé. Le fossé s'est encore un peu plus creusé et la détresse aussi : il n'y avait plus d'espoir !

Résumons-nous : nos mères ne peuvent pas être des mères délicieuses pour nous. Elles ne l'ont jamais été et ne le seront jamais. Francesca a raison de dire que la douleur s'aiguise à chaque fois que l'on espère trouver ou retrouver une mère… Mieux vaut chercher d'autres mamans parmi nos amies, auprès de notre belle-mère. Constater que l'on peut nous aimer fait un bien fou. Pourtant, accepter que sa mère ne soit que ce qu'elle est ne signifie pas que rien de positif ne puisse arriver entre nous. Sortons, si possible, de cette douloureuse logique du tout ou rien :

- *Puisqu'elle ne peut pas me donner tout ce que donne une mère, alors je ne veux rien d'elle.* Variante : *puisqu'elle ne peut pas tout me donner, c'est qu'elle ne veut rien faire,* etc.

Il est bienfaisant de se plaindre, de régler ses comptes, de vider son sac – par écrit notamment –, mais en gardant la lettre, les mots, les plaintes pour soi-même. Il est bon aussi d'accepter, avec de la bienveillance pour nous-mêmes, de ne pas pouvoir oublier, tricher, pardonner. Viscéralement, Jeanne ne peut ni embrasser sa mère ni l'appeler Maman. Mais elle a la sagesse et le respect de ne pas vouloir de mal à cette petite vieille dame. Elle n'a plus rien à voir avec la personne que fut sa mère jeune, débordée, dépressive, démissionnaire et mauvaise langue :

- *On ne tire pas sur les ambulances…*

Ruser avec leurs défauts…

Les failles de nos mères une fois repérées, il devient plus facile de les empêcher de nous blesser et de nous nuire. Notre mère est une femme négative. Le sachant, nous éviterons les sujets lui donnant l'occasion de dire ce mal qui nous écorche. (D'où l'intérêt de limiter le temps des visites. Car on ne peut empêcher très longtemps le retour du naturel…) Notre mère ne nous a pas vues grandir. Le sachant, inutile de nous confronter à cette absence de souvenirs : notre enfance doit devenir un sujet tabou. Elle ne supporte pas la différence. Le sachant, ne parlons que de nos points communs ou d'elle-même, si elle est égocentrique…

Subir notre mère, comme autrefois quand nous étions enfants, et choisir de la laisser être telle qu'elle est, s'arranger pour éviter les sujets qui fâchent sont des choses bien différentes. Dans la première situation, nous subissons. Dans la seconde, nous décidons des concessions que nous sommes prêtes à faire pour que la relation se passe au mieux. Ne cherchons plus à changer nos mères. Essayons plus sagement de faire avec…

D'autant que vouloir les changer nous maintient dans une relation de dépendance. C'est la colère qui nous emprisonne : « *Il faut admettre son impuissance à dominer, changer, contrôler et même aider. Il faut guérir d'être en lutte contre quelqu'un, parce que c'est la seule issue pour guérir..* » écrit Robin Norwood dans *Ces femmes qui aiment trop…*

Vouloir changer sa mère, c'est en dépendre.

Dès que sa mère parle de santé ou d'hygiène, Clotilde sursaute. Comme si la plaie de leur incommunicabilité se rouvrait. Mais au lieu de monter sur ses grands chevaux en lui rappelant (et donc en se rappelant) ses manques, Clotilde coupe court :

- Pardon, Maman, on m'appelle dans le couloir…

Et elle raccroche. Même méthode chez Bérénice. Elle va voir sa mère. Si elle est sympa, prête à communiquer, elle reste le week-end entier et lui fait des compliments. Si « Hitler » régente, crie, impose…, elle abrège la visite, embrasse sa mère sur les deux joues et s'en va. Avant d'avoir envie de lui « voler dans les plumes ».

Autrement dit, on ne peut pas changer sa mère mais on

peut l'arrêter... sans faire de vagues. Raphaëlle supporte mal que la sienne parle de leur relation « idyllique ». Sa mère rapportait un jour une conversation de ce genre avec Madame Untel :

- *Comment, vous ne vous entendez pas avec votre fille ? Avec la mienne, c'est merveilleux !*

Bref et définitif commentaire de Raphaëlle :

- *C'est pourtant devant elle que tu m'enfermais à la cave.*

Là où nos mères peuvent nous faire du bien...

Il y a donc le pénible à stopper. Et le bon à chercher. Car il existe. C'est de le découvrir qui va nous apaiser. Certes, la tâche n'est pas toujours facile. Que peut attendre Francine de sa mère ? Pas la joie de vivre. Pas une écoute non plus : sa mère détient la Vérité avec un grand V et elle n'a jamais vraiment bien compris sa fille avec son appétit de culture, ses talents artistiques, ce goût de la liberté et des voyages :

- *Qu'est-ce que tu vas toujours voir ailleurs ! T'étais pas bien ici ? Faut rien espérer des gens !*

Difficile de comprendre une aventurière quand on trouve ses repères dans le champ étroit d'une vie calme et resserrée autour de sa maison, sa famille, son village et ses rares amies. Elle s'y épanouit quand sa fille y étoufferait. Au fond, celle-ci est une Martienne qui ne l'intéresse pas. La différence l'agresse et lui déplaît. Francine perdrait son temps à vouloir lui faire comprendre qui elle est. Mais alors sur quel terrain les deux femmes peuvent-elles réussir à s'entendre et s'apprécier ? Francine peut savourer que sa mère tienne à rester... la mère de cette fille qui lui est étrangère. Jamais elle n'a démissionné de cette fonction-là. Quand elle lui parle, elle ne l'appelle pas : *« Ma chérie »* (parce qu'elle se sent moins d'atomes crochus avec cette fille qu'avec ses autres enfants), mais elle l'appelle : « *Ma fille* », le mot le plus tendre qu'elle puisse trouver pour elle.

Ce désir de maternité « malgré tout » peut devenir le ciment de l'entente. Francine, contrairement à d'autres filles, peut se dire :

- J'ai une mère.

Cette ouverture faite, les surprises arrivent. Un jour, sa mère lui offre un ravissant bustier pour mettre en valeur son si beau décolleté. Francine le prend comme un compliment. Et voit le plaisir que prend sa mère à lui offrir des cadeaux féminins (pour se racheter peut-être d'avoir tellement rabaissé les hommes à ses yeux). Francine est tentée de bondir quand, un autre jour, sa mère lui demande si elle reprendra leur maison. Quelle horreur ! leur vie, leur trou... Toute l'angoisse de son enfance prisonnière recommence à lui nouer l'estomac. Mais elle peut interpréter autrement cette proposition. Et si sa mère voulait se racheter de l'avoir lésée ? Et si ce n'était pas encore une manière de dire : « *Ma fille...* »

La mère de Cécile, elle, n'a jamais été mère. Elle ignore ce qu'être enfant veut dire. Elle a zappé ses premiers mots, ses premiers pas. Elle ignore quelles études elle a suivies, quel métier elle exerce... Sa mère n'aura pour elle qu'un intérêt égocentrique, sans regard. On pourrait chanter à la manière de Juliette Gréco : « *Si tu t'imagines, fillette, fillette, trouver une maman, ce que tu te goures, fillette, fillette...* »

Sa mère ne lui donnera rien : pas de souvenirs d'elle, enfant. Rien sur son père. Aucune présence. Pas de soutien matériel. Aucune transmission possible, d'aucune sorte, alors quoi ? Que peut-elle apporter ? Elle peut avoir un regard. C'est une femme qui s'intéresse aux gens. On ne peut pas compter sur elle pour faire un geste vers... Mais elle peut sentir ce que sa fille a dans la tête. Elle rappelle cette mère qui en voyant sa Petite tomber par terre, à 4 ans, a eu cette phrase étrange :

- Oh ! elle a chu...

C'est tout. Comme cette femme, la mère de Cécile peut constater :

- Oh ! elle ne va pas bien...

Elle ne peut pas aider, mais elle peut conseiller. D'ailleurs quand sa fille s'est arrachée à une passion toxique, pour aller se réfugier dans un nid, sous les toits de Paris, toute seule, à 38 ans, avec la ferme intention de vivre comme une nonne, sa mère a vu tout de suite qu'elle pouvait se fourvoyer. Et elle a eu cette phrase toujours égocentrique (on ne la changera pas !) mais juste et généreuse :

- *Tu peux faire comme moi et finir seule. Mais tu n'es pas obligée de suivre ce chemin-là !*

Cécile est reconnaissante à sa mère de l'avoir remise en selle. Aujourd'hui, elle a 44 ans. Elle est mariée avec un très bel homme de quinze ans de moins qu'elle et dont elle a une petite fille de 4 ans. Grâce à sa mère...

La mère de Danièle est encore construite sur un autre modèle. Et elle, que peut-elle apporter ? Rien non plus de ce qui ressemble à la maternité. Mais elle est merveilleusement vivante. Elle a 87 ans. On la croit au bord de la tombe et elle puise dans son immense vitalité pour repartir toujours avec la même vaillance à l'assaut de la vie. Quelle chance pour Danièle d'avoir ce modèle sous les yeux ! Même si par ailleurs, c'est une femme critique, presque mauvaise dès qu'il s'agit de sa fille. Cette force de la nature est une constante source d'émerveillement pour sa fille, qui sort de ses visites à l'hôpital le moral regonflé...

La mère de Francine veut bien être une mère. La mère de Cécile sait voir et comprendre, même si elle ne sait rien faire pour... Et celle de Danièle donne envie de vivre... Les mères géniales ont toutes ces qualités. On dit avec raison qu'elles sont faites pour avoir des enfants et qu'elles sont douées pour les relations, en général. Certaines mères, en revanche, n'ont aucune de ces qualités mais elles sont rares. La plupart des mères en possèdent une ou deux à trouver...

Être soi-même, tranquillement...

On ne peut pas changer sa mère mais on peut alléger la relation avec elle. Comment ? En étant sûre de son identité, de sa valeur et de sa propre vérité, mais en cessant de les revendiquer. L'une des obsessions des filles douloureuses :

- *Être tout sauf ma mère ! Surtout ne pas lui ressembler !*

Ce pari doit rester intime et secret, si nous voulons avoir une relation apaisée. Or, non seulement nous arrivons chez nos mères en ne supportant pas ce qu'elles sont, mais en affirmant, en plus, à quel point nous sommes autres. Une manière de leur dire que nous ne leur devons rien... Natacha en rajoute dans cette forme de provocation. Chez sa mère, elle affirme, affiche sa différence. Sa mère se lève tard, elle se lève tôt. Sa mère est paresseuse, elle est hypertonique. Sa mère dévore, elle picore. Sa mère fume, elle boit... de l'eau, etc. Mais aimer les chiens quand Maman aime les chats est encore une manière de faire *en fonction d'elle...*

Or, c'est ce *en fonction de..., pour Maman, contre Maman, comme Maman, pas comme Maman* qu'il nous faudrait lâcher. Isabelle constate :

- *Ce qui m'a aidée, c'est de constater que je n'étais pas structurée pareil. Je l'ai toujours su mais je n'osais pas me l'avouer. J'étais dans l'idée d'être comme elle, dans l'idée de lui plaire...*

Oublions Maman ! Sarah, 19 ans, pense que c'est impossible. Heureusement, elle a tort :

- *Je n'arriverai jamais à sortir de la problématique « comme ma mère, moins bien que ma mère, mieux que ma mère ». Si je fais comme ma mère, je n'ai pas d'existence propre. Si je fais mieux qu'elle, je la dépasse et je la tue. Si je fais moins bien qu'elle, je reste en deçà de moi-même et je rate ma vie...*

La solution, c'est le *en dehors de Maman...* Cessons de croire aux vases communicants. À chacune sa voie. Nos chemins sont indépendants. Ne pensons plus comme les enfants :

- *Mais alors si je grandis, tu vieillis ?*

- *Je vieillis de toute façon, ma chérie. De toute façon... Occupe-toi de toi !*

C'est une simple décision à prendre. Les filles douloureuses racontent qu'à un moment de leur vie, elles ont décidé de n'en faire qu'à leur tête. Après des années de soumission au regard – ou à l'absence de regard – de leur maman, après des années de dépendance, des années où elles se demandaient comment être ou ne pas être, elles ont décidé de changer les termes de leur destin, en posant la question autrement et simplement :

- *Qui suis-je ? Que veux-je ? Qu'est-ce qui est bon et bien pour moi ?*

C'est à 32 ans qu'Isabelle a posé son premier désir personnel et découvert la vie :

- *Alors, tout a commencé à bouger. Je n'étais plus un objet mais un sujet. J'avais 32 ans et je faisais ce que fait un enfant de 4 ans, quand il dit « non ! » à sa mère. En m'ouvrant à moi-même, je me suis ouverte à la vie...*

Être anti-maso

Ne plus penser à sa mère et se vouloir du bien, telle est la clef des champs. Certaines filles s'enfoncent dans le malheur d'avoir leur mère pour mère. D'autres sont prises, plus ou moins tôt, par la volonté farouche de se sortir de cette relation malsaine et destructrice. Jeanne (sans doute parce qu'elle a été adulée jusqu'à l'âge de 6 ans) voulait tout faire pour être heureuse. Plus question de souffrir. Jamais !

- *J'aurais pu choisir la voie de l'autodestruction, j'ai choisi celle de la réussite comme on se venge. Parce que j'en ai bavé jeune, j'ai voulu que cela ne se reproduise jamais plus. J'ai créé toutes les conditions du bonheur. Je ne voulais pas vivre un mariage malheureux. Je ne voulais pas que mes enfants souffrent. Mes frères et sœurs me le disaient : « Toi, tu te venges toujours ! » Mais, en me vengeant, je n'ai fait de mal à personne. Au contraire ! J'adorais le sport parce que c'était juste. Parce que les règles étaient les mêmes pour tout le monde. Et puis ce n'est pas méchant, le sport. Je pouvais enfin gagner, ne pas être toujours la perdante, celle dont on se moque...*

Sylvie aussi a choisi de ne pas s'attarder sur les rancœurs :

- *Quand on en veut vraiment à ses parents, c'est parce qu'on les idéalise. On voudrait qu'ils soient parfaits. Il faut parvenir à les considérer comme des êtres humains. Notre tort est de penser qu'ils l'ont fait ou pas fait, exprès. J'ai toujours pardonné à ma mère. Il y avait chez elle quelque chose de bloqué. Et puis surtout, j'ai horreur de la souffrance. Je suis anti-maso. J'ai souffert une fois, ça suffit !*

Sylvie ne monte jamais dans un grand-huit, à la foire. Elle ne veut pas se faire de mal. Elle évite tout ce qui provoque des émotions fortes, comme de monter sur une moto. Et l'avion… le moins possible :

- Je ne supporte pas ce qui ressemble à la souffrance. J'ai eu ma dose !

Affectivement non plus, elle ne prend pas de risque :

- Mon mari dit qu'il faut trouver un but. Moi, mon but, c'est la tranquillité.

Encore plus vigoureuse, Paule a décidé de croquer dans la vie avec appétit :

- Je suis incapable de regarder Blanche-Neige *jusqu'au bout : il y a trop de violence dans cette histoire de poison et de rivalité. De même, je suis incapable de terminer un roman de Balzac : je déteste ces histoires en forme d'étau qui se resserre sur un drame sans issue. Il me faut de l'optimisme. Et puis j'ai confiance. Je sais que je m'adapterai toujours. J'en ai assez bavé. Je cultive les beaux souvenirs. J'ai décidé de profiter de la vie sans scrupules, sans complexes. Avec une insolente vitalité !*

Chapitre XVIII

Nous, nos pères, la société…

Mais il existe quelque chose d'artificiel à ne parler que des mères. Comme si on était mère dans l'absolu. Comme si on était mère toute seule. Le plus frappant dans cette enquête est de constater à quel point nos mères étaient abandonnées dans la maternité. Même si nos pères étaient parfois d'excellents pères, ils ne les aidaient pas à être de meilleures mères. Ni eux, ni d'autres. Pourtant, il aurait parfois suffi d'un mot, d'un regard pour que frapper sa fille au martinet, par exemple, devienne un interdit. C'est un jeune oncle qui joue ce rôle auprès de Raphaëlle. Un oncle qui attrape le martinet, le jette au feu et d'un mot – *Plus jamais ça !* – met un terme à cette maltraitance.

Il suffit d'une phrase aussi pour que Marianne soit vue autrement :

- *Qu'est-ce qu'elle est moche !* dit la mère.

- *Moi, je la trouve très jolie,* dit le père.

Et c'est fini. Aux yeux de sa maman, cette petite fille ne sera plus jamais laide.

Nos pères manquaient aussi…

Nos pères étaient parfois concernés par la paternité, mais aucun d'eux n'était concerné par la maternité de sa femme. Ils ne se sentaient pas conjointement parents. Ne parlons même pas des hommes qui laissent tomber femme et enfant. Parlons plutôt de ceux qui, dans cette enquête, ont laissé « *les femmes* » (épouse et fille) se débrouiller entre elles. Maria Maïlat a raison de constater : « *Il faut en finir avec le discours sur la toute-puissance des mères comme si tout venait d'elles. En finir aussi avec le discours sur la victimisation des pères, les pauvres, exclus de la relation avec leurs enfants par des femmes possessives. Les mères font surtout ce qu'elles peuvent.* »

Et donc ce qu'elles veulent, puisqu'elles sont seules... Ainsi chez Paule :

- *Mon père était en dehors de la famille. Ma mère était la reine, celle que l'on ne conteste pas. Elle était la supérieure générale : il lui faisait confiance pour tout...*

Même histoire chez Jeanne :

- *Nous avons été abandonnés par mon père qui disait . « C'est quand même moi qui vous nourris ! » Mais qu'il soit là ou pas là ne changeait rien. À table, nous avions chacun notre place. Mon père était encadré par mes deux frères qui se battaient dans son dos, sans qu'il s'en aperçoive. Ma mère disait toujours : « Gaspard, tu ne vis pas avec nous ! »*

D'autres pères sont complices de leur femme pour penser le pire de leur fille. Ou pour la négliger et s'installer dans l'indifférence. Angélique se souvient :

- *Quand je repense à mon histoire, je vois du rien. Mon père n'a joué aucun rôle. On ne parlait de rien. Quand j'ai eu mon bac, il ne s'est rien passé. Quand je me suis mariée, mes parents étaient là mais je ne vois que du flou. Je n'ai aucun souvenir d'échange avec mon père, ni tactile, ni verbal. Je n'entends plus son rire, je n'entends plus sa voix. C'est à peine si je me rappelle son visage. Je crois bien qu'il ne s'est jamais rien passé entre nous...*

D'autres, parmi les pères cités dans cette enquête, ont joué le rôle du miroir de *La Belle au bois dormant* : « *Mon beau miroir, suis-je la plus...* », en réaffirmant sans cesse à leur femme rivale de sa fille qu'elle était bien la plus belle en ce royaume. Le père de Michèle n'a pas hésité à sacrifier sa fille pour protéger sa femme :

- Mon père m'adorait, mais il était très amoureux de Maman. Elle a dû se montrer très convaincante en affirmant qu'il serait mieux pour moi que j'aille vivre à la campagne... Je suis partie de la maison de 6 à 16 ans.

Même fonction du père chez Raphaëlle. Sa mère la rabaissait :

- Elle me donnait de moi une image très négative. Je me trouvais commune et mal foutue. Mon père n'arrangeait rien, ne compensait rien. Quand j'avais 12-13 ans, il me disait en m'utilisant pour faire valoir sa femme : « Tu n'es ni belle ni moche, tu es quelconque. »

Les psys répètent à l'envi que la relation mère-fille est une relation à trois, dans la mesure où mère et enfant ont besoin du père pour faire scission. Pour ne plus former qu'un seul corps, psychiquement parlant, et devenir deux personnes distinctes. Le père, en désirant être l'amant de sa femme et le père de cette enfant-là, coupe le cordon symbolique qui les relie. Mais la présence du père n'est pas celle d'un magicien. Elle ne suffit pas en soi. Le père, pour remplir ce rôle, doit s'engager, exister, participer et faire circuler l'affection en triangle : entre sa femme et lui, entre sa fille et sa femme, entre sa fille et lui...

La présence du père peut envenimer ou compliquer les relations mère-fille. La mère d'Angie n'aimait pas les enfants. Mais elle a haï sa fille du jour où son mari les a obligées, toutes les deux, à faire ménage à trois.

La présence du père est encore plus pernicieuse quand il joue les bons pères contre la mère, en formant un clan avec sa fille contre sa femme. Le père de Line lui a toujours dit :

- Ta mère t'a abandonnée...

Alors qu'elle avait désiré emmener sa fille avec elle. C'est lui, le père, qui s'y était opposé... Certains pères cherchent aussi à prendre la place de la « bonne mère »... D'une certaine manière, on peut dire que Bérénice a eu de la chance, puisque son père l'adore. Quoi qu'elle dise, quoi qu'elle fasse, il la trouve belle, intelligente, merveilleuse. Mais il se pose en mari de sa fille lorsqu'il lui dit :

- *Fais-moi des enfants, je te les élève...*

Certaines épouses, dépossédées de leur maternité, ne voient plus très bien quel rôle jouer auprès de leur fille comblée par un papa chéri. Dommage et injuste parfois que nous soyons si dures avec nos mères. Sous prétexte qu'elles nous ont portées, nous attendons d'elles une compréhension, un amour inconditionnel. Tandis que ce que donnent nos pères – si minime parfois – est pris comme un cadeau. Francesca constate :

- *Mes deux parents ont été nuls, mais j'en ai beaucoup plus voulu à ma mère. J'ai beaucoup plus exigé d'elle. Parce qu'une mère, c'est un peu comme la Sainte Vierge : elle doit être parfaite. Cela me rappelle cette idée reçue, cette image selon laquelle une femme alcoolique est bien plus moche qu'un homme dans le même cas. De même, quand une mère laisse ses enfants, c'est un crime. Quand un père démissionne, c'est presque normal. Au fond, ce n'est pas très juste : un homme bourré, c'est aussi triste qu'une femme qui boit.*

C'est tout un système qui n'allait pas...

On n'est pas mère dans l'absolu. On le devient dans une histoire familiale, dans un contexte conjugal et social. Lorsque Danièle est née, sa mère perdait sa propre mère qu'elle adorait. Son mari allait très mal. Il était très dépressif, au bord de la psychose. Un peu moins d'une année avant la naissance de la petite fille, ses parents avaient perdu un bébé de 3 mois. Ils s'accusaient l'un l'autre d'avoir causé la maladie qui l'avait emporté. Quand la mère s'efforçait d'aimer un peu sa fille, de lui trouver de bons côtés, le père arrivait pour la déprécier...

C'est tout un système qui n'allait pas chez Danièle, chez Jeanne où l'esprit religieux cultivait le goût du malheur et du sacrifice. Elles étaient victimes de leur mère mais aussi d'une époque où « il suffisait d'une fois » pour faire un bébé :

- *Ma mère a eu huit enfants* constate Jeanne. *Au quatrième, elle était déjà fatiguée.*

Et combien de vies de femmes, d'intelligences gâchées ? La mère de Marinette, brillante élève, arrête ses études en cinquième pour aller travailler et permettre à son jeune frère de devenir ingénieur, lui, le fils d'ouvrier journalier. La mère d'Angélique voulait devenir chanteuse d'opéra. Impossible pour une fille ! Sa mère, avant elle, avait raté une carrière de pianiste : il n'était pas concevable, à l'époque, qu'une femme de son milieu travaille et n'élève pas ses enfants…

Puisque nous sommes adultes, nous pouvons élargir nos jugements et replacer nos mères dans leur contexte. Cesser de penser que nous n'avons pas été désirées (méchantes mamans !) et plaindre plutôt les femmes de la génération de nos mères qui devaient enchaîner leur destin à celui d'un homme qu'elles n'aimaient pas toujours. Mettons-nous à la place de ces femmes frustrées, partageant le lit d'un mari qu'elles subissaient parfois. Raphaëlle croit déceler chez sa mère une certaine perversion à faire le mal :

- *Me donner le martinet lui tirait du plaisir et des larmes. Je crois que c'était une femme très frustrée qui subissait l'acte sexuel. Elle a toujours été très passive. Elle subissait la vie. Elle n'a jamais rien décidé, jamais quitté mon père… Je crois hélas que ma mère a mené une vie très ordinaire de frustration et de frigidité. Avec le martinet, elle se vengeait de sa vie de chien en se donnant des alibis éducatifs : « C'est pour mieux t'élever, mon enfant ! »*

Souvenons-nous aussi de cette charge qu'était une maternité en l'absence de mode de garde pour les jeunes enfants, avant l'arrivée des couches-culottes et d'un électroménager performant. Il ne s'agit pas d'excuser, mais de comprendre pour dédouaner la petite fille que nous étions : ce n'est pas nous qui faisions le malheur de nos mères, mais la condition qui était faite aux femmes de leur génération…

Aujourd'hui, la naissance d'un enfant est une joie parce qu'elle est choisie mais, de leur temps, être enceinte signifiait parfois devoir interrompre ses études, renoncer à ses projets d'avenir, se consacrer à la maternité dont certaines femmes étaient déjà dégoûtées, pour avoir élevé leurs frères et sœurs plus jeunes. Et quelle tristesse quand on veut, comme Marianne, devenir médecin et que l'on se retrouve parachutée, à 14 ans, dans des études « ménagères ».

Intervenait aussi le poids du qu'en-dira-t-on et de la *bien-pensance.* Raphaëlle poursuit :

- *Ma mère me changeait jusqu'à cinq fois par jour à la moindre petite tache sur ma robe. J'étais la petite fille la plus impeccable du village. Dans ce quartier populaire où personne n'avait de gros moyens, on me remarquait aussi pour mon extrême politesse. J'étais charmante. J'avais toujours le sourire. J'étais le faire-valoir de ma mère.*

C'est tout un système qui fait qu'entre une mère et sa fille, ça marche ou ça ne marche pas. C'est tout un système, qui va ou qui ne va pas. Un homme est-il là pour aider sa femme à s'épanouir ? Il y a aussi des oncles et des tantes qui sont des témoins passifs ou actifs. Et puis il y a toujours des gens qui tendent la main. Une main que l'on saisit ou que l'on ne saisit pas… Faisons raconter à nos mères le contexte dans lequel elles vivaient. Pour échapper au destin de leurs propres mères, étouffées sous le joug d'une société, d'un mari contraignant, certaines se sont juré d'être libres. Être libres, être amantes, est devenu leur priorité, à nos dépens. D'autres femmes ont nourri des ambitions professionnelles, qui ont occupé tout leur temps. Elles aussi se disaient :

- *Surtout pas comme ma mère !*

Comprendre la logique de ces femmes, essayer de nous mettre dans leur peau, cela peut aider à prendre du recul, comme Jeanne :

- *J'ai le réflexe de me dire que j'ai enduré tout cela à cause d'elle, mais je suis également capable aujourd'hui de lui trouver des excuses.*

Et si nos mères se sentaient coupables ?

Leur trouver des excuses ? Le problème est que, dans nos sociétés, les mères ont tous les devoirs et tous les droits, puisqu'elles sont seules. De ce fait, nous avons en tête des images de mère idéale (un peu comme nous avons en tête des images de corps idéal). C'est-à-dire des images de mères absolument aimantes et dans le sacrifice de soi. Cette mystification rend les mères toutes-puissantes : elles croient pouvoir tout faire, tout donner. Certaines écartent les pères, les autres femmes… Elles voudraient tant nous suffire et nous combler ! Les mamans poules sont dans cette illusion. Elles veulent tout apporter : bonheur, amour, éveil… Ainsi Fabienne qui se lève aux aurores pour préparer les tartines et le chocolat chaud. Les jours de givre, elle dessine des fleurs de neige sur les carreaux, pour que sa fille ouvre les yeux sur de belles images. Elle fait l'école après l'école, les loisirs, la joie et n'aime guère que d'autres femmes s'en mêlent : c'est encore elle, toujours elle qui devrait tout voir, tout savoir, tout pouvoir pour sa fille adorée…

Mais aucune mère ne peut tout. Nos mères étaient limitées. Et nous le sommes aussi. Ne pas le savoir crée du manque : les filles pensent avoir une mauvaise mère… Ne pas le savoir crée aussi du manquement : les mères ne se sentent pas à la hauteur de leur tâche impossible. D'un côté la haine. De l'autre la culpabilité. Les mères trop seules, trop idéalisées n'y arrivent pas ! Et tout le monde est déçu, frustré. Rappelons-nous ce que Line écrivait à sa mère :

- *Tu es la plus grande déception de ma vie…*

Or ces sentiments (déception et culpabilité) exacerbent les tensions. Tout ce qui n'est pas parfait, entre mère et fille, devient grave. Nous avons perdu de vue que le lien ne va pas sans sentiments contradictoires. Naturellement, les parents responsables savent maîtriser au maximum leurs sentiments négatifs, mais n'oublions pas qu'il est aussi humain d'aimer que… d'en avoir ras-le-bol de cette enfant qui nous casse les pieds avec ses reproches, ses exigences, ses bêtises… Avoir une fille, c'est l'aimer et être déçue par ses mauvaises notes, sa présence qui nous empêche de sortir et de faire l'amour… Acceptons d'avoir été pour nos mères une charge et une déception.

Autrement dit, essayons d'en finir avec l'idée d'un amour parfait entre mères et filles. Le psychisme humain est ambivalent.

La force des parents est de protéger les enfants de « l'instinct » qui colle des gifles et se permet tout. Mais sans aller dans le cliché de l'amour parfait, qui accepte tout avec le sourire. Dans une relation saine et humaine, il passe nécessairement de la non-écoute, de la non-attention, de la présence, de l'amour, de la haine, du re-amour… La relation est une ronde, qui tourne plus ou moins vite, plus ou moins bien. L'essentiel est de continuer à se donner les mains. Or nous sommes sans cesse tentés de lâcher prise. Les heurs et malheurs de la relation ne sont plus tolérables. Nous attendons de nos mères, de nous-mêmes, de nos enfants un amour parfait, un amour impossible. Nous ne supportons plus les sentiments négatifs, comme s'ils étaient contre-nature. Nos mères subissent la même problématique. Certaines sont culpabilisées. Elles ne se sentent pas à la hauteur. Elles se pensent mauvaises mères et cela les rend violentes. Nous sommes les seules à pouvoir les adoucir, en les rassurant sur leurs qualités maternelles. Mais le voudrons-nous ?

Notre part de responsabilité…

Si nos mères se voyaient moins noires, peut-être seraient-elles plus douces ? Si nous voulons fluidifier la relation, dissiper cette gêne qui vient des tensions, des reproches implicites, essayons de déculpabiliser nos mères ou, au moins, de les détendre. Mais certaines, il est vrai, sont incapables de recevoir les compliments sans en faire du moche, estime Jeanne, sans le retourner d'une manière ou d'une autre, à notre désavantage. L'une dira par exemple :

- Ah ! Ce n'est pas trop tôt, tu reconnais enfin mes mérites…

Certaines filles comme Annie, pour avoir été trop souvent déçues, ne veulent plus rien tenter :

- Je me sentirais rabaissée, moi qui ai été si souvent humiliée. J'ai peur des moqueries comme autrefois. J'ai peur de m'exposer à quelque chose qui m'a tant fait souffrir…

Bérénice refuse aussi ce qui passerait, à ses yeux, pour

un aveu de faiblesse. Elle a besoin de la tendresse de sa mère, mais s'interdit de le montrer :

- *Elle m'a retranchée dans cette fierté. Pour exister et ne pas souffrir, il fallait que je l'envoie promener, que j'avance comme si je n'avais pas besoin d'elle. Je ne veux pas qu'elle me voie vulnérable. Quand je vais voir ma mère, je me déguise en femme irréprochable. J'y vais par devoir comme si j'allais au boulot, neutre et impeccable. Le modus vivendi que nous avons trouvé me convient parfaitement. Avant, je la détestais parce qu'elle n'était ni gentille, ni tendre, ni compréhensive avec moi. Maintenant, il y a moins de haine et surtout, je m'en fous. Je n'ai plus besoin d'elle. Si elle me témoignait de l'amour, je serais bien embarrassée. Je suis trop habituée à son indifférence. Il arrive un moment où on ne demande plus rien. On s'habitue à fonctionner sans mère, comme on doit s'habituer à fonctionner sans bras. Quand elle est adorable, je trouve ça presque louche. Je sors de mes repères. Je préfère qu'elle demeure telle que je l'ai toujours connue : autoritaire, jugeante et désagréable, parce que cela ne remet pas en cause mes schémas établis.*

Nous avons fait suffisamment d'efforts, autrefois, pour être aimées. Et il faudrait se remettre à la tâche ? Certaines filles baissent les bras d'avance, et on les comprend. Mais alors, il faut qu'elles reconnaissent leur part de responsabilité dans ce jeu de la victime (elle) et du bourreau (leur mère). Il faut qu'elles réalisent leur choix : ne plus faire d'effort. Elles refusent d'effacer les marques d'un contentieux dont elles ont trop souffert. Elles veulent rester fidèles à la petite fille qu'elles ont été. Line veut continuer de dire et d'écrire à la sienne ce qu'elle a sur le cœur. Pourquoi pas ? Mais sachons le décider. Et ne plus nous prendre pour de pauvres filles qui subissent encore…

Nous décidons aujourd'hui de ne pas aider nos mères à être meilleures mères. Nous décidons de ne pas tendre la main pour arrondir les angles : trop de rancœur, trop de peur, trop de fierté encore.

Nous le voulons, nous le choisissons, et c'est notre droit

le plus total. Mais ne nous étonnons pas qu'en retour, nos mères soient également distantes. De même, il n'est pas question pour Michèle de pardonner :

- Je ne l'embrasse jamais. Je la prends à peine dans mes bras. Je ne veux pas avoir de contact physique avec elle. Je n'en veux pas à ma mère, mais je ne suis pas capable d'avoir pour elle de grands sentiments. Quand elle me serre dans ses bras, je suis raide comme un bout de bois et pourtant un jour, j'ai eu ce cri : « Il y a tout de même cinquante ans que j'attends que tu me prennes dans tes bras. »

Mêmes contradictions chez Danièle :

- Je recherche toujours l'amour de ma mère, mais je suis incapable de le recevoir. Elle me dégoûte. Elle m'insupporte et je la hais. Quand elle le donne, cet amour, je n'en veux pas. Il est trop tard. Ça sonne faux. Comme si elle venait souligner le manque initial, comme si on ne pouvait pas aimer sa fille en femme adulte, quand on n'a pas su l'aimer, enfant. Cet amour tardif paraît inauthentique, décalé, plaqué. Dans ces cas, les mères donnent l'impression de jouer un rôle...

Nous ne sommes plus des victimes. Nous sommes aussi les acteurs d'une relation qui ne fonctionne pas. Comme s'il fallait que nos mères reconquièrent, morceau par morceau, la confiance et l'amour qu'au fil des années leurs coups pendables ont entamés. Tant qu'elles n'ont pas prouvé – avec une patience d'ange, il faut bien le reconnaître – qu'elles sont de bonne volonté, qu'elles ont changé, qu'elles veulent repartir sur de nouvelles bases, nous continuons à leur faire payer le passé. Jusqu'à quand ? Bérénice abonde dans ce sens :

- Il faut que les mères entendent qu'elles sont insupportables à vivre... Tant que la mienne sera sur les nerfs, je la verrai le moins possible... Je ne veux plus perdre d'énergie à aller voir quelqu'un qui m'impose une relation que je trouve lourde, pesante et si peu épanouissante. J'en ai pris mon parti. Je me suis trouvé d'autres choses en me tournant vers les copains, vers ma belle-mère, vers ceux qui voulaient bien m'aimer. Je trouve chez d'autres gens ce qu'elle refuse de me donner...

Et pourtant, il serait tellement apaisant de se réconcilier

avec sa mère, aussi. D'être en paix sur tous les fronts avec soi, avec elle. Quand cela devient-il possible ? Avec le temps… Le temps de remettre en place toutes les strates de confiance évanouie. Le temps de prouver, de part et d'autre, notre bonne volonté. Le temps de ne plus avoir – de part et d'autre aussi – des réflexes de défense hérités du passé…

Chapitre XIX

Je serai toujours là pour ma mère…

Il faut du temps pour se remettre d'une enfance douloureuse. Il faut du temps pour ne plus en vouloir à sa mère et trouver ses propres marques, sa propre voie. Il faut du temps pour faire tomber sa mère de son piédestal. Pour se rendre compte qu'elle ne peut plus faire de mal. Et la voir comme une femme limitée ne sachant même pas qu'elle aurait pu faire et être autrement. Il faut du temps encore pour pouvoir l'affronter sans que ressurgissent nos peurs, nos révoltes, nos réflexes de toujours. Il faut du temps pour ne plus souffrir de sa mère… Du temps encore pour entrevoir ses bons côtés. Et du temps enfin pour accepter de recevoir le bon qu'elle pourrait et voudrait nous donner. Voilà pourquoi il est si douloureux de perdre sa mère trop tôt.

Pour être une fille bien…

Guérir de sa mère ! Les filles douloureuses disent qu'on n'en guérit jamais tout à fait. Forcément, nous avons grandi un peu de travers et, de ces torsions pour nous adapter à une mère difficile, notre colonne vertébrale gardera les stigmates. Néanmoins, la douleur naît de la fusion. Elle vient du vivre ou de l'agir *pour ou contre Maman* (quand il faudrait vivre pour soi). Nous avançons d'un grand pas dès que nous commençons à nous voir un destin indépendant. Alors, on défusionne, on sort de l'emprise, de l'ascendant qu'exercent nos mères sur nous.

L'étape suivante consiste à choisir avec une détermination féroce de ne plus se faire que du bien. Sont alors évacuées toutes les situations, toutes les relations douloureuses répétant la relation première. Nous nous débarrassons de tous ces mauvais défis : nous faire aimer d'un cœur de pierre, arracher des sourires à un dépressif, apaiser un violent, etc. Désormais, nous avons mieux à faire, mieux à vivre…

Sur cette route qui mène à l'indépendance, nous devenons adultes. C'est alors que nos mères – qui commencent à vieillir – semblent vouloir se repentir. En nous, la petite fille se révolte :

- Ah non ! alors. On ne va pas jouer à mère-fille : ce serait trop injuste !

Nous sommes tentées de jouer les redresseurs de torts et de faire payer à nos mères les préjudices subis. À ce stade de l'histoire, deux solutions : abandonner nos mères comme elles nous ont abandonnées. La seconde, être là malgré tout…

Au terme de cette enquête, nous préconisons la dernière (du moins si nous sommes assez solides pour supporter de nouveaux face-à-face). Non pas par charité chrétienne ou par culpabilité, mais parce qu'être *là malgré tout* est la meilleure solution pour nous. En effet, quand on coupe les ponts avec sa mère, on a tendance à la fantasmer. Soit on la voit comme horriblement mauvaise (et on abîme une part de soi). Soit on imagine qu'elle va pouvoir être bonne mère… Se confronter à la réalité de ce qu'elle est, de ce qu'elle peut donner (ou pas) permet de prendre les mesures exactes de sa personnalité et de la relation possible. Le jour où la mère d'Angie sonne chez sa fille, la jeune femme l'accueille :

- Je l'ai reçue, hébergée et nourrie… Je l'aurais fait pour une voisine. Tout de même, je lui ai fait remarquer qu'elle m'avait jetée à la rue quand j'étais enceinte… Elle n'a rien dit. Elle ne pensait

qu'à son mari. Elle s'était fâchée avec lui pour la première fois de sa vie et cela la rendait folle. Elle parlait de lui en boucle. Rien d'autre n'existait...

Revoir sa mère permet à Angie de s'en dégager tout à fait. Cette femme souffre d'une maladie d'amour qui la rend inapte et indisponible à toute autre affection. Angie comprend aussi que sa mère n'a aucune conscience des dégâts qu'elle commet. La jeune femme constate ce qui est vrai de la plupart des mères :

- *Elle ne pouvait pas se conduire autrement : elle n'avait aucune conscience de qui elle était, ni de ce qu'elle faisait...*

Une autre raison pour être là ? La bonté est une forme de vengeance positive. Souvenons-nous de Jeanne qui se vengeait de son enfance pourrie, en réussissant tout. De même, répondre au mal par le bien est une « vengeance » qui nous honore et nous réconforte :

- *Quand je vais voir ma mère, ma grande satisfaction est de me dire que je ne suis pas comme elle. Être comme elle voudrait dire l'abandonner, ne pas aimer, ne pas faire mon devoir...*

Le bénéfice est d'autant plus grand qu'après avoir été traitées comme des chiens, nous avons besoin de nous prouver à nous-mêmes que nous sommes des femmes « chouettes ». Mais certaines mères aiment tant le rôle de victime qu'elles sabotent les visites, en nous critiquant, nous ignorant, etc. Michèle a raison de tenir bon et de refuser d'entrer dans le jeu de son odieuse maman, qui aimerait tant pouvoir dire que sa fille la néglige :

- *Si le lien cesse, il faudra que ce soit à son initiative et pas à la mienne...*

LES BÉNÉFICES DE LA B.A.

De plus, lâcher nos mères entraînerait de nouvelles, sempiternelles bagarres entre soi et soi. Il faudrait remettre régulièrement à jour les bonnes raisons que nous avons de ne plus voir la nôtre. Nous justifier auprès des autres et de nous-mêmes.

Et, pour ce faire, réactiver le mal qui nous a été fait. Et donc, nous maintenir dans le passé et dans la douleur : que de fatigue psychique en perspective, encore ! Être une fille bien. Être là a le mérite de laisser les souffrances en paix.

Continuer à la voir, c'est aussi prendre la mesure de nos forces et du chemin parcouru. Au fils des mois, des années, nous pouvons constater que les petites phrases, les allusions, les dévalorisations nous font moins de mal. De même pour l'absence de regard, les tentatives de culpabilisation. Plus les années passent, plus nous sommes sûres de nous et solides et moins nous prenons les choses pour nous… N'est-ce pas une forme de guérison ?

Et puis, même désagréables, nos mères vieillissantes continuent à nous structurer. Quand nous pensons : *« Surtout, ne pas vieillir comme elle ! »*, nous prenons encore appui sur nos mères pour nous définir et avancer. C'est en ce sens qu'il vaut mieux avoir une mère difficile que pas de mère du tout.

Refuser d'être comme sa mère aide Michèle à devenir meilleure et à vieillir bien :

- À chaque fois que je n'ai pas pensé, parlé, agi comme ma mère, à chaque fois que j'ai été comme moi je voulais être, j'ai marqué des points. Et je me bats pour continuer. Je ne me plains jamais. Je ne gémis pas.

En rendant visite à sa mère, une fois par semaine, elle se dit qu'elle a bien du mérite de supporter ses critiques, ses reproches, parce qu'elle est trop en avance ou trop en retard ou trop à l'heure…

- Je me dis qu'elle n'est vraiment pas marrante et que bien des filles à ma place auraient laissé tomber.

La situation n'est supportable que parce que Michèle n'en attend rien. Ce fatalisme lui apporte la paix. Elle se trouve formidable, et avec raison, de supporter cela. Elle a renoncé à avoir une mère qui l'aime, la complimente, la protège et lui donne des forces. Si elle l'espérait encore, elle serait déçue. Sa force vient de sa lucidité et de son absolue certitude que sa mère ne changera pas :

- J'essaie toujours de me faire aimer, mais je n'y crois plus. J'aurais voulu qu'elle m'aime, j'aurais voulu que ce soit différent. Mais je sais maintenant que je cours après ce qui ne pourra pas être. Comme après une jolie histoire passée…

Si on le prend comme un jeu, il peut même y avoir du bonheur et de la douceur à tenir le rôle de la bonne fille. Alors, les ex-Petites filles aux allumettes se sentent enfin normales et enfin aimantes, comme sont aimantes toutes les filles… Francesca joue à ce jeu comme on joue à la marchande, sans y croire vraiment, mais avec bonheur et sérieux :

- J'aime être au restaurant le dimanche avec ma mère et lire dans le regard des gens que je suis une fille adorable et prévenante avec sa vieille maman. Ça me plaît d'avoir l'air d'être une fille bien avec une mère merveilleuse. Je sais que c'est de la triche. Que tout cela est absolument faux, mais c'est un rôle qui me flatte. À condition toutefois que ma mère n'en soit pas dupe et qu'elle se souvienne que du vivant de son compagnon, elle n'avait jamais besoin de me voir…

CHAPITRE XX

J'ai compris qu'elle m'aimait...

Et si, pour nous sentir plus sereines, nous faisions un effort supplémentaire en acceptant de *venir de nos mères* ? Nous avons vu à quel point il est important de se sentir reliées à un père, une mère, une famille, une histoire et, à travers eux, à l'humanité entière. Pour notre bien, il faudrait pouvoir suivre ce commandement de la Bible : *« Tu honoreras ton Père et ta Mère... »*

Est-ce possible ?

- *Encore faudrait-il qu'ils soient honorables !* répondent les filles blessées.

Jeanne a résolu une partie du problème en ne permettant à personne de salir sa mère ni d'en dire du mal. Elle s'autorise à penser ce qu'elle veut. Elle est fâchée, frustrée, déçue. Elle n'éprouve pas une miette d'admiration pour cette femme, qu'elle n'arrive d'ailleurs pas à appeler Maman. Elle triche en l'appelant Mamie, comme ses enfants. Néanmoins, elle interdit qu'on la déshonore. Laisser attaquer sa mère serait se laisser attaquer soi. En la protégeant, elle se protège elle-même. C'est déjà ça !

Mais encore... Nous avons vu que nos mères, en tant que mères, n'étaient pas, comment dire..., *au top*. Mais n'auraient-elles pas des valeurs ou un talent ou un savoir ou un savoir-faire ou un trait de caractère ou un pays ou des intérêts qu'elles nous auraient transmis ?... Et dont nous pourrions nous revendiquer ? Dans lesquels nous pourrions nous reconnaître ?

Ce je-ne-sais-quoi de très touchant…

Certaines filles doivent se creuser longuement la tête pour découvrir l'endroit où elles peuvent accepter l'héritage. Finalement, elles trouvent et pour leur plus grand bien. Danièle admire en sa mère la résistante qui, pendant la guerre, a su cacher des Juifs et risquer sa vie. Elle admire aussi la fillette qui, pour empêcher son père de battre ses frères et sœurs, s'interposait, bien campée sur ses petites jambes, la tête haute et le fixant droit dans les yeux. Angélique, quinquagénaire comme Danièle, pense à la très jolie jeune fille que fut sa Maman dans les années trente. À cette époque, elle était ravissante, musicienne, riche et très amoureuse d'un bel officier qui promettait de l'épouser après la guerre :

- Je crois que ma mère s'est figée à la mort de son fiancé. C'est à son seul propos que nous avons eu des échanges véritables. Elle me montrait des photos d'elle habillée sur mesure, en tenue de tennis, ayant sa loge au théâtre, fréquentant des châteaux, se déplaçant en calèche… Maman vivait dans son passé, mais un passé idéalisé et irréel, situé dans un temps qui n'existe plus. Je n'ai jamais aimé ma mère (qui préférait son chien) mais j'ai de la compassion pour cette jeune fille fraîche, pleine de talent, d'enthousiasme et de projets dont tous les rêves, à cause de la guerre, se sont brisés…

Même difficulté pour Michèle d'aimer sa mère, décidément. Trop agressive, trop geignarde, trop culpabilisante, impossible de l'aimer quand elle est là. Mais de loin, en pensant à elle, elle a de la compassion pour cette petite vieille dame fragile dont les sens s'atrophient. Michèle s'apitoie de la voir devenir légère comme une plume, elle qui a toujours été si gourmande et si ronde… La mère est odieuse, mais la vieille dame est attendrissante. Comme est touchante la mère de Jeanne qui, à cause de ses oignons aux pieds, porte des baskets. Ces chaussures de gosse sur une vieille dame, cela a quelque chose de cocasse qui fait sourire sa fille.

Agathe cherche, elle aussi. Sa mère ? Non décidément, elle a trop de mal avec ses défauts : paresseuse, égoïste, manipulatrice. Elle ne veut pas non plus s'attendrir sur la petite fille battue. Ce n'est pas le rôle d'une fille que de plaindre sa mère, enfant. Trop de confusion dans les générations, encore ! Ce qu'elle peut faire, c'est observer les efforts que fait sa mère pour se racheter d'une maternité défaillante. Des efforts touchants de timidité : elle a tellement peur que sa fille ne la renvoie dans ses buts. Elle n'ose que de petits gestes : porter une écharpe qu'Agathe lui a offerte pour montrer (sans le dire) qu'elle se souvient de ce joli cadeau. Et qu'elle en est reconnaissante. Donner un livre auquel elle tient beaucoup : il a appartenu au père de son père... Aller acheter des rouleaux de printemps : sa fille en commandait, autrefois, au restaurant chinois.

Honorer sa mère ? Franchement Isabelle n'y arrive pas. Mais elle transforme la proposition en :

- Tu ne la nieras pas ! On ne peut pas faire comme si on n'avait pas eu cette mère, ces parents-là. Les miens étaient des vampires. Ils m'ont pompé une énergie extrême, mais j'accepte de venir d'eux. Ma mère est comme une petite artère qui me relie à la Russie. Maintenant que je suis guérie, j'ai la capacité de faire mon miel des cultures que j'ai croisées chez elle. J'ai été élevée dans les coups et dans la musique. Aujourd'hui, après tout un travail sur moi-même, je peux ignorer les coups et me rappeler Mozart, Chagall et Dostoïevski...

Au fil du temps, nous découvrons que notre histoire peut se lire de bien des manières : version rose, version série noire, version zen... Nous comprenons que pour justifier le plus difficile (et ainsi, nous détacher de nos mères), nous avons dû occulter les petits bouts de bons côtés. Maintenant, Isabelle peut se souvenir, drôle de paradoxe, que sa mère était très maltraitante (indifférence, abandon) et aussi très câline avec elle :

- Elle m'embrassait, me tripotait et je n'avais aucun mal à l'appeler Maman. Je lui disais : « Je suis sûre que j'étais bien dans

ton ventre », et elle me répondait : « Oui, tu es la seule de mes (cinq) enfants que j'aie pris du plaisir à faire et à attendre. La seule pour laquelle je n'aie pas eu de nausée... »

Pardon, je sais ce que tu as souffert...

Et puis, certaines histoires entre mères et filles se terminent bien. Ce sont des histoires de rencontres, des histoires de pardon. Un jour, elles peuvent avoir lieu parce que l'angoisse des mères s'est relâchée et que la souffrance des filles s'est apaisée. La mère de Francesca a toujours été une femme égoïste : s'occuper des autres ? De sa fille ? Ni le mot ni la chose ne lui venaient à l'esprit... À la mort de son compagnon, craignant la solitude et la vieillesse, elle a voulu s'amender. Elle a cherché à se rapprocher de sa fille. Mais il était trop tard !

- *D'où sort-elle, cette mère-là ?* s'est demandée Francesca.

Alors, à 78 ans, sa mère a entrepris une psychothérapie. Elle voulait comprendre où était son manque. Pourquoi elle n'avait pas su, ou pas pu, être mère. Quand sa fille a commencé à hurler qu'elle était une mère nulle (à l'en décoiffer !), elle s'est laissé faire : c'était le châtiment de ses insuffisances. Et puis un soir, à la télévision, elle a regardé une émission sur les blessures de l'enfance. Des témoins racontaient leurs sentiments de solitude et d'abandon, leur souffrance d'avoir été invisibles, leur angoisse de toujours... La mère de Francesca a hésité : il lui fallait tant de courage ! D'une voix mal assurée, elle a laissé ce message sur le répondeur de sa fille :

- *Je crois que j'ai compris ce que tu as souffert... Et je t'en demande pardon !*

Certes, le pardon n'est pas magique. Il ne suffit pas de quelques mots de bonne volonté pour effacer tant d'années d'indifférence, mais c'est un premier pas nécessaire. Francesca ne veut pas s'attendrir : elle fait défiler la bande en accéléré. Elle bougonne, elle rouspète, elle se fâche encore, mais elle admet :

- *Maintenant que Maman a compris le mal qu'elle m'a fait et qu'elle s'en est excusée, nous pouvons commencer autre chose.*

Dans cet *autre chose* qui arrive sur le tard entre mère et fille se passent parfois des échanges émouvants. Elle nous attendrit, la vieille maman de Francesca, quand elle fait l'effort, malgré son égoïsme, sa canne et son arthrose invalidante, de déplacer ses vieux os pour aller voir sa fille à l'hôpital. Elle lui apporte un cadeau ravissant. Égocentrisme toujours, elle insiste auprès des visiteurs :

- *Vous avez vu, c'est moi qui lui ai offert le peignoir !*

Elle se vante. Mais elle n'en revient pas, cette mère, d'être une maman pour la première fois. Et à bientôt 80 ans ! Heureuse comme une petite fille au pied du sapin, un soir de Noël, elle découvre qu'il est délicieux pour soi-même d'être présente, généreuse, protectrice et même… maternelle avec sa fille. Une fille qui est touchée, mais qui ne se laisse pas faire :

- *Tu as quand même été nulle, tu sais !*

Mais une fille qui, quoi qu'elle en dise, se laisse attendrir par cette dame âgée qui part à la conquête de la maternité comme une jeune guerrière. Sans jamais se laisser abattre. En acceptant de perdre des batailles (elle l'a bien mérité !). Mais en ne renonçant jamais à vaincre le cœur de sa fille et à se rendre digne (enfin !) de son affection.

Ce n'est pas gagné non plus pour la mère de Line, mais il y a plusieurs mois que la jeune femme n'a pas eu besoin d'écrire l'une de ces lettres vengeresses. En fait, elle n'en a plus eu besoin depuis la dernière réponse qu'elle a reçue. Une réponse pleine d'humilité et de tristesse de n'avoir pu être meilleure mère. Elle dit :

- *Plus j'y pense, plus je trouve qu'il y a un manque en moi, mais ce n'est pas un manque d'intérêt ou d'amour pour toi. Tu n'as pas eu la vie facile et tu prends les choses en main avec beaucoup d'intelligence. Il y a des reproches que j'accepte, mais mon désir est que nous laissions les conflits derrière nous. Et que nous allions de l'avant en nous acceptant mutuellement, chacune avec ses défauts et ses défaillances…*

Plus nous avançons, plus nous nous apaisons et plus nous découvrons chez nos mères des zones de maternité que nous ne soupçonnions pas. Et qu'elles ne montraient pas. Des zones de qualités humaines qui ne suffisaient pas à compenser la souffrance qu'induisaient leurs défauts, mais qui existent et qu'il fait bon découvrir. Anne les voit enfin :

- *Ma mère s'occupait merveilleusement du sommeil, de la nourriture et de la santé. Ce n'était pas ce dont j'avais besoin. Je voulais de l'échange, de la relation, de la parole vraie, et elle me gavait d'hygiène et de vitamines. Mais en la voyant faire avec mes enfants – qui l'adorent –, je réalise qu'elle était complètement à côté de la plaque, mais qu'elle m'a sincèrement aimée.*

Quant à la mère de Sylvie, elle a fini par l'aimer. Pourtant, elle était braquée contre les filles. Elle n'aimait que les hommes et que son fils. Mais durant sa maladie, pas un atome de masculin à ses côtés : son mari était mort et son fils, affolé par le sang, le sale, la souffrance, s'est enfui. Restaient les femmes. Restait sa fille. C'est au terme de sa vie que cette maman-là a découvert le courage et la solidarité des femmes entre elles. Sylvie s'est dévouée corps et âme. Tout en allant au lycée, cette jeune fille, qui était déjà orpheline de père, a tout assumé. Elle l'a soignée, réconfortée, protégée en s'arrangeant même pour que le fils adoré soit présent. Autant que possible.

La mère a fini par s'abandonner à l'amour de cette fille formidable, dont elle s'était toujours méfiée parce qu'elle était une fille. Un certain matin, Sylvie a même croisé le regard de sa mère, un regard dépouillé de ses jugements et de ses soupçons :

- *C'était un vrai regard, différent des précédents. Un regard qui semblait penser : « Elle est incroyable cette fille-là ! Quel cran ! Et c'est la mienne ! »*

Et sa mère lui a souri, de ce sourire complet que Sylvie attendait depuis toujours. Et ne croyons pas qu'elle l'ait rêvé. Sa tante lui a dit, le jour de l'enterrement :

- *Ta mère a fini par t'aimer !*

CHAPITRE XXI

Si bien avec nos filles...

Parmi les cinquante-deux femmes qui ont accepté de témoigner pour cette enquête, beaucoup l'ont fait pour dénoncer ce lieu commun consistant à dire que l'on répète avec sa fille ce que l'on a vécu avec sa mère. Cette idée les révoltait. Non seulement, elles avaient eu le malheur de subir une mère qu'elles n'arrivaient pas à aimer – ou dont elles n'arrivaient pas à se faire aimer –, mais en plus, on leur prédisait qu'elles seraient à leur tour, forcément, de mauvaises mères.

Comment s'étonner, dans ces conditions, que la terreur de mal faire se soit emparée de certaines, non pas à la naissance de leur fils, mais à celle de leur fille ? Quand celle de Marianne est née, l'angoisse est montée, montée...

- Je me disais : « Il faut que tu t'occupes d'elle, que tu lui parles, que tu lui souries... » Et je n'y arrivais pas. C'était terrible : je ne pouvais même pas l'approcher. J'avais peur de lui faire du mal. La maternité m'angoissait déjà, mais de devoir m'occuper d'une petite fille, c'était pire. J'étais certaine que je n'y arriverais jamais. Je ne dormais plus. Je ne supportais pas cette gamine qui me dévorait. J'étais tellement mal que, pour ne pas frapper mes enfants, je tapais sur les murs...

Même inquiétude terrible pour Line :

- Je n'étais pas sûre de moi. J'avais peur de mal faire, peur de ne pas être à la hauteur de cette toute petite fille qui m'effrayait...

On ne répète pas ce que l'on a compris…

Des années plus tard, faisons le bilan. Ont-elles répété ce qu'elles avaient subi ? Ont-elles vécu avec leur fille ce qu'elles avaient connu avec leur mère ? Sans doute n'ont-elles pas été des mères parfaites et heureusement. Mais elles ont été, dans l'ensemble, des mères « suffisamment bonnes » car elles se sont battues pour éviter à leurs filles ce dont elles avaient souffert le plus. Elles se sont évertuées à leur épargner ce qui avait été le plus grave pour elles…

Jeanne était négligée et ridiculisée. Sa fille est devenue une grande sportive, valorisée, bien dans sa peau, bien dans sa tête. Sa mère lui a transmis cette discipline de vie, si équilibrante, qui lui avait tant manqué… Marianne voulait, et pouvait intellectuellement et financièrement, devenir médecin. Dès la 5e, elle a été orientée vers les arts… ménagers. Catherine, sa fille, a voulu faire du théâtre. Elle a fait du théâtre. De la photo ? Elle a fait de la photo ! Quand on a été freinée, on sait donner du libre champ…

Raphaëlle, l'enfant dressée, a choyé Johanna. France, *l'éponge* qui absorbait toute la souffrance maternelle, veille à ne pas transmettre son chagrin, ses angoisses. Elle vit pour que sa fille vive. Elle se réjouit pour que sa fille puisse se réjouir… Et Paule ? Elle, dont la mère était un menhir froid, a su trouver la bonne distance. Quant à Yuki, la moins aimée des enfants de sa mère, elle se sent beaucoup d'affinités avec sa fille. Ce qui ne veut pas dire qu'elle la préfère. Avec son aînée, elle peut rire, parler, faire les courses avec plaisir et pendant des heures. Son fils est plus réservé, mais elle s'applique à apprécier ses bons côtés : cette douceur, cette sensibilité, cette gentillesse qui correspondent moins au tempérament *fonceur* de sa mère, mais qui font son charme…

De génération en génération, il nous semble que les mères progressent. Au cours de cette enquête, il est apparu que les difficultés mère-fille sont datées. Les mères des femmes qui ont près de 70 ans aujourd'hui se permettaient de détester leur fille ouvertement. Les Cosette chez les Thénardier étaient légion. La doyenne de nos interviewées, Mathilde, 67 ans, était la dernière fille d'une marmaille dont la mère voyait enfler le nombre avec horreur. Son mariage avait été plus ou moins arrangé. Ni amour ni tendresse dans le couple, juste une association. Chaque grossesse était *une tuile.* La naissance de Mathilde, la onzième enfant, a mis un terme à la vie sexuelle de ses parents. Elle est devenue le souffre-douleur, la « petite-corvée » de la famille. Elle aidait au ménage, à la lessive et se levait à l'aube pour aller vendre les fromages de la ferme, au marché, dans une France encore très rurale. Malgré l'insistance du curé et de l'instituteur, Mathilde n'a jamais pu passer son certificat d'études : ce jour-là, on avait besoin d'elle à la maison…

Personne ne songeait à juger sa mère *indigne.* À l'époque, l'enfant n'était pas encore une personne. Il était surtout une bouche à nourrir… Quant à Mathilde, elle ne s'est jamais vraiment plainte. Certains enfants étaient aimés, d'autres pas. C'était un peu comme une loterie et comme partout : il y avait des riches et des pauvres, des malades et des bien portants. C'était comme ça !

Certaines mères des femmes qui ont 50 ans aujourd'hui ne sont pas plus aimantes, mais elles s'en défendent (aucune ne dira jamais qu'elle n'aimait pas sa fille). Parfois, elles ont fait payer à leur fille toute une vie de frustrations, mais en s'efforçant la plupart du temps d'être des mères *comme il faut.* Lourd était le poids du qu'en-dira-t-on. Les mères épiaient leurs filles, parce qu'elles vivaient sous surveillance et qu'être fille-mère était une infamie. Parallèlement, certaines filles comme Raphaëlle pouvaient être enfermées à la cave, pour être dressées : elles devaient apprendre à haïr ce plaisir par lequel le malheur et l'enfer arrivent…

Qu'aurions-nous donné dans ces sociétés vieilles de trentre, quarante, cinquante ans ? Notre réflexe est de penser que jamais nous n'aurions pu traiter notre fille comme nos mères nous traitaient. De même que jamais, pendant la guerre, nous n'aurions pu collaborer avec les nazis, mais allez savoir… Qui sait si le qu'en-dira-t-on ne l'aurait pas emporté ? Qui sait si, en femmes déçues, frustrées, nous n'aurions pas fait payer à nos filles le gâchis de nos vies ? Et tout cela pour avoir fait l'amour une seule petite fois...

Les mères difficiles des femmes de 30 ans le sont pour des raisons bien différentes. Ce sont parfois des mères astrales qui ont découvert la liberté d'aimer, comme toute leur génération. Comme pour rattraper le temps perdu par leur mère, leur grand-mère, elles s'enivrent de plaisir. Séduire est leur priorité... Mais leur fille se vit, telle Victoria Abril dans *Talons Aiguille*, le film de Pedro Almodovar, comme la *pâle doublure* d'une déesse-mère. À moins qu'ayant tellement travaillé, ces mères des femmes de 30 ans n'aient pas vu le temps (ni leur fille) passer. Elles n'ont pas été là. Leur fille s'est sentie abandonnée. Mais elles n'en veulent plus à leur fille d'être belle. Elles l'aident et aiment qu'elle soit une femme. On peut croire Marianne quand elle dit :

- *Quand ma fille est née, j'ai trouvé que c'était la plus mignonne de la clinique. Je ne lui en ai jamais voulu d'être si belle. J'étais très contente qu'elle puisse avoir une bonne image d'elle-même, très contente et très fière.*

La tentation de sur-donner...

Et aujourd'hui, de quelles mères se plaignent les jeunes filles de 18-20 ans ? Les statistiques font état de mères « géniales » à 90 %. Pas de conflits, pas de crises. Du dialogue, de la tendresse, de l'amour. D'ailleurs, elles *adorent leur mère.* Mais... elles ont du mal à s'en séparer. Autrement dit, le risque actuellement est moins de ne pas aimer que de *« sur-donner »*. D'en faire trop pour compenser l'amour que nous n'avons pas reçu. En effet, la relation mère-fille apparaît parfois comme étant « Le » lien primant sur tous les autres (les maris et les fils risquant – dans l'imaginaire féminin – de partir un jour).

Danièle fait partie de ces mères qui surinvestissent la relation mère-fille. Souvenons-nous de ce que dit sa fille :

- Être une bonne mère, le devenir, le rester chaque jour a été sa raison d'être. Elle s'est efforcée à chaque minute de me donner le maximum, en étant angoissée à l'idée de mal faire et de ne pas y arriver. M'en rendre compte m'émeut aux larmes autant que cela me coince, m'encombre et me culpabilise.

Sarah éprouve beaucoup de compassion pour la petite fille malheureuse et blessée qu'était sa mère, elle-même élevée par une mère pathologique qui ne voulait ni mari ni enfant et encore moins de fille :

- Sa mère n'aimait personne !

Avec cet héritage, quelle mère est devenue Danièle ? Elle ne reproduit pas. Elle fait le contraire mais, du coup, c'est trop ! Sa fille commente :

- C'est un peu comme si elle m'avait trop gâtée, trop permis, trop aimée. Je me sens coupable de ne pas la mériter. Comme j'ai une mère parfaite, je voudrais être une fille parfaite. Ne jamais la quitter pour ne pas l'abandonner (comme elle fut abandonnée par sa mère). Et préserver ce rôle de mère dans lequel elle a besoin d'exceller. Pourtant, je sais que ma mère veut mon bien, avant tout. Je suis sûre qu'elle sera contente si je prends mon indépendance, si je deviens une femme épanouie. Il aurait été beaucoup plus difficile pour moi de n'être pas aimée. Je n'ai que 19 ans. Les bénéfices d'avoir eu cette mère-là apparaîtront bientôt. Quand je serai décidée et quand j'aurai appris à me libérer ; à prendre mon envol...

De mère en fille, nous n'avons cessé de progresser dans nos compétences maternelles. Nos filles sont des personnes. Nous ne voulons plus les dresser, mais créer les conditions de leur bonheur. Leur féminité ? Nous l'acceptons. Nous l'encourageons. Il suffit de voir nos ravissantes jeunes filles déambuler dans la rue, fières de leurs seins, bien dans leur corps... Notre faute ? Les aimer trop. Freud avait-il raison quand il disait aux parents : « *Quoi que vous fassiez, vous ferez mal.* »

Impossible de contester cette phrase emblématique du père de la psychanalyse, mais constatons qu'il existe des degrés dans le *faire mal* des mères. Au terme de cette enquête, il apparaît que certaines mères ont presque tout bon. Et d'autres presque tout faux. Les premières n'oublient jamais qu'elles sont des mamans. Elles délimitent clairement les générations. Elles savent regarder leur fille, la comprendre, se mettre à sa place, lui apporter l'aide qu'il faut et elles aiment la vie. Les secondes, à l'inverse, refusent d'être des mères. Elles ne regardent pas, ne comprennent pas et, en plus, elles trouvent parfois que la vie est pourrie...

Les femmes d'aujourd'hui ont découvert le bonheur de la relation mère-fille. Elles ont compris que l'éducation était un échange. Et elles en sont émerveillées, intéressées, enrichies. Elles ont découvert le bonheur de voir (et de contribuer à faire grandir) une personne unique en son genre. Le problème pour elles ? Poser des limites à cette si bonne relation. Des limites dues au fait que nous sommes mères et filles. Et que, en conséquence, nous les mamans ne pouvons pas tout dire, pas tout confier. Nos filles ne seront jamais des copines. Nous devons continuer de les protéger de vérités trop abruptes, sur nos relations avec leur père par exemple, d'une intimité qui serait trop envahissante pour elles, psychiquement parlant. Ou encore de nos angoisses ou de nos difficultés qui pèseraient trop lourd sur leurs épaules...

Les mères aujourd'hui doivent apprendre à se limiter dans leur bonheur d'avoir une fille. Mais on peut compter sur les femmes pour relever ce défi supplémentaire. Quand on observe les progrès de la relation mère-fille sur trois générations (des progrès soutenus par ceux de la démocratie, de l'égalité entre hommes et femmes et de la psychologie), on en reste soufflé. En écrivant cela, on se rend compte à quel point la place réservée aux femmes dans la société joue sur l'éducation et sur l'amour que les mères donnent aux filles. Comment aimer avoir des *pisseuses* ? Leur naissance décevait tout le monde. Et notamment le père qui ne pouvait leur transmettre son nom, son commerce, ses valeurs... dominantes.

Mais au fait si, de génération en génération, nous n'avons cessé de mieux aimer nos filles, n'est-ce pas aussi grâce à nos mères ? Peut-être ont-elles maladroitement cherché à nous sortir d'une condition qui leur pesait ? En dressant sa fille, la mère de Raphaëlle voulait qu'elle puisse s'en sortir, « aller partout » : il faut dire qu'elle savait ce que pauvreté veut dire, dans un monde qui ne prête qu'aux riches. Avec tous ses amants qu'il fallait partager, la mère de Natacha était délirante. Trop de sexe, trop de bruit, trop de fêtes… mais elle voulait offrir à sa fille autre chose que sa jeunesse à elle, morbide, sinistre et coincée. Elle voulait « rompre la chaîne » comme elle disait, avec une famille ruinée par la guerre et la maladie. En la coupant de telles racines, elle croyait bien faire…

Complices et solidaires

La difficulté pour une mère de fille est de mettre au monde une femme qui aura, craint-elle parfois, le même destin. Comment aider une fille – sa semblable – à devenir une autre ? Tel est le pari difficile de son éducation. La force des mères qui ont été des filles douloureuses est de savoir qu'elles peuvent quelque chose au bonheur de leur fille. Elles se sentent responsables de son équilibre et de son bien-être. Elles savent qu'une mère peut faire souffrir (elles ont tant souffert par la leur !). En avoir conscience les rend souvent plus attentives et délicates.

De plus, doutant d'elles-mêmes, elles sont souvent plus aptes à se remettre en cause. Le doute qui conduit à la culpabilité de mal faire est une mauvaise chose. Mais le doute qui invite à mieux regarder son enfant pour le connaître, le comprendre, l'écouter en se disant que les cris, les rouspétances, les gros chagrins doivent avoir un sens… Ce genre de doute est un bienfait qui donne à nos filles le sentiment d'être regardées et, la plupart du temps, comprises.

Que les filles douloureuses se rassurent : en devenant mamans de filles, elles répètent certainement des choses de leur mère. Une manière de succomber à la fatigue ou de la surmonter, une façon de dire ou de taire… mais elles ne reproduisent jamais ce dont elles ont souffert le plus. Elles savent que les *mater dolorosa* sont des mères de plomb. Elles savent aussi combien compte la relation. Et à quel point c'est une souffrance de n'être ni vues, ni reconnues. Elles savent encore qu'une mère est bien vécue lorsqu'elle se situe entre l'autorité qui écrase et la démission qui abandonne.

On prétend souvent que la relation mère-fille est plus compliquée que la relation mère-fils ou père-fils ou père-fille, mais chacune a ses propres complications. L'Œdipe sépare mère et fils. La plupart des pères redoutent la féminité de leur fille qui occasionne une certaine gêne. Soit ils cèdent au jeu de la séduction. Soit ils en sortent trop vite (par peur d'y entrer). Pas si simple ! La différence des sexes est un frein puissant à la complicité, à la promiscuité. Comment trouver la bonne distance ? Comment se plaire sans se séduire ? Quant à la rivalité père-fils, cette rivalité de coqs…, peut-on vraiment la qualifier de « simple » ?

De nombreuses relations mère-fille semblent autrement plus naturelles et évidentes. Justement parce qu'elles sont du même sexe, mères et filles échangent des rires, des câlins et des confidences. Ce qui ne serait possible ni avec un père ni avec un fils. Dans l'histoire des familles, rien n'égale cette complicité mère-fille quand elle existe. Parce qu'elle se double de la solidarité des femmes entre elles. Les mères le disent, la grossesse de leur fille et son accouchement sont un événement bien plus considérable que la naissance du bébé d'un fils. Marianne raconte :

- *Quand ma fille a eu son premier bébé, j'ai vu qu'elle était toute pâle après la naissance. Elle n'était pas pâle de fatigue, non. Elle était choquée de ce qui venait de lui arriver. Alors, je l'ai prise dans mes bras en lui disant : « Maintenant tu sais ce que c'est. C'est dur mais c'est beau… »*

Quels progrès nous reste-t-il à faire ? Dominique Zyngierman, psychothérapeute, nous met sur la voie : « *Il faut remettre du temps dans tout. Permettre à nos filles d'être des enfants, des petites filles puis de très jeunes filles, des jeunes femmes… Cela n'est possible que si nous prenons notre place de femmes, puis de femmes mûres, puis de vieilles dames. En sachant nous situer, nous,*

nous leur permettons de se situer, elles, dans l'ordre des générations et donc, dans l'existence… »

Certaines de nos mères ont vraiment raté le coche de la maternité. Mais il leur reste, aujourd'hui, à relever le défi de vieillir bien. Et de nous montrer en douceur le chemin qui nous fait si peur dans un jeunisme roi. Il reste à nos mères à se rattraper, en nous donnant l'image d'une vieillesse digne et pleine de ressources humaines et relationnelles. Il n'est jamais trop tard, non plus, pour qu'elles apprennent à nous regarder vraiment.

Conclusion

En commençant ce livre, nous nous posions trois questions. La première : ruminer les griefs anti-mères sert-il à quelque chose ? Oui, il semblerait que ce soit une étape obligée de la prise de conscience de sa souffrance et de sa différence : nous ne sommes pas comme nos mères… On ne peut guère faire l'économie de cette étape, regarder ailleurs ou sauter sur le pardon, sans tricher avec soi-même :

- *Ne mettons pas le pardon à la place du travail,* résume Michèle.

Néanmoins, ruminer trop longtemps nous maintiendrait dans l'enfance et la dépendance. À chacune d'évaluer le temps qu'il lui faut, pour épuiser le sujet « maman ».

Deuxième question : faut-il avoir avec nos mères une grande « confrontation » ? Susan Forward, dans son livre *Parents toxiques,* dit *« oui »*. Les femmes interrogées dans cette enquête disent : *« non »* ! Trop risqué pour notre équilibre. Inutile et mauvais pour la relation mère-fille qui en sort un peu plus abîmée. Quant à la charge mentale…, c'est encore pire ! On peut dire ses souffrances, mais après coup. Et avec le plus de délicatesse possible, quand elles n'ont presque plus d'importance pour soi. À ce moment-là, et dans ces conditions seulement, les difficultés peuvent être entendues et, peut-être, comprises.

Troisième question : faut-il rompre avec sa mère quand la voir nous chavire, nous blesse ou nous détruit ? Quelques mères (rares) sont tellement malades qu'elles rendent… gravement malades. Pour sauver sa peau, il faut fuir sans se retourner. Toutes les autres filles gagneront à continuer de voir leur maman (mais plus ou moins souvent et plus ou moins longtemps) car, même difficile, une mère est structurante : ne pas vouloir vieillir comme elle…, c'est encore se construire.

Reste à répondre à la question clef de ce livre, à la promesse de son titre : être la fille de sa mère… et ne plus en souffrir. Guérit-on un jour ? Isabelle résume son sentiment :

- Il faut bien comprendre que nous avons connu la guerre. Une guerre sournoise car, d'habitude, les guerres sont vécues par tout le monde. Celle-ci était une guerre privée, à nous seules réservée. De ce combat, nous sommes sorties exsangues mais vivantes.

De ce combat avec nos mères, il restera toujours des traces : des sursauts face à l'injustice chez Line, l'angoisse de ne pas être considérée et reconnue chez Cécile, un sentiment de vide chez Danièle, un doute « endémique » chez Isabelle, une identité flottante chez Georgina, etc. Mais il arrive un jour où le sujet « mère » est épuisé. À l'image des grandes passions qui se terminent, le souvenir qu'il nous en reste s'estompe. Il devient irréel. Nous savons que nous avons souffert. Nous nous rappelons la peur, la douleur, la révolte, l'amour fou, la fascination… Mais il ne reste rien de la densité des émotions. Rien des cataclysmes que provoquaient un mot, un geste. Curieusement, notre mère n'a presque plus d'importance. Ce qu'elle est nous parvient de manière étouffée. Comme si nous mettions une sourdine à un piano.

En fait, cette histoire nous a pompé trop d'énergie ! Il n'en reste plus à lui consacrer. Nous avons compris les rôles, les personnages, les situations. Nous en avons fait le tour. Ils ne bougeront plus. Sommes-nous guéries ? En tout cas, la paix est faite avec nous-mêmes. Le passé est devenu très lointain. *« Passé »* est le mot qui convient…

Notre conclusion pourrait s'arrêter sur cette image de femmes sonnées par l'adversité. Désormais, elles vont vivre dans de la ouate, en titubant mais en avançant. Comme des soldats traumatisés reviendraient à une vie normale. Pourtant, il serait dommage d'en rester là car, tout au long de cette enquête, nous avons rencontré des femmes toniques. Elles ne se contentaient pas d'être des survivantes. Au contraire ! Surtout quand elles avaient fait ce que l'on appelle aujourd'hui, pudiquement, un « travail sur soi ». Angélique raconte l'avant et l'après :

- Avant, c'était le vide. Après, c'est une vie pleine de reliefs et de rencontres. De la joie de vivre, de l'optimisme. J'aime le bonheur, le mien, celui des autres. Je le cherche, je le partage. Quant au malheur, il a été si présent que je sais m'en prémunir. Il y a des choses qu'on ne pourra plus jamais me faire : me dégrader, me démolir... Sans doute n'atteindrai-je jamais la sérénité ou la plénitude. Persistera en moi un manque, une insécurité. Mais maintenant, je sais profiter des joies. Avant je subissais, maintenant je décide. Or la joie de vivre vient du sentiment de créer sa vie et de s'appartenir...

Finalement ces parcours qui obligent à se poser des questions, ces vies où rien n'est évident, où il faut tout bâtir, sont d'une richesse extrême. Au bout du compte, les chouchous des familles toxiques s'en sortent beaucoup plus mal. Ils n'ont pas appris à se battre ! Ni à inventer ! Ni à vouloir vivre vraiment. Ils se sont laissé faire, passivement. Ou ils se sont rêvés. Brigitte, l'enfant trop aimée, trop gâtée, constate à 70 ans :

- Je voulais être Mozart ou Picasso, je n'aurai même pas réussi à être Brigitte C.

Or nous pouvons dire aujourd'hui que nous sommes vraiment Angélique, Marianne, Cécile, Francesca... C'est-à-dire de vraies personnes qui, au final, ne sont passées ni à côté de leur vie, ni à côté d'elles-mêmes. Nous avons aujourd'hui le sentiment de nous appartenir et d'être nous-mêmes. Reste à profiter, au maximum, de cette joie de vivre enfin trouvée. Elle semble tombée du ciel, mais nous l'avons gagnée. Les filles douloureuses peuvent être fières de leur parcours. Un parcours que bien des filles, mieux aimées, leur envieraient.

Bibliographie

Antier É., *Éloge des mères*, Robert Laffont, 2001.
Eliacheff C. et Heinich N., *Mères-filles, une relation à trois*, Albin Michel, 2002.
Forward S., *Parents toxiques*, Stock, 1991 et Marabout, 2002.
Friday N., *Ma mère, mon miroir*, Robert Laffont, 1979.
Knibielher Y. et Fouquet C., *Histoire des mères*, Le Seuil, 1997.
Lessana M.-M., *Entre mère et fille : un ravage*, Pauvert, 2000.
Marciano P., *L'amour maternel*, Érès, Spirale n°18/2001.
Muxel A., *Individu et mémoire familiale*, Nathan, 1996.
Naouri A., *Les filles et leurs mères*, Odile Jacob, 1998.
Olivier C., *Filles d'Ève*, Denoël, 1990.
Souty-Baum G. et Dupont P., *Destins de mères, destins d'enfants*, Odile Jacob, 1999.
Yhuel I., *Aimer enfin sa mère*, J.-C. Lattès, 1997.

Récits

Marie Cardinal, *Les mots pour le dire*, Grasset, 1975.
Gisèle Halimi, *Fritna*, Pocket, 1999.
Jacqueline Harpman, *La fille démantelée*, Stock/Bleu, 1990.
Joyce Carol Oates, *Blonde*, Stock, 2000.
Georgina Souty, *Pour l'amour d'un père*, Ramsay, 1995.
Clara Vidal, *Mal à ma mère*, Syros jeunesse, 2002.

Si vous voulez réagir, apporter votre témoignage, l'auteur de ce livre vous répond sur Internet :

pdelahaie@club.internet.fr

Impression réalisée sur Cameron par Bussière Camedan Imprimeries en octobre 2002.
40-3463-3/01. ISBN 2-501-03784-7.
Dépôt légal : novembre 2002.
N° d'édition : 27325. N° d'impression : 024312/4.
Imprimé en France